Manual Prático de Direito das Obrigações

OBRAS PUBLICADAS

- *Casos práticos resolvidos de Direito do Trabalho*, 2ª ed., Almedina, 2019.
- *Manual Prático de Direito das Obrigações*, 1ª ed., Almedina, 2017.
- *Manual de Direito do Trabalho e de Processo do Trabalho*, 7ª ed, Almedina, 2018, em coautoria.
- *Código Civil* (descodificado), 2ª ed., 2017.
- *Legislação Turística Anotada*, 7ª ed., 2017.
- *Código do Trabalho Anotado e Comentado*, 4ª ed., 2016, em coautoria.
- *Direitos de Personalidade do trabalhador*, Tese de Doutoramento, 2013.
- *Novo (O) Regime Jurídico de Instalação, Exploração e Funcionamento dos Empreendimentos Turísticos, Almedina, 2008.*
- *Prática (Da) Laboral à Luz do Novo Código do Trabalho*, 4ª edição, Almedina, 2007, em coautoria.
- *Regime (O) Jurídico dos Despedimentos*, Reimpressão, Almedina, 2007, em coautoria.
- *Regime Jurídico dos Títulos de Crédito – Compilação anotada com Jurisprudência*, 2ª edição, Almedina, 2007, em coautoria.
- *Código do Trabalho Anotado e Comentado*, 5ª ed., 2007, em coautoria.
- *Regulamentação do Código do Trabalho*, 3ª edição, Almedina, 2006, em coautoria.
- *Problemática (Da) do Efeito Direto nas Diretivas Comunitárias*, Dixit, 2000.

ARTIGOS PUBLICADOS

- *O percurso jurídico do assédio laboral*. PDT 2018-I.
- *A problemática constitucional da justa causa nos despedimentos objetivos*. Estudos em Homenagem ao Prof. Monteiro Fernandes, Nova Causa Ed., 2018.
- *A eminência da crise financeira e a iminência da crise constitucional em matéria de cessação contratual laboral*, PDT, 2016-I.
- *O Direito à Palavra no mundo do trabalho: liberdade de expressão ou delito de opinião?*, PDT, nºs 76-78, 2007.
- *Apreciação de alguns aspetos cruciais do «Livro Branco das Relações Laborais» no que concerne à contratação individual – a pulsão flexibilizadora do legislador*, PDT, nºs 74-75.
- *A dificultosa transposição da Diretiva 98/59/CE, do Conselho, de 20 de julho de 1998 (despedimentos coletivos*). Scientia Iuridica, nº 302.
- *A precariedade dentro da precariedade ou a demanda dos trabalhadores à procura de primeiro emprego*, QL, nº 24.
- *A diretiva nº 80/987 (quanto à aproximação das legislações dos Estados- membros respeitantes à proteção dos trabalhadores assalariados em caso de insolvência do empregador) – o antes e o depois de Francovich*, QL, nº 16.
- *A perversidade da tutela indemnizatória do art. 443º do CT – a desigualdade entre iguais (breve reflexão)*, PDT, nº 71.

Manual Prático de Direito das Obrigações

2019 • 2ª Edição

Paula Quintas
Professora do Ensino Superior
Doutora em Direito do Trabalho
Mestre em Direito
Pós-Graduada em Estudos Europeus

ALMEDINA

MANUAL PRÁTICO DE DIREITO DAS OBRIGAÇÕES
AUTORA
Paula Quintas
EDITOR
EDIÇÕES ALMEDINA, S.A.
Rua Fernandes Tomás, nºs 76-80
3000-167 Coimbra
Tel.: 239 851 904 · Fax: 239 851 901
www.almedina.net · editora@almedina.net
DESIGN DE CAPA
FBA.
PRÉ-IMPRESSÃO
João Jegundo
IMPRESSÃO E ACABAMENTO
Pentaedro, Lda.
Março, 2019
DEPÓSITO LEGAL
452906/19

ALMEDINA | GRUPOALMEDINA

BIBLIOTECA NACIONAL DE PORTUGAL – CATALOGAÇÃO NA PUBLICAÇÃO

QUINTAS, Paula, 1965-

Manual prático de direito das obrigações. – 2ª
ed. - (Manuais universitários)
ISBN 978-972-40- 7876-2

CDU 347

Capítulo I
A relação obrigacional

1. Noção de relação obrigacional

A relação obrigacional traduz-se numa relação composta por um *dever jurídico* imposto ao sujeito passivo (*devedor*) e por um *direito* conferido ao sujeito ativo (*credor*).

As relações obrigacionais podem ser *simples* (traduzindo um crédito e um débito) ou *complexas* (havendo um conjunto de vínculos jurídicos).

A corrente moderna tem vindo a entender que a relação obrigacional não se esgota no dever de prestar e no direito a exigir (relação simples). Assim, apresenta além dos deveres de prestação (principais ou secundários), um conjunto de situações que compõe a chamada relação jurídica complexa.

"Exemplifique-se com a compra e venda: a relação que se estabelece entre o vendedor e o comprador, a respeito do direito de exigir e do dever de entregar o preço, diz-se *una* ou *simples*; porém, será *complexa* ou *múltipla* a relação de compra e venda, enquanto abrange um conjunto de vínculos derivados desse contrato".[1]

2. Conteúdo da relação obrigacional

2.1. Direito subjetivo *v.* dever jurídico

Para Mota Pinto o *direito subjetivo* compreende o "poder de exigir ou pretender de outrem um determinado comportamento positivo (ação) ou negativo (abstenção ou omissão)".[2]

[1] Explica Almeida Costa, *Direito das Obrigações*, Almedina, 2011, 12ª ed., p. 74.

[2] *Teoria Geral do Direito Civil*, Coimbra Editora, 1985, 3ª ed., p. 172.

Para Ana Prata o direito subjetivo consiste no "poder conferido pela ordem jurídica a um sujeito para tutela de um seu interesse juridicamente relevante, isto é, merecedor da tutela do direito".[3]

E para Menezes Cordeiro manifesta-se na "permissão normativa específica de aproveitamento de um bem".[4]

O direito subjetivo pode ser absoluto, quando impõe a todos os outros sujeitos um dever geral de respeito, sendo assim oponíveis *erga omnes*.

Ou relativo, no caso em que só produz efeitos entre as partes (*inter partes*), apenas podendo ser exercido perante o sujeito passivo (ao qual é imposto o correspondente dever).

Ao direito subjetivo corresponde o *dever jurídico* da contraparte (positivo ou negativo), o qual vincula o sujeito passivo (*devedor*) a realizar o comportamento a que tem direito o titular ativo (*credor*) da relação jurídica.

2.1.1. Deveres principais de prestação

Os deveres principais de prestação reportam-se ao acatamento de determinada conduta que corresponde ao núcleo do estipulado entre as partes, a qual se garante através de meios coercivos legalmente previstos.

Por exemplo, o dever principal de prestação no contrato de compra e venda corresponde à entrega do bem, por uma das partes; e ao pagamento do preço devido, pela outra.

2.1.2. Deveres secundários (ou meramente acessórios) sem prestação autónoma

Os *deveres secundários sem prestação autónoma* visam apenas permitir o cumprimento cabal dos deveres principais.

Por exemplo, os deveres secundários sem prestação autónoma no contrato de compra e venda correspondem ao dever de garantir a conservação e a qualidade do bem até à respetiva entrega e proceder ao transporte do mesmo.

2.1.3. Deveres secundários com prestação autónoma

Os *deveres secundários com prestação autónoma* manifestam-se como sucedâneos do dever principal ("o caso da indemnização resultante da impossibili-

[3] *Dicionário Jurídico*, Almedina, 2008, 5ª ed, p. 46.

[4] *Tratado de Direito Civil Português*, vol. I, Tomo I, Almedina, 2005, 3ª ed., p. 127.

dade culposa da prestação originária, que substitui esta"[5]) **ou** coexistentes com este ("o caso da indemnização por mora ou cumprimento defeituoso, que acresce à prestação originária").[6]

2.1.4. Deveres laterais[7]

Os deveres laterais emanam do princípio da boa-fé (art. 762º, nº 2, CC[8]) e englobam os deveres de cuidado e proteção, aviso, informação e notificação, cooperação, previdência e segurança, declaração e participação, relativos à pessoa **e** ao património da contraparte, para concretização da finalidade do contrato.[9]

"Por hipótese, o locatário, cujo dever principal de prestação consiste no pagamento da renda ou aluguer (art. 1038º, al. *a*)), tem ainda, além de outros, o dever lateral de logo avisar o locador, sempre que cheguem ao seu conhecimento vícios da coisa, ou saiba que a ameaça algum perigo ou que terceiros se arrogam direitos sobre ela, quando o facto seja ignorado pelo locador (art. 1038º, al. *b*)). Do mesmo modo, ao operário, que tem como dever principal a perfeita realização da tarefa definida no con-

[5] Almeida Costa, *op. cit.*, p. 77.

[6] *Loc cit.*.

[7] Também designados por deveres acessórios, deveres acessórios de conduta, deveres de conduta, outros deveres de conduta, deveres de proteção e deveres de tutela.

[8] O Código Civil Português foi aprovado a 25 de novembro de 1966, e entrou em vigor a 1 de junho de 1967, revogando o primeiro Código Civil, elaborado pelo Visconde de Seabra, que entrara em vigor em Portugal em 1868 (denominado *Código de Seabra*). O CC foi redigido por uma equipa de Professores de Direito presidida pelo Professor Antunes Varela (motivo pelo qual é frequente ser conhecido por *Código de Varela*). Participaram na equipa Vaz Serra, Pires de Lima, Ferrer Correia, Labo Xavier e Rui de Alarcão, da Universidade de Coimbra e Gomes da Silva e Galvão Teles, da Universidade de Lisboa.

[9] Jurisprudência:

I – O princípio da boa-fé impõe o nascimento de deveres pré-contratuais de informação quando a adoção de uma posição de reticência perante o erro da contraparte viola a obrigação de facto positivo de impedir que a outra parte sofra danos em consequência da sua falta de esclarecimento.

II – Tendo a vendedora, deliberadamente, ocultado à compradora a situação de apreensibilidade da viatura objeto do contrato de compra e venda, a sua atuação encontra-se ferida de dolo omissivo, consubstanciado na abstenção do cumprimento da obrigação pré-contratual de informar, o que viciou o consentimento genuíno do credor e de informação (réticense dolosive).

III – Compete ao lesante provar que o lesado se teria comportado de igual modo ainda que tivesse cumprido os seus deveres de informação, o que justifica a inversão do ónus da prova de causalidade do dever de informação em relação ao dano.

[Ac. STJ, de 18 de outubro de 2016, CJ, Ano XXIV, T. III/2016, p. 79]

trato de trabalho, compete o dever lateral de velar pela boa conservação dos maquinismos com que atua. Reciprocamente, poderá falar-se de um dever de proteção e cuidado da entidade patronal, enquanto lhe cabe criar as condições de segurança para os seus trabalhadores, ou de um dono de um estabelecimento de comércio em relação aos clientes".[10]

2.2. Direitos potestativos *v.* sujeições

Para MOTA PINTO os direitos potestativos "são poderes jurídicos de, por um ato livre de vontade, só de per si ou integrado por uma decisão judicial, produzir efeitos jurídicos que inevitavelmente se impõem à contraparte".[11]

Para ANA PRATA o direito potestativo consiste num "direito que se caracteriza por o seu titular o exercer por sua vontade exclusiva, desencadeando efeitos na esfera jurídica de outrem independentemente da vontade deste".[12]

Para MENEZES CORDEIRO trata-se do "poder de alterar, unilateralmente, através de uma manifestação de vontade, a ordem jurídica".[13]

As *sujeições* correspondem ao lado passivo dos direitos potestativos, traduzindo-se numa "situação inelutável de suportar na esfera jurídica própria as consequências do exercício de um direito dessa natureza".[14]

Os direitos potestativos *constitutivos* possuem o poder de constituir efeitos jurídicos; os *modificativos*, de os modificar; e os *extintivos*, de os extinguir.

3. Ónus jurídicos

Os *ónus jurídicos* correspondem ao encargo de adotar certa conduta em proveito próprio.[15]

Por exemplo, quem compra um imóvel tem o ónus de o registar, a fim de tornar a aquisição oponível a terceiros.

4. Expectativas jurídicas

Como bem refere MENEZES CORDEIRO as expectativas "constituem uma particular categoria de posições ativas, marcadas por acentuada imprecisão".[16]

[10] Explica ALMEIDA COSTA, *op. cit.*, p. 77-80.
[11] Op. *cit.*, p. 174.
[12] *Loc. cit.*.
[13] *Loc. cit.*.
[14] ALMEIDA COSTA, *op. cit.*, p. 66.
[15] MENEZES LEITÃO, *Direito das Obrigações*, vol. I, p. 14 e ALMEIDA COSTA, *op. cit.*, p. 66.
[16] *Op. cit.*, p. 137.

"A expectativa de facto traduz-se numa mera aspiração ou previsão de certo facto ou efeito jurídico. A expectativa de facto corresponde ao sentido vulgar da palavra e não beneficia de qualquer proteção jurídica (...). A expectativa jurídica, ao invés, é uma posição de expectação, à qual o direito confere proteção, designadamente através de permissões atribuídas ao sujeito expectante, em ordem à defesa da probabilidade de efetivação do seu desejo", elucida MARIA RAQUEL REI.[17]

A expectativa jurídica corresponde à posição do sujeito jurídico que lhe permite prever e antecipar ser titular provável de um direito.[18]

Por exemplo, quem faz uma proposta tem a expectativa de ser contratante.

Para MOTA PINTO a expectativa jurídica corresponde a uma "situação ativa, juridicamente tutelada, correspondente a um estádio dum processo complexo de formação sucessiva de um direito. É uma situação em que se verifica a possibilidade, juridicamente tutelada, de aquisição futura de um direito, estando já parcialmente verificada a situação jurídica (o facto jurídico) complexa, constitutiva desse direito.

É o caso do comprador sob condição suspensiva: enquanto se não verificar a condição não adquire o direito à entrega da coisa, nem o direito de propriedade sobre ela; tem, porém, uma expectativa jurídica – não uma mera expectativa de facto – pois a lei protege já, em determinados termos, a sua posição (cfr. art. 273º). É o caso do herdeiro legitimário em vida do seu hereditando (cfr. art. 242º, nº 2), do beneficiário da substituição fideicomissária (art. 2286º), do achado de animal ou coisa móvel perdida"[19].

[17] *Da Expectativa Jurídica*, vol. I, ROA,1994, pp. 149 e ss.

[18] Jurisprudência:

A expectativa, jurídica ao contrário da esperança, que tem mero conteúdo psicológico ou quando muito económico – é um simples esperar, prever ou admitir acontecimento futuro como mais ou menos provável, não possuindo conteúdo jurídico porque a lei não a rodeia de tutela especial, não adotando providências tendentes a assegurar a sua efetivação -, é uma esperança fortalecida pela intervenção do legislador que procura abrir-lhe caminho criando condições para que se torne realidade.

[Ac. RP, de 24 de julho de 2006, Proc. nº 0632167. Disponível *in* http://www.dgsi.pt/]

[19] *Op. cit.*, p. 181.

Capítulo II
Estrutura da obrigação

Os elementos constitutivos da obrigação são os *sujeitos* (ativo: credor; passivo: devedor); o *objeto imediato e imediato,* o *facto jurídico* e a *garantia.*

1. Sujeitos

1.1. Pessoas singulares

Os *sujeitos* da relação jurídica são, *grosso modo,* as pessoas entre as quais a relação jurídica se trava, os suportes do poder (*sujeito ativo,* titular do direito reconhecido juridicamente) e do dever (*sujeito passivo,* vinculado ou adstrito à obrigação).

O *sujeito ativo* (ou *credor*) é o titular do interesse pessoal ou patrimonial, detendo um direito subjetivo sobre o devedor, que lhe permite exigir que este cumpra a obrigação.

O *sujeito passivo* (ou *devedor*) é a própria pessoa sobre quem recai o dever de efetuar essa prestação.

O requisito da determinação dos sujeitos da relação obrigacional é essencial. O sujeito deve ser determinado ou determinável (art. 511º, CC).

Intimamente ligada à personalidade jurídica (art. 66º, CC) encontra-se a *capacidade de gozo e de exercício.*

Onde existe personalidade jurídica, existe capacidade jurídica, e vice-versa. Pode acontecer, no entanto, que a capacidade seja mais ou menos ampla, consoante se é suscetível de adquirir todas ou certas espécies de direitos sem restrições.

A *capacidade de gozo* é preliminar à capacidade de exercício, pois esta corresponde já à faculdade de exercer os poderes ou de cumprir os deveres decorrentes da lei, que a capacidade de gozo pressupõe.

A *capacidade de exercício* (ou *capacidade de agir*) consiste na idoneidade para atuar juridicamente, exercendo direitos ou cumprindo deveres.

O artigo 67º, CC, define muito amplamente a *capacidade jurídica* como a possibilidade de as pessoas serem sujeitos de quaisquer relações jurídicas.

Há pessoas, no entanto, que estão impossibilitadas de agir pessoal e livremente, de exercer uma atividade jurídica própria, diz-se então que são *incapazes de exercício de direitos*, pois a aptidão para agir supõe uma capacidade natural de querer e entender.

As *incapacidades de exercício* consagradas, entre nós, quanto às pessoas singulares são:

i) A menoridade

Considera-se menor quem não tiver ainda completado dezoito anos de idade (art. 122º, CC), pelo que carece de capacidade para o exercício de direitos (art. 123º, CC).

A menoridade termina pela *emancipação pela idade* [quando o menor atinge dezoito anos, adquirindo então plena capacidade de exercício de direitos, ficando habilitado a reger a sua pessoa e a dispor dos seus bens (art. 130º, CC)] ou pela *emancipação pelo casamento* [dispõe o art. 132º, CC, que o "menor é, de pleno direito, emancipado pelo casamento"].

A *emancipação pelo casamento* atribui ao menor plena capacidade de exercício de direitos, habilitando-o a reger a sua pessoa **e** a dispor livremente dos seus bens como se fosse maior, salvo no caso de casamento de menor sem obtenção de autorização dos pais ou do tutor ou do respetivo suprimento judicial, em que há uma contenção do efeito patrimonial adveniente da maioridade (art. 1649º, CC).

ii) Maior acompanhado

A Lei nº 49/2018, de 14 de agosto, aprovou o regime jurídico do maior acompanhado, revogando os institutos da interdição e da inabilitação, que assentavam (a exemplo da menoridade) na incapacidade de regência da pessoa (incapacidade pessoal) e de disposição de bens (incapacidade patrimonial), considerados potencialmente estigmatizantes e de caráter, por vezes, desnecessariamente definitivo.

O novo instituto assenta num acompanhamento do maior impossibilitado, por razões de saúde (nomeadamente, anomalia psíquica)[20], deficiência

[20] Como referia a definição de interdição e inabilitação (arts. 138º e 152º, CC, na versão anterior).

(nomeadamente, surdez-mudez ou cegueira)[21], ou pelo seu comportamento (nomeadamente, habitual prodigalidade, abuso de bebidas alcoólicas ou de estupefacientes)[22], de exercer, pessoal e conscientemente, os seus direitos ou de, nos mesmos termos, cumprir os seus deveres (art. 138º, CC).

Releva-se, sobretudo, a incapacidade pessoal e não tanto a patrimonial do beneficiário, resguarda-se a sua autodeterminação, sendo objetivo do acompanhamento do maior "assegurar o seu bem-estar, a sua recuperação, o pleno exercício de todos os seus direitos e o cumprimento dos seus deveres, salvo as exceções legais ou determinadas por sentença" (art. 140º, nº 1, CC) e atribui-se natureza supletiva ao acompanhamento, dado que o regime é inaplicável "sempre que o seu objetivo se mostre garantido através dos deveres gerais de cooperação e de assistência que no caso caibam" (nº 2).

O acompanhamento é decidido pelo tribunal, após audição pessoal e direta do beneficiário, e ponderadas as provas (art. 139º, nº 1, CC), podendo ser requerido pelo próprio ou, mediante autorização deste, pelo cônjuge, pelo unido de facto, por qualquer parente sucessível ou, independentemente de autorização, pelo Ministério Público (art. 141º, nº 1, CC).

O acompanhamento pode ser requerido e instaurado dentro do ano anterior à maioridade, para produzir efeitos a partir desta (art. 142º CC), ou, a todo o tempo, na maioridade, sempre que se comprove a necessidade do acompanhamento.

O acompanhante, maior e no pleno exercício dos seus direitos, é escolhido pelo acompanhado ou pelo seu representante legal, sendo designado judicialmente (art. 143º, nº 1, CC). Na falta de escolha, o acompanhamento é atribuído à pessoa cuja designação melhor salvaguarde o interesse imperioso do acompanhado, designadamente: cônjuge não separado judicialmente ou de facto; unido de facto; qualquer dos pais; pessoa designada pelos pais ou pela pessoa que exerça as responsabilidades parentais; filhos maiores; qualquer dos avós; pessoa indicada pela instituição em que o acompanhado esteja integrado; mandatário a quem o acompanhado tenha conferido poderes de representação ou outra pessoa idónea (nº 2).

Podem ser designados vários acompanhantes com diferentes funções, especificando-se as atribuições de cada um, com observância dos números anteriores (nº 3).

[21] Conforme aludia a definição de interdição e inabilitação (arts. 138º e 152º, CC, na versão anterior).

[22] De acordo com a definição de inabilitação (art.152º, CC, na versão anterior).

O cônjuge, os descendentes ou os ascendentes não se podem escusar ou ser exonerados (art. 144º, nº 1, CC).

Os descendentes podem ser exonerados, a seu pedido, ao fim de cinco anos, se existirem outros descendentes igualmente idóneos (nº 2). Os demais acompanhantes podem pedir escusa com os fundamentos previstos no artigo 1934º ou ser substituídos, a seu pedido, ao fim de cinco anos (nº 3).

O conteúdo do acompanhamento deve limitar-se ao necessário (art. 145º, nº 1, CC). Ou seja, assegurar o bem-estar do acompanhado, a sua recuperação, o pleno exercício de todos os seus direitos e o cumprimento dos seus deveres, salvo as exceções legais ou determinadas por sentença (art. 140º, nº 1, CC).

Em função de cada caso e independentemente do pedido, o tribunal pode atribuir ao acompanhante: o exercício das responsabilidades parentais ou dos meios de as suprir; a representação geral ou representação especial com indicação expressa, neste caso, das categorias de atos para que seja necessária; a administração total ou parcial de bens; a autorização prévia para a prática de determinados atos ou categoria de atos e intervenções de outro tipo, devidamente explicitadas (art. 145º, 2, CC).

Os atos de disposição de bens imóveis carecem de autorização judicial prévia e específica (nº 3). A representação legal segue o regime da tutela, com as adaptações necessárias, podendo o tribunal dispensar a constituição do conselho de família (nº 4). À administração total ou parcial de bens aplica-se, com as adaptações necessárias, o disposto nos artigos 1967º e seguintes (nº 5).

O acompanhante privilegia o bem-estar e a recuperação do acompanhado, com a diligência requerida a um bom pai de família, na concreta situação considerada (art. 146º, nº 1, CC). O acompanhante mantém um contacto permanente com o acompanhado, devendo visitá-lo, no mínimo, com uma periodicidade mensal, ou outra periodicidade que o tribunal considere adequada (nº 2).

O acompanhante deve abster-se de agir em conflito de interesses com o acompanhado (art. 150º, nº 1, CC). É equiparável ao negócio celebrado em conflito de interesses, o negócio consigo mesmo (nº 2, o qual remete para o art. 261º, CC).

Sendo necessário, cabe ao acompanhante requerer ao tribunal autorização ou as medidas concretamente convenientes (nº 3).

O exercício pelo acompanhado de direitos pessoais e a celebração de negócios da vida corrente são livres, salvo disposição legal ou decisão judicial em sentido contrário (art. 147º, nº 1, CC).

São pessoais, entre outros: os direitos de casar (salvo havendo medida de acompanhamento e a sentença determinar a existência de impedimento dirimente absoluto, art. 1601º, al. *b*), CC); bem como impedimento impediente, (art. 1604º, al. *d*), CC) ou de constituir situações de união, de procriar, de perfilhar ou de adotar, de cuidar e de educar os filhos ou adotados, de escolher profissão, de se descolar no país ou no estrangeiro, de fixar domicílio e residência e de estabelecer relações com quem entender e de testar (nº 2).

Os maiores acompanhados são incapazes de testar quando a sentença de acompanhamento assim o determine (art. 2189º, al. *b*), CC).

O internamento do maior acompanhado dependente de autorização judicial expressa. Em caso de urgência, o internamento pode ser imediatamente solicitado pelo acompanhante, sujeitando-se à ratificação do juiz (art. 148º, CC).

O acompanhamento, como medida assente nos interesses superiores do acompanhado, cessa, ou é modificada, mediante decisão judicial que reconheça a cessação ou a modificação das causas que o justificaram (art. 149º, nº 1, CC), os efeitos da decisão podem retroagir à data em que se verificou a cessação ou modificação em causa (nº 2).

As funções do acompanhante são gratuitas, sem prejuízo da alocação de despesas, consoante a condição do acompanhado e do acompanhante (art. 151º, nº 1, CC).

O acompanhante presta contas ao acompanhado e ao tribunal, quando cesse a sua função ou, na sua pendência, quando assim seja judicialmente determinado (nº 2).

A remoção e a exoneração do acompanhante seguem o regime da remoção ou exoneração do tutor (art. 152º, CC, o qual remete para os arts. 1948º a 1950º, CC). A publicidade a dar ao início, ao decurso e à decisão final do processo de acompanhamento é limitada ao estritamente necessário para defender os interesses do acompanhado ou de terceiros, sendo decidida, casuisticamente, pelo tribunal (art. 153º, nº 1, CC). Os atos praticados pelo maior acompanhado que não observem as medidas de acompanhamento decretadas ou a decretar são anuláveis, quando posteriores ao registo do acompanhamento, ou praticados depois de anunciado o início do processo, mas apenas após a decisão e caso de mostrem prejudiciais ao acompanhado (art. 154º, nº 1, CC).

A contagem do prazo inicia-se com o registo da sentença (nº 2).

Aos atos anteriores ao anúncio do início do processo aplica-se o regime da incapacidade acidental (nº 3, o qual remete para o art. 257º, CC).

Atento o caráter potencialmente transitório do instituto, cabe ao tribunal rever as medidas de acompanhamento em vigor com a periodicidade que constar da sentença e, no mínimo, de cinco em cinco anos (art. 155º, CC).

Prevenindo uma eventual necessidade de acompanhamento, o maior pode celebrar um mandato para a gestão dos seus interesses, com ou sem poderes de representação (art. 156º, nº 1, CC). Ou seja, pode tratar-se de gestão representativa (art. 471º, 1ª parte, CC) ou de gestão não representativa (2ª parte).

O mandato acompanha o regime geral (art. 1157º a 1184º, CC) e é livremente revogável pelo mandante (art. 156º, nº 2, CC).

Quando decretado o acompanhamento, o tribunal aproveita o mandato, no todo ou em parte, e tem-no em conta na definição do âmbito da proteção e na designação do acompanhante (nº 3).

O tribunal pode fazer cessar o mandato quando seja razoável presumir que a vontade do mandante seria a de o revogar (nº 4).

O mandato caduca por morte do mandante ou do mandatário (art. 1174º, al. *a*), CC) e por sentença de acompanhamento do mandante ou do mandatário, quando essa sentença, relativamente aos atos abrangidos pelo mandato, atribua poderes de representação ao acompanhante ou determine a necessidade de autorização prévia (al. *b*)).

A disposição feita pelo maior acompanhado a favor do seu acompanhante ou administrador legal de bens do disponente é nula (art. 2192º, nº 1, CC), salvo se, feita a favor de descendentes, ascendentes, colaterais até ao terceiro grau, cônjuge do testador ou pessoa com quem o maior acompanhado viva em união de facto, sendo estes acompanhantes ou administradores legais de bens do acompanhado (nº 2).

iii) As incapacidades conjugais

As incapacidades conjugais podem possuir natureza dirimente absoluta ou relativa (arts. 1601º e 1602º, CC), ou natureza impediente (art. 1604º, CC).

Há impedimentos que determinam a invalidade do ato (*impedimentos dirimentes*), outros, respeitando-se a validade do contrato desencadeiam apenas a aplicação de sanções de outra ordem (*impedimentos impedientes*).

Os *impedimentos dirimentes absolutos* obstam ao casamento da pessoa a quem respeitam com qualquer outra (estão relacionados com a incapacidade da pessoa para praticar o ato); ao contrário dos *impedimentos dirimentes relativos* que apenas obstam ao casamento entre si de certas pessoas (são *relativos* a certas pessoas).

São impedimentos dirimentes absolutos (art. 1601º, CC): a idade inferior a dezasseis anos (al. *a*)); a demência notória, mesmo durante os intervalos lúcidos, e a decisão de acompanhamento, quando a sentença respetiva assim o determine (al. *b*)); e o casamento anterior não dissolvido católico ou civil, ainda que o respetivo assento não tenha sido lavrado no registo do estado civil (al. *c*)).

São impedimentos dirimentes relativos (art. 1602º, CC): o parentesco na linha reta (al. *a*)); a relação anterior de responsabilidades parentais (al. *b*)); o parentesco no segundo grau da linha colateral (al. *c*)); a afinidade na linha reta (al. *d*)); e a condenação anterior de um dos nubentes por homicídio doloso, ainda que não consumado, contra o cônjuge do outro (al. *e*)).

Assim é anulável o casamento contraído com algum impedimento dirimente (art. 1631º, al *a*), CC).

Os *impedimentos impedientes* constituem factos que obstam à celebração do casamento, mas que não determinam a anulação deste, sendo aplicáveis outros tipos de sanções.

São considerados impedimentos impedientes (art. 1604º, CC):

- A falta de autorização dos pais ou do tutor para o casamento do nubente menor, quando não suprida pelo conservador do registo civil (al. *a*)), aplicando-se a sanção prevista no art. 1649º, CC.
- A violação do prazo internupcial (al. *b*)), aplicando-se a sanção prevista no art. 1650º, nº 1, CC.
- O parentesco no terceiro grau da linha colateral (al. *c*)) e o vínculo da tutela, acompanhamento de maior ou administração legal de bens (al. *d*)), aplicando-se a sanção prevista no art. 1650º, nº 2, CC. Nos casos previstos nas als. *c*) e *d*), do art. 1604º, CC, a sanção pode ser dispensada pelo conservador do registo civil (art. 1609º, CC).
- A pronúncia do nubente pelo crime de homicídio doloso, ainda que não consumado, contra o cônjuge do outro, enquanto não houver despronúncia ou absolvição por decisão passada em julgado (al. *f*)).

iv) A incapacidade natural acidental

A declaração negocial proferida por quem se encontrava em estado de incapacidade acidental de entender o sentido da declaração negocial (por embriaguez, estado hipnótico, efeito de drogas) ou por falta de livre exercício da vontade é anulável, desde que o facto seja notório ou conhecido do declaratário (art. 257º, CC).

1.2. Pessoas coletivas

Além das pessoas singulares, também as pessoas coletivas possuem capacidade jurídica, embora apenas para os atos conducentes à realização dos fins para que foram criadas, exercida pelos representantes e gestores, através de reconhecimento para o efeito, atribuído pelo direito.

2. O objeto

Pode distinguir-se entre o *objeto imediato* da relação jurídica e o *objeto mediato.*

A distinção "exprime a diversidade entre aquilo que diretamente está submetido aos poderes ideais que integram um direito subjetivo e aquilo que só de uma forma mediata ou indireta, isto é, através de um elemento mediador, está submetido àqueles poderes ", ensinava MOTA PINTO.[23]

Contudo, a diferença só adquire verdadeiro relevo na hipótese de obrigação de prestação de coisa. Exemplificando, se Ana deve a Berta um relógio, o objeto imediato da obrigação consiste no ato de entrega da coisa e o objeto mediato é representado pela própria coisa.[24]

2.1. Objeto imediato

O *objeto imediato* da obrigação é a própria prestação, ou seja, consiste no comportamento positivo ou negativo, a que o devedor se encontra adstrito e que serve à satisfação dos interesses do credor.

O objeto da relação jurídica é apresentado como o *quid* sobre que recaem os poderes do titular e que este legitimamente exigirá. E se exigir (porque lhe assiste tal direito), este denomina-se direito subjetivo ou direito potestativo.

O espaço de autonomia individual que se constitui pelo exercício desse poder designa-se, habitualmente, por *esfera jurídica*, constituindo o conjunto de direitos e deveres de que uma pessoa é titular.

[23] *Loc cit.*.

[24] ALMEIDA COSTA, *op. cit.*, p. 151.

O *direito subjetivo em sentido amplo*, compreende dois graus de exigibilidade jurídica: o *poder de exigir* (exigência jurídica, associada às obrigações jurídicas), ou *de pretender* (pretensão jurídica, associada às obrigações naturais), de outrem determinada ação ou omissão.[25]

Este tipo de direito tem como contra-pólo o *dever jurídico*, o qual consiste na realização da exigida ou pretendida ação ou omissão.

O *direito potestativo* permite que, por um ato livre de vontade do titular ativo (o titular do direito subjetivo) da relação jurídica, só de per si ou integrado por uma decisão judicial, ocorra a produção de efeitos jurídicos que inelutavelmente se impõem à contraparte.[26] Tais efeitos não podem, por conseguinte, ser afastados pelo titular passivo da relação jurídica, que não tem a liberdade de adotar ou não o comportamento devido, pois a autoridade pública ao impor, não admite reação. Diz-se então que se está perante uma *sujeição*.[27]

Verifica-se, portanto que, em rigor, o direito subjetivo deriva da incidência de uma *norma permissiva* (logo de uma norma de conduta) enquanto o direito potestativo é fruto de uma *norma potestativa* (que confere um poder), ou seja, uma norma que faculta às partes a possibilidade de alterarem a ordem jurídica.

No *dever jurídico* (lado passivo da relação jurídica), assiste ao sujeito a faculdade de não adotar o comportamento (comissivo ou omissivo) devido, embora, sujeitando-se às sanções jurídicas relativas ao respetivo incumprimento. A ordem jurídica, como tal, reagirá, de forma adversa, face à atitude do titular passivo da relação jurídica. *V.g.*, o empregador não paga a retribuição devida ao trabalhador.

Para ANA PRATA "Entre o dever jurídico e a obrigação existe uma relação de género/espécie: o *dever* consiste na imposição de um comportamento, ativo ou omissivo, a alguém para a satisfação de um interesse que pode ser público, coletivo ou individual; a *obrigação*, como resulta do nº 2 do art. 398º, é a imposição de uma conduta no interesse de um sujeito determinado ou determinável"[28].

Nas *sujeições*, não se atribui ao sujeito tal poder de escolha, este está obrigado (*obligatio*), num estado de completa sujeição (*i.e.*, de uma forma que

[25] MOTA PINTO, *loc. cit.*.

[26] MOTA PINTO, *loc. cit.*.

[27] MENEZES CORDEIRO, *loc. cit.*.

[28] *Código Civil Anotado*, AA.VV., Coordenação de Ana Prata, vol. I, Almedina, 2017, p. 483.

não admite reação) a suportar as consequências da constituição, modificação ou extinção dos direitos potestativos da outra parte. *V.g.*, art. 1781º, do CC.

2.2. Objeto mediato

O *objeto mediato* reside na coisa que deve ser prestada pelo devedor, que emana do facto ou da atividade a realizar pelo obrigado (*v.g.*, coisa imóvel, coisa móvel) **ou** no facto (positivo ou negativo) que deve ser prestado. Trata-se, respetivamente, do próprio objeto da prestação ou da prestação em si.

Os objetos possíveis do exercício dos direitos são:

i) Coisas

O art. 202º, nº 1, CC, considera coisa "tudo aquilo que pode ser objeto de relações jurídicas".

"A noção não nos dá resposta para o enquadramento dos possíveis objetos das relações jurídicas, e peca por excessiva, ao equiparar o objeto da relação jurídica às coisas, de tal forma que os factos e as próprias pessoas são coisificáveis.

A noção jurídica de coisa pode portanto exprimir-se neste enunciado geral: é tudo que, não sendo pessoa em sentido jurídico, pode constituir objeto de relações jurídicas (direitos subjetivos). Mas, explicitando esta definição (...), temos que o conceito de coisa se integra nos seguintes elementos:

- objeto impessoal (carecido de personalidade jurídica);
- objeto com existência autónoma;
- objeto idóneo para satisfazer necessidades ou interesse humanos;
- objeto apropriável, *i.e.*, capaz da subordinação jurídica ao poder, ação ou disponibilidade exclusiva de alguns homens.
- direitos sobre direitos, um direito subjetivo pode ser objeto de outro direito subjetivo, entre nós, certas figuras jurídicas enquadram, de facto, essa possibilidade, *v.* penhor de direitos (arts. 680º a 685º), hipoteca de um usufruto (art. 688º, nº 1, al. *e*)), de um direito de superfície (art. 688º, nº 1, al. *c*))".[29]

[29] Indicava Manuel de Andrade, *Teoria Geral da Relação Jurídica,* vol. I, Almedina, 1987, pp. 201 e 202.

ii) Animais

A Lei nº 8/2017, de 03.03., aprovou o novo estatuto jurídico dos animais, reconhecendo a sua natureza de seres vivos dotados de sensibilidade (seres sencientes).

A Lei citada surge no seguimento da Lei nº 69/2014, de 29.08. que procedeu à alteração da legislação penal em matéria de maus-tratos a animais de companhia, definidos como "qualquer animal detido ou destinado a ser detido por seres humanos, designadamente no seu lar, para seu entretenimento e companhia" (art. 389º, nº 1, do CP). Esta definição corresponde à noção de animal de companhia prevista no art. 2º do Decreto-Lei nº 276/2001, de 17 de outubro, alterado pela Lei nº 95/2017, de 23 de agosto (Aplicação da Convenção Europeia para proteção de animais de companhia).

Assim, a Lei nº 8/2017, alterou o CPC (aditando a al. *g*) no art. 736º, sobre bens absoluta ou totalmente impenhoráveis no que respeita especialmente aos animais de companhia), o CP e vários preceitos do CC. Deste último são de destacar:

- Uma nova classificação dos animais (art. 201º-B), reconhecidos como "seres vivos dotados de sensibilidade e objeto de proteção jurídica em virtude da sua natureza";
- Quanto ao objeto de propriedade (art. 1302º), a eliminação da equiparação dos animais às coisas; aditando um novo regime de propriedade (art. 1305º-A), inserindo vários deveres dos proprietários e garantias para os animais;
- A inserção do animal como bem incomunicável no regime de bens do casamento (aditamento da al. *h*), ao nº 1, do art. 1733º);
- A indicação do acordo sobre o destino dos animais de companhia, na instrução do requerimento de divórcio por mútuo consentimento (aditamento da al. *f*), ao nº 1, do art. 1775º);
- A consagração de uma indemnização específica dos proprietários em caso de lesão ou morte do animal (aditamento do art. 493º-A);
- A inserção de um regime próprio aplicável aos "animais de companhia" no regime do divórcio (aditamento do art. 1793º-A);
- A revogação do art. 1321º (que permitia a destruição ou o abate de animais ferozes fugidios).

Este avanço histórico é, no entanto, ainda tributário da propriedade dos animais, continuando a ser admitido o uso dos mesmos para efeitos de tração (Código da Estrada), criação e abate para fins de consumo (por exemplo, indústrias de agropecuária e bovinicultura), experimentação científica e atividades lúdicas (como circenses e tauromáquicas).

iii) Pessoas

Os direitos sobre as pessoas são configurados como poderes-deveres ou poderes funcionais, *v.g.*, poder paternal (art. 1901º, CC).

iv) Prestações

Nos direitos de crédito, o objeto da relação é o próprio comportamento juridicamente exigível, o credor tem a faculdade de exigir do devedor determinada prestação, e o devedor está obrigado à realização dessa prestação.

3. Vínculo

O *vínculo* consiste no nexo ideal que liga os poderes do credor aos deveres do obrigado.

O primeiro elemento da relação, pelo papel primordial que desempenha dentro dela, é constituído pelos sujeitos: o credor, de um lado; o devedor, do outro.

O *credor* é a pessoa a quem se proporciona a vantagem resultante da prestação, o titular do direito (patrimonial ou moral) que o dever de prestar visa satisfazer e que como *sujeito ativo* da relação pode exigir.

O *devedor* é, por seu turno, a pessoa sobre a qual recai o dever (específico) de efetuar a prestação, assim, como *sujeito passivo* da relação, está adstrito ao cumprimento.

4. Facto jurídico

Entende-se por *facto jurídico* todo o acontecimento, natural ou humano, capaz de criar, modificar, ou extinguir relações ou situações jurídicas.[30]

Existem vários critérios sobre a classificação dos factos jurídicos. Iremos adotar o critério mais simples.

[30] Nas palavras de Manuel de Andrade, "Facto jurídico é todo o facto (atuação ou simples ocorrência) da vida real (*maxime* da vida social) produtivo de efeitos jurídicos, ou – por outras palavras – todo o facto da vida real juridicamente relevante", *Teoria Geral da Relação Jurídica*, vol. II, Almedina, 1987, p. 1.

Os factos jurídicos podem ser voluntários ou involuntários.

Os *factos jurídicos voluntários* produzem-se de forma voluntária (ou seja, com intervenção da vontade).

Por exemplo, contrato de compra e venda, de trabalho, de casamento.

Os *factos jurídicos involuntários* produzem-se de forma involuntária (ou seja, sem intervenção da vontade, por isso, são chamados *Acts of God*).

Por exemplo, um incêndio que destrói a peça encomendada, as chuvas que inundam as terras, destruindo a plantação.

São os *factos jurídicos voluntários* que determinam o nascimento das obrigações, podendo estes ser lícitos ou ilícitos.

Os *factos voluntários lícitos* são conformes com a ordem jurídica, ao contrário dos *ilícitos*.

Os factos jurídicos voluntários lícitos dividem-se em *simples atos jurídicos* e em *negócios jurídicos*.

Os *simples atos jurídicos* "são ações humanas lícitas cujos efeitos jurídicos, embora eventualmente – ou até normalmente – concordantes com a vontade dos seus autores, não são todavia determinados pelo conteúdo desta vontade, mas direta e imperativamente pela lei, independentemente daquela eventual ou normal concordância. Neste sentido se diz que os efeitos destes atos de produzem *ex lege*, não *ex voluntate*".[31]

Os *negócios jurídicos* compreendem atos voluntários lícitos cujos efeitos são concordantes com a vontade manifestada, ocorrendo *ex voluntate*.

Os negócios jurídicos dividem-se em *unilaterais* e *multilaterais* (ou *contratos*). A lei civil não define contrato.[32]

Menezes Cordeiro propõe uma distinção entre negócios unilaterais e contratos assente nos *efeitos que venham a ser desencadeados* (afastando a categorização relativa o número de pessoas, de declarações ou de interesses).[33]

[31] Manuel de Andrade, *op. cit.*, p. 8.

[32] "A nossa lei também não explicita a definição de negócio jurídico, que é o facto voluntário lícito, assente numa ou várias declarações de vontade dirigidas à produção de determinados efeitos, que a ordem jurídica conforma, de um modo geral, em concordância com a intenção objetivamente apreendida dos seus autores.
Ocorre que o negócio jurídico se qualifica de bilateral ou contrato, quando existe nele a manifestação de duas ou mais vontades, com conteúdos diversos, prosseguindo distintos interesses e fins, até opostos, mas que se ajustam reciprocamente para a produção de um resultado unitário. A uma proposta ou oferta corresponde uma aceitação. Está-se diante de declarações de vontade convergentes", indica Almeida Costa, *op. cit.*, p. 228.

[33] *Op. cit.*, p. 254.

Assim, no *negócio jurídico unilateral* este completa-se com a declaração que o consubstancie, dispensa-se qualquer anuência de outros intervenientes.

O *contrato* resulta do encontro de duas vontades, através de uma *proposta* e de uma *aceitação.*

Para CARLOS FERREIRA DE ALMEIDA contrato define-se como o "acordo formado por duas ou mais declarações que produzem efeitos jurídicos conformes ao significado do acordo obtido".[34]

Retomando o pensamento de MENEZES CORDEIRO, os contratos dividem-se em sinalagmáticos e em não sinalagmáticos e em monovinculantes ou bivinculantes.[35]

Os contratos *sinalagmáticos* dão lugar a obrigações recíprocas (para o proponente **e** para o aceitante), ficando as partes, em simultâneo, na situação de credores e devedores.

Serão *não sinalagmáticos* os contratos em que apenas se faculte uma prestação.

Os *contratos monovinculantes* vinculam apenas uma das partes.

Os *contratos bivinculantes* vinculam ambas as partes.

«Esta classificação não se confunde com a anterior: um contrato pode ser sinalagmático, isto é, implicar prestações correlativas e não obstante, apenas uma das partes se encontrar vinculada à sua efetivação; assim, no *contrato-promessa "unilateral"* – artigo 411º – há sinalagma uma vez que a concretização, através do contrato-definitivo, exige declarações de *ambas* as partes; mas apenas uma das partes deve prestar, se a outra quiser e esta presta quando quiser que a outra preste».[36]

5. Garantia

A garantia corresponde à possibilidade de emprego de sanções (*coercibilidade*) para fazer valer o direito. Quando o *devedor* (sujeito do dever jurídico) não cumpre, e dado que o Direito se impõe coercivamente, sancionando os comportamentos ilícitos, o *credor* (sujeito do direito subjetivo) recorre ao tribunal (tutela pública) para que este acione os mecanismos que imponham o cumprimento (sentença judicial), operando por execução específica (arts. 827º e ss., CC) ou por execução por equivalente (art. 566º, CC).

[34] *Contratos*, I, Almedina, 2000, p. 26.

[35] *Op. cit.*, p. 255. Critica o A., "alguma doutrina chama ainda, aos contratos sinalagmáticos e não sinalagmáticos, respetivamente, bilaterais e unilaterais; tal terminologia é, contudo, deficiente: todos os contratos são, no mínimo, bilaterais – por terem mais de uma parte".

[36] Loc. cit..

A garantia patrimonial encontra-se prevista no art. 817º, CC.

Tomemos como exemplo o contrato de compra e venda de bem imóvel:

- os *sujeitos* da relação jurídica são A. (credor – sujeito ativo) e B. (devedor – sujeito passivo), o primeiro investido num direito; o segundo, num dever.
- o *objeto imediato* é o complexo jurídico composto pelo direito do credor e o dever do devedor.
- o *objeto mediato* é representado pelo objeto sobre que recai o direito do sujeito ativo (bem imóvel).
- o *facto* consiste no contrato de compra e venda.
- a *garantia* traduz-se na suscetibilidade de realização coerciva (através da via judicial) exercida pelo credor contra o devedor caso este não cumpra o seu dever.

Capítulo III
Classificação das obrigações

1. O conceito obrigação

O conceito obrigação (*obligatio*) é frequentemente usado como correspondente ao *lado passivo* de qualquer relação jurídica.

Caracteriza-se pela circunstância de determinada pessoa se encontrar adstrita a realizar uma específica prestação (positiva ou negativa), no interesse de outra (art. 397º, CC), determinada ou determinável, nos termos do art. 511º, CC.

A prestação não necessita de ter valor pecuniário, mas deve corresponder a um interesse legítimo do credor, digno de proteção legal (art. 398º, nº 2, CC).[37]

A obrigação constitui, portanto, um vínculo jurídico a partir do qual nasce a relação de débito e crédito entre os sujeitos.[38]

[37] *V.* Menezes Leitão, *Direito das Obrigações*, p. 15 e Almeida Costa, *op. cit.*, p. 65.

[38] O termo *obligatio* já constava da Lei romana das XII Tábuas (Tábua terceira – Dos direitos de crédito).

De acordo com a explicação de Sebastião Cruz, *Direito Romano (IUS ROMANUM)*, I, Coimbra, 1984, 4ª ed., p. 189:

«*Se* (o réu, o responsável condenado) *não cumpre a sentença ou se ninguém aparece ali perante o tribunal a defendê-lo ou a afiançá-lo* (servir de «vindex»), (então o credor) *leve-o consigo* (apodere-se dele e leve-o para sua casa). (Aí), *ate-o com correias ou com grilhetas de um peso de 15 libras, não mais; ou, se quiser, ate-o com* (grilhetas de) *um peso menor*».

À face dessa lei 3ª da tábua III, verifica-se o seguinte:

a) se o responsável, depois de 30 dias após a condenação (ou a confissão em juízo, tratando-se de dívidas pecuniárias) tiver sido levado a tribunal, nem agora (nesta fase *in iure* da ação executiva) cumpre, ou nem sequer apresenta um defensor ou um afiançador (*vindex*), então

2. Classificação das obrigações

2.1. Quanto ao vínculo

Nesta classificação distinguem-se as obrigações civis das obrigações naturais.

Nas *obrigações civis* (ou *perfeitas*), o credor pode exigir judicialmente o respetivo cumprimento e executar o património do devedor (art. 817º, 2ª parte, CC).

As *obrigações civis* são judicialmente exigíveis, pois vigora o princípio da coercibilidade.

Nas *obrigações naturais* (ou *imperfeitas*), o credor apenas pode pretender o respetivo cumprimento, dado que não são judicialmente exigíveis, pois assentam num mero dever de ordem moral ou social, mas correspondem a um imperativo de justiça (art. 402º, CC), no entanto, o que foi espontaneamente (ou seja, livre de toda a coação) pago não pode ser repetido (art. 403º, CC).[39]

o magistrado que preside a esta fase do processo executivo (que a partir de 367 a.C., como já acentuámos, é o pretor) adjudica a pessoa do vinculado ao credor; isto é, através duma *addictio* decreta a verdadeira *manus iniecteio*):
b) o credor então apodera-se da pessoa do vinculado, pois, uma vez estabelecida a *manus iniecteio*, ele fica nas mãos do credor completamente indefeso, reduzido a uma situação de quase-escravidão, *quasi servi loco*;
c) leva-o para sua casa e encerra-o num cárcere privado;
d) aí, na prisão, pode ainda, provisoriamente, conservá-lo atado (ligado com várias voltas) a uma espécie de cepo ou coluna com algemas (*compedes*) ou correias (*catenae*).
Tudo isto, e mais o que já a seguir na lei 5ª se verá, era para forçar o responsável a cumprir, a pagar (*solvere*)".
A este ato de ligar com várias voltas, geralmente de pés e mãos, o responsável (o vinculado) chamava-se ligare e sobretudo *obligare* (*ob+ligare* = ligar à volta de), porque se davam bastantes voltas. Desse vínculo material (*ob+ligatio*) provém a obrigação (*obligatio*), que, mais tarde no Direito Romano e também agora, é apenas um vínculo (sempre um vínculo) jurídico.

[39] Jurisprudência:
I – Deve considerar-se jogo de fortuna ou azar, a aposta feita por 2 pessoas, nos termos da qual uma se obrigava a pagar à outra um prémio de €7481,97, se o número por ela indicado viesse a corresponder aos últimos algarismos do número sorteado como primeiro prémio da lotaria nacional.
I – Não sendo permitida pela lei que regula a prática de jogos de fortuna ou azar, essa aposta não constitui fonte de obrigações civis nem de obrigações naturais, nem se converteu em fonte de obrigações civis pelo facto de ter sido emitido um cheque para pagamento do prémio acordado.
[Ac. RC, de 1 de Abril de 2014, CJ, nº 253, Ano XXXIX, Tomo II, 2014, p. 27]

2.2. Quanto ao sujeito

2.2.1. Obrigações de sujeito indeterminado ou determinado

O art. 511º, CC, refere que o credor pode não ficar determinado no momento em que a obrigação é constituída, mas tem que ser determinável, sob pena de ser nulo o negócio jurídico de que resulta a obrigação.

A pessoa do credor pode não se encontrar determinada no momento da constituição da obrigação, por, nomeadamente, estar dependente de um facto futuro e incerto (caso das promessas públicas, art. 459º, CC), ou inexistir uma ligação direta entre o sujeito ativo e a relação obrigacional (ex. títulos ao portador).

2.2.2. Obrigações plurais ou singulares

Entende-se que a obrigação *singular* é aquela que liga uma pessoa a outra. Por exemplo, Abel, por vínculo contratual, é devedor de Carlos.

Diz-se que a obrigação é *plural* quando obriga várias pessoas para com outra (*pluralidade passiva*), obriga uma pessoa para com outras (*pluralidade ativa*) ou várias pessoas para com outras (*pluralidade mista*).

Por exemplo, Eduardo, por vínculo contratual, é credor de Abel e Carlos (*pluralidade passiva*); Daniel e Fernando são credores de Abel (*pluralidade ativa*); Abel, Carlos e Daniel são devedores de Eduardo e Fernando (*pluralidade mista*).

Dentro das obrigações plurais, existem as *obrigações conjuntas* (ou *parciárias*) e as *obrigações solidárias*.

a) Obrigações conjuntas

Nas *obrigações conjuntas* (ou *parciárias*) cada um dos devedores só está vinculado a prestar ao credor ou credores a sua parte na prestação e cada um dos credores só pode exigir do devedor ou devedores a parte que lhe cabe.

b) Obrigações solidárias

Preliminarmente importa referir que o regime da solidariedade apenas se aplica quando resulta da lei **ou** da vontade das partes (art. 513º, CC).

A obrigação diz-se solidária quando cada um dos *devedores* responde pela prestação integral e esta a todos libera (*solidariedade passiva*), nos termos do art. 512º, nº 1, 1ª parte, CC, adquirindo um direito de regresso sobre os outros devedores para que lhe seja paga a parte que lhes cabe (art. 524º, CC).

Assim, por exemplo, se Abel e Bernardo se obrigam a prestar a Carlos a quantia de 1000€, Carlos pode exigir de Abel não apenas a sua quota-parte, presumindo que são iguais (500€), mas a totalidade da prestação (1000€), podendo depois Abel exigir de Bernardo, em sede de direito de regresso, que este lhe entregue a respetiva quota-parte de 500€, que pagou por ele.

Ou quando cada um dos credores tem a faculdade de exigir, por si só, a prestação integral e esta libera o devedor para com todos os credores (*solidariedade ativa*), de acordo com a 2ª parte.[40]

Desta forma, por exemplo, se Abel se obrigou a prestar a Bernardo e a Carlos a quantia de 1000€, Bernardo pode exigir de Abel não apenas a sua quota parte no crédito, mas a totalidade (1000€), ficando depois obrigado a prestar a Carlos 500€, presumindo que são iguais as quotas-partes.

Características da solidariedade são, assim, a identidade da prestação em relação a todos os sujeitos da obrigação, a extensão integral do dever de prestar ou do direito à prestação em relação respetivamente a todos os devedores ou credores, e o efeito extintivo comum da obrigação caso se verifique a realização do cumprimento por um ou apenas a um deles[41].

i) Solidariedade entre devedores

Nas *relações externas*, o devedor responde pela prestação integral e esta libera os demais (art. 512º, nº 1, 1ª parte, CC), pois o credor pode exercer o seu direito contra qualquer um dos codevedores (art. 519º, nº 1, CC), não podendo estes invocar o benefício da divisão (art. 518º, CC).

Nas *relações internas*, o devedor que satisfaça a prestação para além da parte que lhe compete pode demandar os outros devedores, em sede de direito de regresso, para restituição do que prestou a mais (art. 524º, CC).

Se um dos devedores estiver insolvente ou não puder, por outro motivo, cumprir a prestação, é a sua quota-parte repartida proporcionalmente entre todos, incluindo o credor de regresso (art. 526º, nº 1, CC).

[40] Ou ainda pelo facto de qualquer um dos credores poder exigir a qualquer um dos devedores a prestação devida por todos os devedores a todos os credores (solidariedade mista), desenvolve Menezes Leitão, *Direito das Obrigações*, p. 170.

[41] Menezes Leitão, *Direito das Obrigações*, p. 171.

ii) Solidariedade entre credores

Nas *relações externas*, cada um dos credores pode exigir a prestação integral, liberando-se o devedor perante os restantes credores com a realização da prestação ao credor demandante (art. 512º, nº 1, 2ª parte, CC).

A satisfação do direito de um dos credores produz a extinção, relativamente a todos os credores, da obrigação do devedor (art. 532º, CC).

Nas *relações internas*, o credor cujo direito foi satisfeito para além da parte que lhe competia tem de satisfazer aos outros a parte que lhes cabe no crédito comum (art. 533º, CC).

2.3. Quanto ao objeto

a) Obrigações específicas ou genéricas

As *obrigações genéricas* são obrigações em que o objeto da prestação se encontra determinado apenas quanto ao género e quantidade (art. 539º, CC).

Por exemplo, António vende a Berta cinco quilos de arroz; António vende a Berta um automóvel.

As *obrigações específicas* incidem sobre algo concretamente individualizado, tanto quanto ao género como quanto à espécie.

Por exemplo, António vende a Berta cinco quilos de *certa* qualidade de arroz; António vende a Berta o Jaguar de coleção que herdou de seu pai.

b) Obrigações alternativas (ou disjuntivas) ou cumulativas (ou conjuntivas)

As *obrigações alternativas* compreendem duas ou mais prestações, exonerando-se o devedor efetuando aquela que, por escolha (do devedor, do credor ou de terceiro) vier a ser designada, ou seja, pressupõem uma escolha entre prestações (art. 543º, nº 1, CC).

Por exemplo, António compromete-se a entregar a Berta o Jaguar herdado do pai ou o seu veleiro particular.

Na falta de determinação em contrário, a escolha pertence ao devedor (nº 2).

As *obrigações cumulativas* pressupõem que o devedor está adstrito a prestar todas as prestações constantes da obrigação.

Por exemplo, António compromete-se a entregar a Berta o Jaguar herdado do pai e o seu veleiro particular.

c) Obrigações pecuniárias

As obrigações pecuniárias são obrigações cujo objeto consiste em dinheiro, visando proporcionar ao credor o *valor nominal* (que corresponde ao valor facial, ao valor expresso no título de acordo com o *princípio nominalista*) que as respetivas espécies monetárias possuem (art. 550º, CC).

d) Obrigações de juros

As obrigações de juros caracterizam-se por corresponderem à remuneração da cedência ou do diferimento da entrega de coisas fungíveis (capital) por um certo lapso de tempo.

O art. 559º, nº 1, CC, indica que a taxa de juro (civil) é definida por Portaria. A Portaria nº 291/2003, de 08.04. fixou a taxa de juros em 4%.

A estipulação de juros a taxa superior deve ser feita por escrito, sob pena de apenas serem devidos os juros legais (nº 2) e não pode ser usurária (art. 559º-A, CC).

e) Obrigações divisíveis ou indivisíveis

Entendem-se por *coisas divisíveis* as que podem ser fracionadas sem alteração da sua substância, diminuição de valor ou prejuízo para o uso a que se destinam (o art. 209º, CC define coisas divisíveis e pode ser usado comparativamente).

De igual modo, a *obrigação divisível* admite o respetivo fracionamento sem alteração da sua substância, diminuição de valor ou prejuízo para o uso a que se destina.

Presume-se serem iguais as partes que os vários credores ou devedores possuem na obrigação (art. 534º, 1ª parte, CC).

Por exemplo, dois devedores devem, conjuntamente, certa quantia ao credor. Este pode exigir o pagamento fracionado (na devida proporção de responsabilidade), a cada um dos devedores.

A *obrigação indivisível* não admite fracionamento, seja este imposto pela natureza do objeto, por questões económicas ou pelo próprio negócio jurídico. Assim, e em regra, só de todos os obrigados pode o credor exigir o cumprimento da prestação (art. 535º, nº 1, 1ª parte, CC).

Por exemplo, dois devedores assumem entregar ao credor um automóvel. Este não pode exigir a entrega, fracionada, a cada um dos devedores. Ambos têm que cumprir a obrigação em conjunto.

3. Classificação das prestações

As prestações manifestam-se no acatamento de determinada conduta que corresponde ao núcleo obrigacional estipulado pelas partes.

a) Prestações de resultado ou de meios

Nas *prestações de resultado*, o devedor assume efetivamente obter um resultado determinado, respondendo pelo incumprimento se não o atingir.

Por exemplo, o fornecedor obriga-se a entregar o bem encomendado pelo cliente.

Nas *prestações de meios*, o devedor apenas está obrigado a atuar com a diligência máxima para que o resultado seja atingido.

Por exemplo, o mandatário desenvolve todo o empenho para obter a procedência da causa.

b) Prestações de coisa ou de facto

As *prestações de coisa* possuem como objeto a entrega de uma coisa.
Por exemplo, se alguém adquirir um bem, o alienante obriga-se a entregá-lo (art. 879º, al. *b*), CC).

As *prestações de facto* consistem na realização de uma determinada conduta.

Por exemplo, alguém obriga-se a zelar pelo jazigo de um parente (art. 1154º, CC).

c) Prestações fungíveis ou infungíveis

São *coisas fungíveis* as que se determinam pelo seu género, qualidade e quantidade (art. 207º, CC).

As *prestações fungíveis quanto ao objeto* obrigam apenas a que se atenda ao género, qualidade e quantidade (por exemplo, entrega de dinheiro).

As *prestações infungíveis quanto ao objeto* exigem que se atenda à especial especificidade e individualidade (por exemplo, entrega de um documento original).

As *prestações fungíveis quanto ao sujeito* permitem que a prestação tanto possa ser realizada pelo devedor como por um terceiro, interessado (como no caso da relação de fiança, arts. 627º e 644º, CC) ou não interessado (conforme ocorre na cessão de créditos, arts. 577º e 590º, CC) no cumprimento da obrigação (art. 767º, nº 1, CC).

As *prestações infungíveis quanto ao sujeito* são aquelas em que só o devedor pode realizar a prestação, não sendo permitida a sua prestação por terceiro (nº 2). A infungibilidade da prestação atende às qualidades pessoais do sujeito da prestação, como o talento de um artista ou a experiência e especialidade de um mandatário judicial.

d) Prestações instantâneas ou duradouras

As *prestações instantâneas* executam-se num único momento.

Por exemplo, a entrega do bem objeto do contrato de compra e venda (art. 879º, al. *b*), CC).

Nas prestações duradouras propriamente ditas, a duração da prestação influencia o seu montante global (ex. obrigação de pagamento da renda por parte do locatário).

Nas prestações duradouras fracionadas, a duração da prestação influencia apenas o modo de execução da prestação, que é fracionada (ex. contrato de compra e venda a prestações).

Nas prestações duradouras em sentido estrito cabem as *prestações de execução continuada*, pois o cumprimento é ininterrupto (ex. contrato de fornecimento de energia). Bem como, as *prestações reiteradas ou periódicas*, onde o cumprimento ocorre em prestações sucessivas (ex. obrigação de pagar a renda)[42].

[42] V. Jorge Alarcão, *Direito das Obrigações*, Coimbra, 1983, texto policopiado, p. 48.

Capítulo IV
Fontes das obrigações

Consideram-se *fontes das obrigações* os factos jurídicos que lhes podem dar origem, de onde elas derivam, a que os jurisconsultos romanos designavam por *obligationum causae*.

As fontes das obrigações encontram-se previstas no Livro II, Título I, Capítulo II, do CC.

Assim, são fontes das obrigações os *contratos* (arts. 405º e ss, CC); os *negócios unilaterais* (art. 457º, CC); a *gestão de negócios* (art. 464º, CC); o *enriquecimento sem causa* (art. 473º, CC); e a *responsabilidade civil* (art. 483º, CC).

1. Contrato

Remetemos para as considerações já tecidas sobre a noção e modalidades do contrato.

1.1. Classificação do contrato

a) Quanto ao formalismo

Os *contratos consensuais* (ou *não formais*) constituem a regra. De acordo com o *princípio do consensualismo* os negócios concluem-se pela simples manifestação de vontade, independentemente da forma que revistam (art. 219º, CC).

Denominam-se *contratos formais* os que exigem a observância de certa forma legalmente prescrita (por exemplo, contrato de mútuo de acordo com o art. 1143º, CC).

b) Quanto à correspetividade económica

Denominam-se *contratos onerosos* os que exigem um correspetivo patrimonial por parte do alienante e um sacrifício patrimonial por parte do adquirente (por exemplo, contrato de compra e venda, definido no art. 874º, CC).

Os *contratos gratuitos* prescindem dessa correspetividade (por exemplo, contrato de doação, definido no art. 940º, CC).

c) Quanto à previsão legal

Os contratos podem ser considerados *típicos* (ou *nominados*), quando constam da lei, pelo que se designam pelo seu *nomem iuris* (por exemplo, contrato de trabalho, definido no art. 11º, do CT).

São designados como *contratos atípicos* (ou *inominados*) nos casos em que, não constando da lei, são regulados pelas partes de acordo com as respetivas necessidades em conformidade com a liberdade de modelação contratual prevista no art. 405º, CC.

Os *contratos mistos* reúnem elementos de um ou mais contratos (por exemplo, contrato de arrendamento com prestação de serviços).

d) Quanto à eficácia do negócio

A par dos *contratos obrigacionais* que criam, modificam ou extinguem relações creditórias, existem os *contratos reais* (ou *com eficácia real*) que se reportam ao âmbito dos direitos reais.

Nesta aceção, os contratos reais *quoad effectum* (negócios reais *quanto aos efeitos* ou *contratos com eficácia real*) caracterizam-se por terem como efeito imediato a constituição, modificação ou extinção dum direito real (art. 408º, nº 1, CC), ou seja, transferem, desde logo, o domínio sobre a coisa, do alienante para o adquirente. O contrato não se limita a constituir, modificar ou extinguir a relação obrigacional, a constituição ou transferência de direitos reais sobre coisa determinada dá-se por *mero efeito do contrato.*

O *princípio da transferência imediata* do direito real pode ser afastado pelas partes, atendendo a que se trata de um princípio supletivo. O alienante pode reservar a propriedade da coisa alienada, nos termos do art. 409º, CC (mediante cláusula contratual) até cumprimento integral da obrigação (esta figura surge com frequência no compra e venda a prestações, art. 934º, CC). Havendo reserva de propriedade da coisa até ao cumprimento das obrigações da outra parte, tal significa que a alienação é feita *sob condição suspensiva,* os efeitos negociais suspendem-se até à verificação do evento condicionante (neste caso, cumprimento da obrigação).

Os contratos reais *quoad constitutionem* (negócios reais *quanto à constituição*) exigem a entrega (tradição) da coisa para a perfeição do contrato.

Por exemplo, no contrato de depósito, o contrato consuma-se depois de o depositante entregar a coisa ao depositário, art. 1185º, CC.

e) Quanto à liberdade contratual

O art. 405º, CC, prevê o princípio da liberdade contratual, quer como a liberdade que é conferida às partes de *celebrarem os contratos* que entenderem necessários à salvaguarda dos seus interesses (liberdade de celebração de contratos), dentro dos limites da lei, quer como a *liberdade de fixação do conteúdo contratual* (liberdade de fixação do conteúdo dos contratos, *v.* como exemplos os arts. 1698º e 1699º, CC).

f) Princípio da boa-fé

O contrato deve ser cumprido com lisura e lealdade.

O princípio da pontualidade evidencia esta exigência, obrigando a que o contrato seja pontualmente cumprido e só possa modificar-se ou extinguir-se por mútuo consentimento dos contraentes ou nos casos admitidos na lei (art. 406º, nº 1, CC).[43]

g) Princípio da força vinculativa

Uma vez celebrado o contrato válido, este vincula as partes (art. 406º, CC). Trata-se de um efeito *inter partes*, não *erga omnes*. Este último efeito opera por força do registo, de acordo com o *princípio da prioridade temporal da constituição* ou *do registo.*

"Ex. A arrenda o prédio X a B e depois a C.

Caso se trate de arrendamentos sujeitos a registo, aplicam-se as regras deste, conforme as quais prevalece o direito primeiro registado – o que representa simples corolário da ineficácia, relativamente a terceiros, do ato submetido a registo e não registado. Mas, se esses contratos não dependerem de registo, predomina o direito de B., em virtude da prioridade temporal da sua constituição, pelo menos desde que se encontre efetivado o uso ou fruição da coisa locada".[44]

1.2. Direitos obrigacionais e direitos reais

Os *direitos obrigacionais* são direitos pessoais (direito sobre uma pessoa), geram um vínculo entre dois sujeitos, no qual o sujeito ativo tem o direito

[43] *V.* Almeida Costa, *op. cit.*, pp. 298-312.

[44] Explica Almeida Costa, *op. cit.*, p. 315.

de exigir determinada prestação do sujeito passivo, sob pena de recurso judicial. Os direitos produzem efeito entre os intervenientes no negócio (*inter partes*). O direito obrigacional é relativo, já que o credor só poderá exigir de um sujeito, determinado ou determinável, o cumprimento da prestação (arts. 397º e 511º, CC).

Os *direitos reais* sãos direitos sobre uma coisa (*res*), representam a ligação existente entre um indivíduo e uma coisa que a ele pertence. O titular possui um poder (direto e imediato), sobre determinado objeto, e esse poder é um direito real. Os direitos produzem efeito também em relação a terceiros (*erga omnes*). Decorrente dessa eficácia (externa) é o direito de sequela (ou *jus persequendi*), que consiste no poder que tem o titular para buscar a coisa em poder de quem quer que a detenha.

Os principais pontos de distinção entre os dois direitos são:

a) Princípio da aderência ou inerência

Nos direitos reais o sujeito ativo fica ligado à coisa, por meio de um vínculo que foi estabelecido, exercendo sobre ela um domínio, mas sem necessidade da existência de outro sujeito para que o direito real possa existir.

Nos direitos pessoais (obrigacionais), como o próprio nome sugere, há uma relação entre indivíduos, só se manifestando o referido direito através da existência de dois sujeitos, que estão ligados devido à existência de uma prestação a ser cumprida pelo sujeito passivo (devedor).

b) Princípio do absolutismo

O direito real confere poder ao titular sobre o objeto, possui efeito *erga omnes*.

O direito obrigacional, por sua vez, é relativo, já que o credor só poderá exigir de um sujeito, determinado ou determinável, o cumprimento da prestação.

c) Princípio da perpetuidade

Os direitos reais não se extinguem pelo não uso, apenas pelos meios estabelecidos em lei e nos casos especificados por esta. Desse modo, trazem em si a aparência de que são eternos.

Os direitos obrigacionais, pelo próprio objeto que possuem, são caracterizados como transitórios, pois se extinguem com a realização da prestação pelo devedor.

d) Princípio da taxatividade

Os direitos reais apresentam-se em *numerus clausus* (número fechado), ou seja, são limitados, pois estão todos definidos na lei, não podendo ser criados através de outros meios.

Os direitos obrigacionais existem em *numerus apertus* (número aberto), pois a lei dispôs sobre eles de forma exemplificativa, criando alguns tipos de contratos, mas permitindo a criação de outros pela livre manifestação de vontade das partes.

e) Princípio da tipicidade

Os direitos reais são criados por lei, somente, não podendo o indivíduo gerar um novo direito real (*princípio da tipicidade*).

Nos direitos obrigacionais verifica-se a possibilidade de serem criados por meio da manifestação de vontade das partes, em número ilimitado, sendo um acréscimo aos já estabelecidos em texto legal.

f) Princípio da publicidade

Os direitos reais devem sejam publicitados. Assim, quanto aos direitos relativos a bens imóveis, deve haver o devido registo; quanto aos bens móveis, deve cumprir-se o requisito da publicidade (com a tradição da coisa).

Nos direitos obrigacionais não é necessário tal publicitação, basta o acordo de vontades entre as partes para que os referidos direitos possam existir.

Permite-se a atribuição de *eficácia real* a determinados direitos de crédito, que se tornam oponíveis a terceiros mediante a inscrição no registo.

"Assim, tratando-se de promessa de transmissão ou constituição de direitos reais (art. 413º) e de pacto de preferência (art. 421º) respeitantes a bens imóveis, ou a móveis sujeitos a registo, quando observados certos requisitos de forma e de publicidade, tal como no caso de compra a retro ou a remir que tenha por objeto coisas da mesma natureza (art. 932º). Não falta, contudo, quem qualifique estas figuras como direitos reais – direitos reais de aquisição – criados pela vontade das partes, em vez de direitos de crédito com eficácia *erga omnes*".[45]

[45] Ensina ALMEIDA COSTA, *op. cit.*, p. 129.

1.3. Contrato-promessa

O contrato, mediante o qual, alguém se obriga a celebrar o contrato prometido (seja de que tipo for, compra e venda, permuta, locação) denomina-se *contrato-promessa*. Trata-se, portanto, de um contrato preliminar, o qual não produz efeitos translativos, apenas a obrigação de celebrar o contrato definitivo.

A lei não define contrato-promessa, apenas sujeita, em princípio, o contrato-promessa ao mesmo regime do contrato definitivo, através do *princípio da equiparação* (art. 410º, nº 1, 1ª parte, CC) Este princípio procede a uma extensão do regime do contrato definitivo ao contrato-promessa, sujeitando-se este, às mesmas regras que vigoram para aquele.

Por exemplo, se a lei proíbe a venda a filhos e netos (art. 877º, CC), igualmente proibirá a celebração de contratos-promessa entre estes intervenientes.

O princípio da equiparação é, no entanto, objeto de duas importantes exceções (art. 410º, nº 1, 2º parte, CC):

a) Disposições relativas à forma

O art. 410º, nº 2, CC, indica que tratando a promessa de um contrato para o qual a lei exija documento, quer autêntico ou particular, basta um documento particular assinado pela parte que se vincula (promessa unilateral) ou por ambas (promessa bilateral), ainda que o contrato definitivo exija um documento autêntico.

Desta forma, um contrato-promessa de compra e venda de imóvel, sujeito a escritura pública ou a documento particular autenticado (art. 875º, CC), pode realizar-se por simples documento particular (art. 410º, nº 2, CC). O *princípio da celeridade dos contratos* dita que assim seja.

b) Disposições que pela sua razão de ser não devam considerar-se extensivas ao contrato-promessa

Assim, por exemplo, o art. 879º, CC, refere que a compra e venda possui como efeitos essenciais a transmissão da propriedade da coisa, a obrigação do alienante a entregar e a obrigação de o adquirente pagar o respetivo preço. Nenhum destes efeitos pode ser estendido em relação ao contrato-promessa, já que dele resulta apenas a obrigação de celebrar um novo contrato (art. 410º, nº 1, CC).

1.3.1. Forma do contrato-promessa

a) Regime geral

Nos termos do art. 410º, nº 2, CC, a promessa respeitante à celebração de contrato para o qual a lei exija documento (quer autêntico, quer particular), só vale se constar de documento assinado pela parte que se vincula (no caso de promessa *unilateral*) ou por ambas (no caso de promessa *bilateral*).

b) Regime especial

No caso de promessa respeitante à celebração de contrato oneroso de transmissão *ou* constituição de direito real sobre edifício, **ou** fração autónoma dele (já construído, em construção ou a construir), o documento assinado pela parte que se vincula (no caso de *promessa unilateral*) ou por ambas (no caso de *promessa bilateral*) deve conter o reconhecimento presencial das assinaturas do promitente ou promitentes **e** a certificação da existência da respetiva licença de utilização *ou* de construção (nº 3).[46]

[46] Jurisprudência:
1. *A falta de reconhecimento presencial das assinaturas e da certificação notarial da licença de construção ou de utilização, em contrato promessa de compra e venda de imóvel (art. 410º, nº 3 do CC) configura nulidade atípica ou mista, invocável a todo o tempo, em regra pelo promitente-comprador, excecionalmente pelo promitente-vendedor, desde que a omissão seja causada culposamente por aquele, não podendo ser invocável por terceiro ou conhecida oficiosamente pelo tribunal, sendo, no entanto, passível de posterior sanação ou convalidação.*
2. *Não tendo sido convencionado qualquer prazo para a outorga da escritura, estipulando-se logo que se encontre pronta toda a documentação para o efeito, impunha-se a fixação judicial de prazo de cumprimento, sem o qual não há mora. A resolução do contrato promessa de compra e venda e a restituição do sinal em dobro (art. 442º, nº 2 do CC) pressupõe, não a mora, mas o incumprimento definitivo.*
3. *A circunstância de o Réu (promitente vendedor), apesar de várias vezes contactado pelo Autor (promitente comprador), nunca ter diligenciado pela obtenção da documentação, alegando falsamente que já providenciara pela obtenção da licença de utilização, que sabia não corresponder à verdade, e a venda do imóvel, objeto do contrato de promessa de compra e venda, na sequência da penhora, sem que o Réu (promitente vendedor) houvesse sequer avisado o Autor (promitente comprador), significa recusa de cumprimento por parte do Réu, traduzindo-se num incumprimento definitivo, sem necessidade de interpelação admonitória.*
4. *Sendo o Réu (promitente vendedor) comerciante (art. 13º do Código Comercial) e tendo outorgado o contrato promessa no âmbito da sua atividade de construção de casas para revenda, que então exercia, opera a dupla presunção (arts. 1691º, nº 1, d) CC e 15º C. Comercial), pelo que a dívida é comunicável à esposa.*
5. *O direito de retenção não obsta à penhora, nem à venda executiva do prédio, objeto da retenção, porque o seu titular tem a faculdade de reclamar o crédito na ação executiva, com preferência sobre a hipoteca, e com a venda a garantia transfere-se para o produto da venda.*

"O objetivo declarado da *nova* exigência *formal* é o de impedir que, sem conhecimento do promitente-comprador, possam ser objeto de promessa de venda prédios de *construção clandestina*".[47]

Contudo, apenas o promitente-alienante pode invocar a omissão destes requisitos quando a mesma tenha sido culposamente causada pelo promitente-adquirente (nº 3, *in fine*). Este mecanismo pretende proteger o promitente-adquirente da omissão de requisitos formais ao qual é alheio, dado que, em princípio, é sobre quem promete alienar que recai o dever de cumprir as formalidades legais para efeito de lícita alienação.

1.3.2. Efeitos do contrato-promessa

O contrato-promessa produz meramente efeitos *inter partes.*

Desejando as partes atribuir-lhe eficácia real (produzindo efeitos em relação a terceiros), devem cumprir o estipulado no art. 413º, CC.

Os *pressupostos de que depende a eficácia real* consistem na declaração expressa **e** inscrição no registo (nº 1).

Quanto aos *requisitos de forma do acordo destinado a conferir eficácia real à promessa*, salvo o disposto em lei especial, deve constar de escritura pública ou de documento particular autenticado a promessa a que as partes atribuam eficácia real; porém, quando a lei não exija essa forma para o contrato prometido, é bastante documento particular com reconhecimento da assinatura da parte que se vincula ou de ambas, consoante se trate de contrato-promessa unilateral ou bilateral (nº 2).

1.3.3. Não cumprimento do contrato-promessa

O não cumprimento do contrato-promessa atribui à outra parte o direito de recorrer à execução específica (art. 830º, CC).

O conceito *não cumprimento* deve ser analisado cautelosamente. Assim, o recurso à execução específica é incompatível com a *impossibilidade definitiva de cumprimento* (por exemplo, o bem que se prometeu vender foi entretanto alienado a um terceiro, neste caso os efeitos produzidos correspondem a uma venda de bens alheios, considerada nula, nos termos do art. 892º, CC).

6. Como o direito de retenção caduca com a venda executiva e não tendo o seu titular reclamado tempestivamente o respetivo crédito na execução, não lhe assiste o direito à sub-rogação pelo produto da venda (art. 824º, nº 3 CPC).

[Disponível *in* http://www.trc.pt]

[47] Pires de Lima e Antunes Varela, *op. cit.*, p. 380.

A lei não admite, ainda, a execução específica, no caso de existência de *convenção em contrário* e havendo *incompatibilidade com a natureza da obrigação assumida.*

a) Convenção em contrário

O recurso à execução específica não pretende ser um regime imperativo. Como tal, é livremente revogável pelas partes. Tal acontece, quando se constitui sinal[48] ou outra penalização para o incumprimento (art. 830º, nºs 1 e 2, CC), pois, nestes casos, entende-se que a parte cumpridora pretende apenas uma indemnização e não o cumprimento coercivo do contrato. Esta presunção é, não obstante, ilidível por prova em contrário (art. 350º, nº 2, CC), nada impedindo, por isso, que as partes convencionem a aplicação dos dois regimes, cabendo nesse caso ao credor optar pela alternativa que lhe for mais conveniente.

"Tal acontecerá, aliás, imperativamente na situação prevista no art. 830º, nº 3, onde se determina que nas promessas a que se refere o art. 410º, nº 3 – relativas à constituição ou transmissão do direito real sobre edifício ou fração autónoma dele, já construído, em construção ou a construir – o direito à execução específica não pode ser afastado pelas partes. Nestas promessas, consequentemente, não podem as partes estipular convenções contrárias à execução específica. Pelo que nunca será atribuído esse efeito à convenção de sinal ou à cláusula penal".[49]

b) Incompatibilidade com a natureza da obrigação assumida

Haverá casos de incompatibilidade entre a execução específica e a *natureza da obrigação assumida*, pelo que o incumprimento será resolvido no quadro da responsabilidade contratual.

"Assim, por exemplo, nos contratos-promessa relativos a contratos reais *quoad constitutionem* (penhor de coisas, mútuo, comodato e depósito), em que se exige a tradição da coisa para se poder operar a constituição do contrato definitivo, não é possível decretar-se a execução específica, uma vez

[48] "Entende-se que há convenção em contrário, se existir sinal (arts. 440º a 442º) ou se houver sido fixada uma pena para o não cumprimento da promessa (art. 830º, nº 2). Presume-se, em tais casos, que as partes quiseram que esse fosse o critério de reparação e a única consequência do inadimplemento", ALMEIDA COSTA, *op. cit.*, p. 7417.

[49] Explica MENEZES LEITÃO, *Direito das Obrigações*, pp. 234-235.

que o tribunal não pode substituir-se ao promitente na tradição da coisa, ato cuja espontaneidade a lei pressupõe.

Da mesma forma, o contrato-promessa de contrato de trabalho é insuscetível de execução específica, atento o caráter pessoal da prestação de trabalho (art. 103º, nº 3, do CT)".[50]

Ainda, nos casos de promessa de casamento, de doação, de testamento, de adopção ou de perfilhação, "pois todas elas implicam uma liberdade e atualidade de vontade incompatíveis com a substituição judicial".[51]

1.3.4. Sinal e antecipação do cumprimento

"O sinal consiste numa cláusula acessória dos contratos onerosos, mediante a qual uma das partes entrega à outra, por ocasião da celebração do contrato, uma coisa fungível, que poderá ter natureza diversa da obrigação contraída ou a contrair".[52] Assim se concluiu que o sinal não tem que ser necessariamente realizado em dinheiro, podendo sê-lo em coisa fungível, desde que, atenta a sua finalidade, a sua fungibilidade possa ser imputada no valor final do bem[53].

O regime do sinal, que é mais do que a mera antecipação do pagamento, consta dos arts. 440º a 442º, CC.

Face à presunção (pese embora, ilidível, nos termos do art. 350º, nº 2, CC) presente no art. 441º, CC, a quantia paga a título de antecipação do pagamento, no contrato-promessa de compra e venda, assume a natureza de *sinal*.

Para Ana Prata, "esta presunção é aplicável aos contratos-promessa de quaisquer contratos onerosos de alienação (p. ex., troca, trespasse) ou de constituição de direitos reais sobre bens (p. ex., promessa onerosa de constituição de usufruto ou de hipoteca sobre um bem)".[54]

O contraente não faltoso possui a faculdade de exigir do contraente faltoso, as regras de penalização do sinal (art. 442º, nº 2, CC):

[50] Conclui Almeida Costa, *op. cit.*, pp. 415-436.

[51] Loc. cit.

[52] Explica Menezes Leitão, *Direito das Obrigações*, p. 234.

[53] "Se houver cumprimento da obrigação, diz a lei que a coisa entregue como sinal deverá ser «imputada» (melhor computada) na prestação devida ou devolvida, se isso não for possível. Daqui resulta claramente que o sinal não tem de coincidir com a coisa que venha a ser devida pelo devedor da obrigação sinalizada", Ana Prata, *Código Civil Anotado*, AA.VV., *op, cit.*, p. 567.

[54] *Código Civil Anotado*, AA.VV., *op, cit.*, p. 563.

- Se o contraente faltoso é o *prometente adquirente*, perde o sinal;
- Se o contraente faltoso é o *prometente alienante*, deve restituir o dobro do que recebeu.

No entanto, havendo *traditio* da coisa, o promitente adquirente pode exigir:

i) o *valor da valorização do bem*, correspondendo ao valor atual, determinado objetivamente, à data do não cumprimento da promessa (data da marcação da escritura), *deduzindo o valor convencionado.* A preocupação com o valor atual do bem (atendendo à sua valorização) tem fundamento em contextos históricos próprios, em que a forte inflação e a especulação imobiliária comandavam os mercados.

ii) a restituição do *sinal em singelo* e a *parte do preço que o adquirente tenha pago*, segundo o disposto na parte final do nº 2, do art. 442º, do CC.

1.4. Pacto de preferência

O direito de preferência pode assentar numa convenção (pacto) estabelecida entre as partes, prevista no art. 414º, CC (denominada *preferência convencional*) ou decorrer *ope legis* (denominada *preferência legal*), constitutiva de um *direito real de aquisição.*

O direito de preferência (*legal*) não está definido legalmente; ao contrário do direito de preferência (*convencional*).

Nos termos do art. 414º, CC, "o pacto de preferência consiste na convenção pela qual alguém assume a obrigação de dar preferência a outrem na venda de determinada coisa".

Para Almeida Costa, trata-se de um "Acordo pelo qual alguém se obriga a dar preferência a outrem, na eventual conclusão futura de um determinado contrato, caso o promitente venha de facto a celebrá-lo e o beneficiário queira contratar em condições iguais às que um terceiro aceita".[55]

Apesar do art. 414º, CC, referir *venda* de determinada coisa, conjugando-o com o art. 423º, CC (norma de extensão), os pactos de preferência são admissíveis em todos os casos de *contratos onerosos* que permitam o exercício de opção entre os possíveis adquirentes.[56]

[55] *Op. cit.*, p. 443.

[56] "É já difícil admitir a preferência na troca, dada a impossibilidade normal de o preferente entregar objeto igual ao que entregaria o adquirente. Mas não há impossibilidade absoluta (*vide* Vaz Serra, *est. cit.*, nº 21)", citado por Pires de Lima e Antunes Varela, *op. cit.*, p. 400.

1.4.1. Requisitos de forma e de substância

O pacto de preferência recebe as normas aplicáveis ao regime geral dos contratos, salvo quanto à forma, sendo aplicável o disposto no art. 410º, nº 2, *ex vi* art. 415º, CC, ou seja, a celebração de pacto de preferência só vale se constar de documento assinado pela parte que se vincula.[57]

1.4.2. Exercício do direito de preferência

O art. 416º, CC dispõe sobre o exercício do direito de preferência.
O obrigado à preferência deve transmitir ao titular do direito (nº 1):

a) o seu projeto negocial;
b) as exatas cláusulas contratuais apresentadas a terceiro ou dele recebidas (incluindo o preço).

Recebida a comunicação, o titular do direito tem 8 dias para o exercer, sob pena de caducidade, salvo se estiver vinculado a prazo mais curto ou o obrigado lhe assinar prazo mais longo (nº 2, *in fine*).

Concluindo, "Perante a comunicação, o preferente pode tomar uma de quatro atitudes. Nada dizer, hipótese em que o seu direito caduca, no dizer da lei. Recusar a conclusão do contrato, situação em que o obrigado fica livre de o fazer com o mesmo terceiro e nas condições comunicadas. Contrapor termos, situação em que o obrigado, não tendo de tomar em conta esta contraproposta (se o quiser tecnicamente), fica livre de contratar com o terceiro nas condições que definiu. Aceitar celebrar o contrato, que é o caso mais complexo nos seus contornos"[58].

1.4.3. Preferência legal

Para além da preferência que emana de um contrato (pacto de preferência), há casos em que a mesma decorre da lei (*v.g.*, art. 1380º, CC).

A preferência legal é mais forte e protetiva do que a convencional (art. 422º, 1ª parte, CC).

"Em caso de *concurso* entre um direito *legal* de preferência (fundado na compropriedade numa servidão legal de passagem, numa relação de arrendamento, etc.) e um direito convencional de preferência, este é sem-

[57] *V.* Almeida Costa, *op. cit.*, pp. 445-446, sendo de afastar, para o A., o nº 3 do art. 410º, quer em sede de interpretação extensiva, seja via aplicação analógica.

[58] Ana Prata, *Código Civil Anotado,* AA.VV., *op. cit.*, p. 524.

pre preterido por aquele, mesmo que goze de eficácia real – o que bem se compreende, atentos os interesses de ordem pública em que assenta a concessão das preferências legais."[59]

E, se não gozar de eficácia real, o direito de preferência não procede relativamente à alienação efetuada em execução, falência, insolvência ou casos análogos (2ª parte).

1.4.4. Eficácia real do pacto de preferência

As partes podem atribuir *eficácia real* ao direito de preferência, quando o seu objeto seja um imóvel ou um móvel sujeito a registo, observados os requisitos de forma e de publicidade exigidos no art. 413º (art. 421º, nº 1, CC).

Ou seja: declaração expressa no sentido da atribuição da eficácia real e inscrição registral.

Contudo, e mesmo dotado de eficácia real, o direito de preferência convencional não prevalece sobre os direitos legais de preferência (art. 422º, 1ª parte, do CC).

"A referida restrição imposta aos preferentes convencionais cujos direitos tenham mera eficácia obrigacional visa impedir o prejuízo dos credores. Efetivamente, a sua admissão nesses casos seria suscetível de afastar eventuais interessados na aquisição dos bens, inclusive, dispensar o preferente, sem adequado motivo, da competição direta com os vários candidatos a tal aquisição."[60]

1.4.5. Violação do direito de preferência

Tratando-se de uma *preferência convencional*, o faltoso deve indemnizar o cumpridor dos danos que resultarem do incumprimento do pacto.[61]

[59] PIRES DE LIMA e ANTUNES VARELA, *op. cit.*, p. 399.
Esclarece ALMEIDA COSTA, "O preferente convencional goza, em princípio, de um mero direito de crédito à conduta do obrigado à preferência, cujo inadimplemento dá apenas lugar a uma indemnização; ao invés, o preferente legal desfruta, mais do que isso, de um direito potestativo que lhe permitirá fazer seu o negócio realizado em violação da preferência" (art. 1410º), *op. cit.*, p. 453.

[60] Elucida ALMEIDA COSTA, *op. cit.*, p. 454.

[61] Jurisprudência:
1. As cláusulas contratuais gerais caracterizam-se pela pré-elaboração, rigidez e possibilidade de utilização por pessoas indeterminadas, ainda que possam constar de contratos individualizados.
2. A aceitação de um orçamento, individualizado, elaborado tendo em vista uma determinada situação, inviabiliza a aplicação do regime das cláusulas contratuais gerais.

Tratando-se de *preferência com eficácia real*, o não faltoso pode intentar ação de preferência, para fazer prevalecer a sua posição sobre o terceiro adquirente (art. 421º, nº 2, que remete para o art. 1410º, ambos do CC); bem como em todos os casos de violação da *preferência legal* (exemplos: arts. 1091º, nº 4; 1380º, nº 4; 1410º; 1555º, nº 2, todos do CC).

A ação deve ser intentada dentro do prazo de seis meses, a contar da data em que teve conhecimento dos elementos essenciais da alienação, e deposite o preço devido nos 15 dias seguintes à propositura da ação (art. 1410º, nº 1, 2ª parte, CC).

1.5. Contrato a favor de terceiro

No contrato a favor de terceiro uma das partes (*promitente*) assume perante outra (*promissário*) a obrigação de efetuar uma prestação a favor de terceiro (*destinatário* ou *beneficiário*). Quanto à eficácia dos contratos, a norma conforma-se com o disposto no art. 406º, nº 2, CC.

"Exige-se que o promitente e o promissário atuem com intenção de o contrato produzir os efeitos de uma atribuição imediata, e não apenas reflexa, ao terceiro. Além disso, o promissário deve ter na promessa um interesse digno de proteção jurídica, de natureza patrimonial ou não patrimonial (art. 443º, nº 1, CC)".[62]

Para MARGARIDA LIMA REGO "O contrato a favor de terceiro não corresponde a um tipo contratual autónomo: nenhum contrato será, apenas, um contrato a favor de terceiro. O que há são compras e vendas a favor de terceiro, locações a favor de terceiro, prestações de serviço a favor de terceiro, etc., e ainda contratos atípicos ou mesmo inominados a favor de terceiro. O contrato a favor de terceiro não é um dos contratos em especial, integrando-se o seu regime na parte geral do direito das obrigações"[63].

3. A violação de um pacto de preferência apenas dá lugar ao direito de indemnização dos danos emergentes da perda do lucro, que a celebração do contrato definitivo determinaria no contraente preterido.
[Ac. RC, de 28 de janeiro de 2008, Proc. nº 270/08.6TBGRD. Disponível *in* http://www.dgsi.pt/]

[62] Nas palavras de ALMEIDA COSTA, *op. cit.*, p. 350, o qual o define como "aquele em que um dos contraentes (promitente) se compromete perante o outro (promissário ou estipulante) a atribuir certa vantagem a uma pessoa estranha ao negócio (destinatário ou beneficiário) ". Para LEITE CAMPOS, trata-se de um contrato por meio do qual "é atribuído um benefício a um terceiro, a ele estranho, que adquire um direito próprio a essa vantagem", *Contrato a favor de terceiro*, Almedina, 2009, p. 7.

[63] *Código Civil Anotado*, AA.VV., *op. cit.*, p. 571.

Este tipo de contrato visou, primeiramente, disciplinar o seguro a favor de terceiro (mais propriamente o seguro de vida).

O contrato a favor de terceiros não se confunde com o *contrato realizado por meio de representante*, com o *contrato realizados em nome próprio, mas por conta de outrem* ou com o *contrato de prestação de terceiro*.

Quanto ao *contrato realizado por meio de representante* "a pessoa que, no instituto da representação, fica fora das operações contratuais (o representado) é o verdadeiro contraente; no contrato a favor de terceiro, os contraentes são os intervenientes no negócio (nada impedindo que um deles ou ambos se façam representar na celebração dele), enquanto o terceiro, permanecendo fora do contrato, é apenas o titular do principal direito ou da atribuição patrimonial que dele nasce. No seguro de vida em benefício de terceiro, por exemplo, o beneficiário não é contraente, nem é responsável pelo pagamento dos prémios, nem goza de qualquer outro direito, emergente do contrato, que não seja o de receber o seguro".[64]

No *contrato realizados em nome próprio, mas por conta de outrem* (representação indireta ou mandato sem representação), "nenhum direito nasce diretamente do contrato para terceiro; só numa fase ulterior, em cumprimento da relação de mandato, o mandante tem o direito de exigir do mandatário (e não do outro interveniente no contrato) a transmissão dos direitos e obrigações que advieram deste (cfr. o art. 1181º), mas nessa altura assume toda a posição do contraente (e não apenas a titularidades de um direito derivado do contrato). No contrato a favor de terceiro, o direito do beneficiário resulta imediatamente do contrato, pois o promitente fica vinculado perante ele à prestação".[65]

No *contrato de prestação de terceiro*, o terceiro "não é beneficiário do contrato, mas autor da prestação que um dos contraentes promete ao outro".[66]

[64] Pires de Lima e Antunes Varela, *Código Civil Anotado*, vol. I, Coimbra Editora, 4ª ed., 1987, p. 424.

[65] Pires de Lima e Antunes Varela, *op. cit.*, p. 425.

[66] Pires de Lima e Antunes Varela, loc. cit.. Leite Campos explica que a "A nossa lei (art. 443º, nº 2, do Código Civil) admite os contratos a favor de terceiros com eficácia obrigacional (A obriga-se para com B a entregar cinquenta contos a C), liberatórios (A e B contratam a remissão de uma dívida e que este era credor a C) e com eficácia real (A e B convencionam a constituição de uma servidão sobre uma propriedade de B a favor de C)", *op. cit.*, p. 8.

1.6. Contrato para pessoa a nomear

O contrato para pessoa a nomear não corresponde a um tipo contratual autónomo, trata-se de uma cláusula contratual que permite que uma das partes reserve o direito de nomear um terceiro adquire os direitos e assume as obrigações provenientes desse contrato (art. 452º, nº 1, CC).

A reserva de nomeação não é possível, no entanto, nos casos em que não é admitida a representação ou é indispensável a determinação dos contraentes (nº 2), assim, é de afastar nos negócios familiares e *intuitu personae* em geral.

Este tipo de contrato tem grande utilidade prática quando alguém não quer assumir o negócio por questões de confidencialidade ou não sabe ainda se quer o negócio para si ou cedê-lo a outrem, assim é celebrado com a cláusula *pro amico eligendo* (ou *pro amico electo*).

O contrato para pessoa a nomear "é um tipo negocial distinto do *negócio celebrado por meio de representante*, do *contrato a favor de terceiro*, da *gestão de negócios* e do *mandato sem representação*, embora tenha algumas afinidades com estas figuras jurídicas.

O negócio celebrado por meio de representante produz imediatamente os seus efeitos na esfera jurídica do representado, ao passo que o contrato para pessoa a nomear começa por produzir os seus efeitos em relação ao interveniente do negócio, e *apenas pode vir a produzi-los na esfera jurídica de um terceiro* que não figura no ato como representado.

No contrato a favor de terceiro, nem o promitente nem o promissário *deixam se ser os únicos contraentes*, mesmo após a adesão do terceiro, não tendo este a categoria de contraente, enquanto no contrato para pessoa a nomear, uma vez efetuada e aceita a nomeação, um dos intervenientes no contrato perde a qualidade de contraente e o terceiro nomeado ao abrigo da cláusula especial passa a figurar como contraente desde a celebração do contrato.

A gestão de negócios, além de poder exprimir-se em puros atos materiais e em atos jurídicos que não sejam contratos, envolve a intervenção da pessoa (gestor) em negócios que são e continuam a ser alheios; o contrato para pessoa a nomear começa por pertencer ao interveniente e pode vir a consolidar-se definitivamente na sua titularidade.

No mandato sem representação, o mandatário não deixa de ser contraente em face dos terceiros com quem negociou, mesmo depois de transferir para o mandante os direitos adquiridos em execução do mandato; ao passo que, no contrato para pessoa a nomear, uma vez efetuada a nomeação, os efeitos do negócio encabeçam-se retroativamente na titularidade da pessoa nomeada".[67]

Admite-se, portanto, que, ao celebrar um contrato o *adquirente* seja a *nomear* ou a *designar.*

Na falta de convenção, a nomeação ocorre nos cinco dias posteriores à celebração do negócio (art. 453º, nº 1, 2ª parte, CC).

A declaração de nomeação deve ser acompanhada, sob pena de ineficácia, do instrumento de ratificação do contrato ou de procuração anterior à celebração deste (nº 2).

O nomeado deve ratificar, através de documento escrito, a nomeação (art. 454º, CC), para que se verifique a produção de efeitos prevista no art. 455º, nº 1, CC. Se o negócio for celebrado por outra forma, a ratificação necessita de revestir igual forma (art. 454, nº 2, CC).

1.7. Cessão da posição contratual (ou cessão do contrato ou assunção de contrato)

No contrato com prestações recíprocas[68], qualquer das partes tem a faculdade de transmitir a terceiro a sua posição contratual, desde que o outro contraente (antes ou depois da celebração do contrato) consinta na transmissão (art. 424º, nº 1, CC)[69].

[67] Como bem explicam Pires de Lima e Antunes Varela, *op. cit.*, pp. 433 e 434.

[68] "Não havendo *prestações recíprocas*, não pode haver cessão da posição contratual, mas somente transmissão de créditos ou de dívidas. Para que haja cessão da posição contratual, distinta desta transmissão, é necessário que do contrato resultem créditos e dívidas para ambas as partes. Em sentido diferente, sustentando que a cessão da posição contratual tem interesse e real cabimento para além dos termos em que a limita o art. 424º, vide Mota Pinto, *Cessão da posição contratual*, nºs 61 e 62", indicam Pires de Lima e Antunes Varela, *op. cit.*, pp. 401 e 402.

[69] Jurisprudência:

1. *A cessão da posição contratual, definida no art. 424º, do CC, envolve uma substituição de sujeitos num dos lados da relação contratual, uma modificação subjetiva de sujeitos num dos lados da relação contratual, uma modificação subjetiva numa relação contratual que, todavia, permanece a mesma: a relação contratual que existia entre o utente e o cedido é a mesma de que passa a ser sujeito, após o novo negócio, o cessionário.*
2. *É, porém, necessário que a substituição do cedente tenha o consentimento do cedido.*
3. *No instituto da cessão da posição contratual há que distinguir dois contratos: o contrato-base ou contrato inicial, celebrado originariamente entre o cedente e o cedido, do qual resulta o acervo de direitos e obrigações que constitui o objeto da cessão; e o contrato-instrumento da cessão, o contrato de cessão, realizado posteriormente, através do qual se opera a transmissão de uma das posições derivadas do contrato-base.*

Neste contrato intervém três sujeitos: o *cedente* (o que transmite a sua posição), o *cessionário* (o que adquire a posição cedida) e o *cedido* (o que celebrou o contrato originário com o cedente e o que passa a ser contraparte do cessionário).

A cessão da posição contratual só pode ocorrer *ope voluntatis* (por acordo do cedente, cessionário e cedido).

A cessão da posição contratual distingue-se da *cessão ou transmissão dos créditos ou das dívidas*, do *subcontrato*, da *subrogação legal no contrato* e da *adesão ao contrato.*

Ao contrário da *cessão ou transmissão dos créditos ou das dívidas*, a cessão da posição contratual tem por conteúdo a *totalidade da posição contratual*, no seu conjunto de direitos e obrigações.[70]

Quanto ao *subcontrato* (ou *contrato derivado*) a diferença fundamental "está em que, na cessão, o cedente se desliga da sua posição de contraente, entrando o cessionário para o lugar dele, ao passo que o constituinte do subcontrato mantém a sua posição contratual anterior e limita-se a constituir *uma outra* relação contratual, à custa daquela posição. A cessão da posição contratual opera uma simples *modificação subjetiva* na relação contratual básica, a qual persiste, embora com um novo titular. O subcontrato envolve a criação de uma *segunda* relação contratual, que vive em paralelo com a primeira, tendo a sua existência de característico o facto de uma depender da outra e de haver, além disso, um contraente comum a ambas elas".[71]

No que concerne à *subrogação legal no contrato* "é a figura mais próxima da cessão da posição contratual, no concernente aos seus efeitos. O exemplo mais conhecido de subrogação *ex lege* no contrato é o da transmissão da posição do locador para o adquirente da propriedade da coisa locada (cfr. o art. 1057º). Simplesmente, a transmissão não procede neste caso, nem nos restantes casos do mesmo tipo, da vontade dos contraentes, como sucede na cessão da posição contratual, mas da determinação imperativa da lei, que a impõe ao adquirente do prédio".[72]

4. *As relações entre o cedente e o cessionário – os sujeitos do contrato de cessão – estão sujeitas ao regime, legal e convencional, que disciplina o contrato que serviu de base à cessão.*

[Processo nº 03B3912, de 18 de março de 2004, Disponível *in* http://www.dgsi.pt]

[70] Pires de Lima e Antunes Varela, *op. cit.*, p. 400.

[71] Pires de Lima e Antunes Varela, *op. cit.*, p. 400.

[72] Pires de Lima e Antunes Varela, *op. cit.*, p. 401.

Quanto à *adesão ao contrato* "é o negócio pelo qual um terceiro assume a mesma posição de um dos outorgantes em determinado contrato – não, porém, em substituição dele (como na cessão da posição contratual), mas ao lado dele, como contitular dos (seus) direitos e obrigações derivados de tal contrato. Trata-se de um tipo de convenção negocial não diretamente previsto na lei, mas cuja admissibilidade não pode ser posta em dúvida, à face do princípio da liberdade contratual".[73]

2. Negócios unilaterais

A promessa unilateral de uma prestação só obriga nos casos previstos na lei (art. 457º, CC), possui, portanto, natureza excecional.

A promessa de cumprimento e reconhecimento de dívida assenta numa presunção (art. 458º, CC).

A promessa pública só vincula o promitente se este mediante divulgação (por anúncio público) prometer uma prestação (recompensa) a quem se encontre em determinada situação ou pratique certo facto positivo ou negativo (art. 459º, nº 1, CC).

"Como exemplos podem citar-se o de alguém prometer alvíssaras a quem encontrar um objeto perdido, a quem descobrir o autor de um crime, a quem apresentar a melhor obra literária, a quem fizer uma invenção, a quem vencer uma competição desportiva, a quem não sofrer uma pena disciplinar durante certo tempo, a quem nascer em determinado dia, a quem vencer uma batalha, e, de uma maneira geral, todos os concursos com prémios".

A promessa de recompensa (de um achado) é das mais frequentes.

O concurso público apenas atribui prémio a quem se candidate e só é válido mediante afixação do prazo para a apresentação dos concorrentes (art. 463º, nº 1, CC).

3. Gestão de negócios

De acordo com o art. 464º, CC, dá-se a gestão de negócios (*negotiorum gestio*) quando uma pessoa assume a direção do negócio alheio no interesse (art. 468º, nº 1, CC), e por conta do respetivo dono, sem para tal estar autorizada (ou seja, sem mandato, art. 1157º, exteriorizado na designada procuração, que se forense, recebe o regime do art. 43º, CPC ou destituída de poderes de representação, art. 268º, CC).

[73] Pires de Lima e Antunes Varela, loc. cit..

Os requisitos cumulativos da figura são os seguintes:

a) Assunção voluntária da direção de negócio alheio;
b) No interesse do dono do negócio (utilidade da gestão);
c) Por conta do dono do negócio;
d) Falta de obrigação ou autorização para o fazer.

Aquele que realiza o negócio chama-se *gestor* (*negotiorum gestor*), em contraposição ao seu titular, o *dono do negócio* ou o *gestido* (ou *contemplatio domini*).

Assim, a *assunção da direção de negócio alheio* impõe uma ação (que pode abarcar atos jurídicos ou puros atos materiais), de acordo com a lei, a ordem pública e os bons costumes.[74]

Sobre a exigência que a gestão se faça no interesse e por conta do *dominus*, a doutrina divide-se entre a exclusiva intenção do gestor (*animus aliena negotia gerendi*) ou, também, que a gestão possua utilidade (*utiliter*).

Quanto à *utilidade da gestão*, a norma do art. 464º, CC, indica que a gestão deve ser realizada por conta do dono do negócio, ou seja, preconiza-se uma intenção específica do gestor de atuar para outrem (*v.* art. 472º, CC, que determina que quando o gestor atua, desconhecendo a alienidade do negócio, não se aplica imediatamente o regime da gestão).

Por último, o requisito *falta de autorização*, pressupõe "a não aplicação do instituto sempre que exista alguma relação específica entre o gestor e o *dominus*, que legitime a sua intervenção com base num critério distinto da simples utilidade para o *dominus* da sua intervenção. Assim, o gestor não poderá recorrer à gestão de negócios se estiver autorizado ou vincu-

[74] Quanto ao negócio alheio, este pode ser objetiva ou subjetivamente alheio.
Explica MENEZES LEITÃO "Os negócios objetivamente alheios correspondem às situações em que a gestão de negócios implica uma ingerência na esfera jurídica do dominus. Assim, por exemplo, se alguém resolve reparar o muro da casa de um vizinho que se encontra em risco de ruína, efetua uma ingerência no direito de propriedade desse vizinho, sendo assim o negócio objetivamente alheio.
Os negócios subjetivamente alheios correspondem a situações em que o gestor não efetua qualquer ingerência numa esfera jurídica alheia, mas em que é possível visualizar, a partir da sua intenção, que pretende atuar para outrem. Assim, por exemplo, se alguém num leilão decide arrematar uma coleção de selos para um amigo que é colecionador, estamos naturalmente perante uma efetiva gestão de negócios, mas a alienidade do negócios só se determina a partir do momento em que se conhece a intenção do gestor, por não ser possível atribuir em termos objetivos a pertença do negócio a outrem", *Direitos das Obrigações*, p. 511.

lado por negócio jurídico a exercer a sua intervenção (Exs. Procuração, mandato ou prestação de serviço), ou se a lei lhe impuser um dever específico de exercer a gestão (como no caso dos pais em relação aos filhos, ou de agentes da polícia em relação aos cidadãos). Trata-se, porém, de deveres genéricos de respeito ou de deveres penais de auxílio, já não parece que a sua existência possa excluir a aplicação do regime da gestão de negócios".[75]

3.1. Aprovação e ratificação da gestão

Há que distinguir a aprovação da gestão da ratificação da gestão.

A *aprovação da gestão* não carece de forma, aplicando-se as regras gerais dos arts. 217º e 219º, CC, implica a renúncia ao direito de indemnização pelos danos devidos a culpa do gestor e vale como reconhecimento dos direitos que a este são conferidos no nº 1 do artigo 468º, CC (art. 469º, CC).

Já a *ratificação da gestão* obriga a um procedimento próprio, por envolver a posição do *dominus* perante terceiros (art. 268º, CC).

3.2. Gestão representativa ou não representativa

Na *gestão representativa* (o gestor atua em nome do *dominus*), vigora o regime da representação sem poderes (arts. 471º, 1ª parte e 268º, CC).

"O ato resulta originariamente ineficaz em face do gestor e do dono do negócio. Para que produza efeitos quanto ao «dominus» torna-se necessária a sua ratificação. Considera-se negada se não ocorrer no prazo porventura fixado pela outra parte (art. 268º, nº 3). A ratificação encontra-se sujeita à forma requerida para a procuração (art. 268º, nº 2), que, em princípio, é a mesma do negócio representativo (art. 262º, nº 2)".[76]

E desenvolve Menezes Leitão, neste tipo de gestão é necessária a "atribuição de poderes representativos (procuração) e a invocação do nome do dono do negócio (*contemplatio domini*). Na gestão de negócios está, porém, excluída a possibilidade de existência de procuração, uma vez que a sua aplicação pressupõe a inexistência de qualquer tipo de autorização (art. 464º). Daí que a atribuição de poderes representativos só possa ocorrer a *posteriori*, com eficácia retroativa, por virtude de um negócio distinto da procuração, que é a ratificação (cfr. art. 268º).

[75] Elucida Menezes Leitão, *Direitos das Obrigações*, p. 514. *V.*, também, Almeida Costa, *op. cit.*, pp. 475-477.

[76] Conclui Almeida Costa, *op. cit.*, p. 486.

Esta consiste assim no ato pelo qual o dono do negócio se apropria dos efeitos jurídicos dos negócios celebrados pelo gestor em nome daquele."[77]

Na *gestão não representativa* (o gestor atua em nome próprio), aplicam-se as disposições relativas ao mandato sem representação (arts. 1180º e ss., CC), de acordo com o art. 471º, 2ª parte, CC, dado que o gestor atua destituído dos poderes de representação.

"Assim, e por força do art. 1180º, quando o gestor celebra o negócio em nome próprio adquire os direitos e assume as obrigações dele derivados, mesmo que as partes conheçam a sua qualidade de gestor. Nesse caso, o gestor deverá transferir para o *dominus* através de um negócio alienatório específico os direitos que tenha adquirido no exercício da gestão (art. 1181º, nº 1), podendo, porém, o *dominus* cobrar diretamente de terceiros os créditos constituídos a favor do gestor (art. 1181º, nº 2). Relativamente às obrigações contraídas pelo gestor, ou estas são assumidas pelo *dominus*, através do instituto da assunção de dívida (art. 595º), ou caberá ao *dominus* entregar ao gestor as quantias necessárias para a sua satisfação (art. 1182º)".[78]

3.3. Gestão culposa ou não culposa

No caso de *gestão não culposa*, ou seja, exercida em conformidade com o interesse e a vontade (real ou presumível), do dono do negócio, é este obrigado a reembolsar o gestor das despesas que este fundadamente tenha considerado indispensáveis, com juros legais a contar do momento em que foram feitas, e a indemnizá-lo do prejuízo que haja sofrido (art. 468º, nº 1, CC).

No caso de *gestão culposa*, ou seja, não exercida em conformidade com o interesse e a vontade (real ou presumível) do dono do negócio, este responde apenas segundo as regras do enriquecimento sem causa, com ressalva da possibilidade de aprovação da gestão (art. 469º, CC), de acordo com art. 468º, nº 2, CC.

Considera-se *culposa* a atuação do gestor, quando ele agir em desconformidade com o interesse ou a vontade, real ou presumível, do dono do negócio (art. 466º, nº 2, CC).

[77] *Op. cit.*, p. 521.

[78] Conclui MENEZES LEITÃO, *Direitos das Obrigações*, p. 523.

3.4. Gestão de negócio alheio julgado próprio

No saber de MENEZES LEITÃO, "A gestão de negócios alheios julgados próprios corresponde assim à situação em que o gestor efetua uma ingerência na esfera jurídica doutrem, verificando-se consequentemente uma situação de alienidade objetiva do negócio. No entanto, uma vez que o gestor desconhece essa alienidade objetiva, não atua por conta doutrem, mas antes por conta própria, faltando assim o requisito da intenção de gestão, o que determina a exclusão do regime da gestão de negócios"[79].

Decorre da 1ª parte, do art. 472º, nº 1, CC, que só será aplicável o instituto da gestão de negócios, se o *dominus* aprovar a gestão.

Caso contrário, a solução haverá que ser encontrada à luz do instituto do enriquecimento sem causa (2ª parte).

E se houver culpa do gestor (art. 466º, nº 2, CC) na violação do direito alheio, são aplicáveis as regras de responsabilidade civil.

4. Enriquecimento sem causa

A lei civil considera o enriquecimento como uma fonte autónoma das obrigações, apresentando a seguinte estrutura, nos termos dos arts. 473º e 474º, CC:

- a existência de um enriquecimento (*pressuposto económico*);
- que esse enriquecimento se obteve à custa de outrem (*pressuposto jurídico*, sendo uma crítica externa ao enriquecimento);
- a falta de causa justificativa, obrigando a um julgamento ético-jurídico;
- caráter subsidiário.[80]

[79] *Direito das Obrigações*, p. 524.

[80] Jurisprudência:

1. Nada obsta que, em princípio, gorada a ação com base no mútuo nulo por falta de forma, venha o mesmo autor, agora com fundamento no enriquecimento indevido, pedir ao mesmo réu, o reembolso da mesma quantia.

2. O instituto do enriquecimento sem causa surge-nos como fonte autónoma das obrigações, sendo certo que, de acordo com o princípio da subsidiariedade, o empobrecido só pode recorre à ação de enriquecimento à custa de outrem, quando não tenha outro meio para cobrir os seus alegados prejuízos.

3. Tendo o autor estruturado a sua ação com base no enriquecimento sem causa, compete-lhe alegar e provar os seus respetivos pressupostos, ou seja:

a) a existência de um enriquecimento;

b) a obtenção desse enriquecimento à custa de outrem;

c) a ausência de causa justificativa para o enriquecimento.

4.1. Requisitos positivos

1) Enriquecimento

Ocorre um enriquecimento da pessoa obrigada à restituição, uma *vantagem de caráter patrimonial* ou *puras vantagens com valor económico.*

Assim, podem ocorrer:

- um aumento do ativo (por exemplo, lucro de edição de obra alheia);
- diminuição do passivo (por exemplo, cumprimento de uma obrigação que não lhe pertence);
- uso ou consumo de coisa alheia ou no exercício de um direito alheio (por exemplo, apascentação de rebanho próprio em terreno alheio).[81]

Esse enriquecimento "Tanto pode derivar da aquisição de um novo direito como do acréscimo do valor de um direito que já lhe pertencia: a propriedade de um objeto, a titularidade de um crédito, a mais-valia trazida a um prédio por trabalhos nele efetuados, etc. (...). Pode também o enriquecimento ser realizado através da diminuição do passivo (ex.: se alguém paga uma dívida alheia sem ter a obrigação de o fazer)".[82]

Averigua-se a utilidade que o beneficiado retirou com a deslocação patrimonial.

O alcance do enriquecimento é discutível.

Para a *conceção real,* o enriquecimento é medido objetivamente.

Para a *conceção patrimonial,* o enriquecimento é medido pela diferença entre o antes da atuação e o depois, sendo apenas a *diferença* o que releva para efeito de enriquecimento.

Para Diogo Leite de Campos, "o enriquecimento exprime-se pela diferença entre a situação em que o beneficiário se encontra (situação real) e aquela em que estaria se não fora a deslocação patrimonial operada (situação hipotética). Nestes termos, deve considerar-se a vantagem objetiva e

4. Tendo, assim, a falta de causa de ser não só alegada, como também provada por quem pede a restituição.
5. Traduzindo-se a falta de causa justificativa na inexistência de uma relação ou de um facto, à luz dos princípios aceites no sistema, que legitime o enriquecimento.
6. E, se o onerado com o ónus em apreço não fizer prova dos factos que lhe são impostos, a causa será julgada contra ele.
7. Mesmo que a ré não tenha logrado provar a matéria que concretamente alegou como causa justificativa do dinheiro que pelo autor lhe foi entregue e que não devolveu.
[Ac. STJ, de 2 de julho 2009, Proc. nº 123/07.5TJVNF.S1. Disponível *in* http://www.dgsi.pt]

[81] Pires de Lima e Antunes Varela, *op. cit.*, p. 454.

[82] Ensina Almeida Costa, *op. cit.*, pp. 492-493.

isoladamente, e subtrair-lhe as eventuais diminuições patrimoniais (danos e despesas) conexionadas com o enriquecimento. Este resultará, assim, de um saldo, em que o obtido à custa de outrem será um elemento ativo a pesar contra elementos passivos. É, pois, uma *conceção patrimonial* do enriquecimento, como diferença no património do enriquecido, aquele que adotamos".[83]

2) Suporte do enriquecimento por outrem

O enriquecimento de um faz-se à conta do empobrecimento de outro, "uma despesa que se efetua, um trabalho prestado sem remuneração, uma renda que não se cobra".[84] Ou seja, há uma imputação do enriquecimento a um certo património.

3) Correlação entre o enriquecimento e o suporte deste

O enriquecimento é feito à custa de outrem (art. 473º, nº 1, CC), não se exigindo uma correspondência objetiva, no sentido de o enriquecimento de um ser igual ao empobrecimento do outro.

4.2. Requisitos negativos

1) Ausência de causa legítima

A causa varia consoante a natureza jurídica do ato que lhe serve de fonte.

O art. 473º, nº 2, CC, indica:

a) Pagamento indevido (1ª parte);[85]
  i) Cumprimento de uma obrigação objetivamente inexistente (art. 476º, nº 1, CC).
  ii) Cumprimento de obrigação alheia, na convicção errónea de se tratar de dívida própria (subjetivamente indevido), nos termos do art. 477º, CC.
  iii) Cumprimento de obrigação alheia, na convicção errónea de se estar vinculado, perante o devedor, ao cumprimento dela, nos

[83] *Enriquecimento sem causa e responsabilidade civil*, pp. 43-44. [Disponível *in* http://www.estig.ipbeja.pt/ac_direito/LCampos82.pdf]

[84] Explica ALMEIDA COSTA, *op. cit.*, p. 495.

[85] Jurisprudência:

1. No caso de enriquecimento por prestação de correlativo empobrecimento, o autor, para beneficiar do instituto do enriquecimento sem causa, há-de alegar e demonstrar, para além dos factos integrantes de tais requisitos, outros que conduzam a uma das conclusões seguintes:

Que a obrigação de restituir tem por objeto o que foi indevidamente recebido;

Que o que foi recebido o foi por causa que deixou de existir ou em vista de efeito que não se verificou.

termos do art. 478º, CC (por exemplo, o autor da prestação estava convencido erroneamente de que era fiador, quando afinal tinha afiançado outra dívida).

b) O que for recebido por virtude de uma causa que deixou de existir (2ª parte);
Por exemplo, o inquilino paga a renda quando o contrato já caducou.

c) O que for recebido em vista de um efeito que não se verificou (2ª parte, *in fine*).
Por exemplo, pagou-se uma viagem que não se realizou.

Salvo nos casos previstos no art. 475º, CC. Assim, se o efeito era já impossível no momento em que se verificou a prestação e o autor tinha conhecimento dessa impossibilidade (o caso clássico de cedência de vistas para uma festividade, quando nada se avista) ou se o autor de má-fé, impediu a verificação do efeito (por ex., adquirir uma viagem e depois impedir que esta se realize).

2) Ausência de preceito legal que negue o direito à restituição ou atribua outros efeitos ao enriquecimento

Nos termos do art. 474º, CC, a pretensão de enriquecimento constitui uma ação subsidiária, pelo que só se invoca o enriquecimento quando:

- a lei faculta ao empobrecido outro meio de ser indemnizado ou restituído (por exemplo, através do regime da responsabilidade civil)[86];

2. Não alcança tal demonstração aquele que apenas prova que depositou na conta da ré, com quem vivia maritalmente, dinheiro destinado, em parte, à aquisição de uma fração autónoma e à compra de um automóvel.
Alegaram, em síntese, e na parte que agora importa, que:
Ele, autor, entregou à ré, com quem vivia maritalmente € 90.282,42, tendo ficado acordado que ela lhos restituiria em prestações mensais de € 299,28, com antecipação da totalidade do montante em débito, quando ela vendesse a casa adquirida, em parte, com tal dinheiro. Tal venda teve lugar em 19.9.2000.
Ela apenas lhe restituiu € 1.710,88, apesar de instada várias vezes para pagar o remanescente.
O contrato não foi reduzido a escrito, pelo que se impõe a restituição do prestado a título de enriquecimento sem causa.
Contestaram os réus, sustentando, sempre na parte que agora interessa, que as quantias entregues o foram sem qualquer acordo de restituição.
[Ac. STJ, de 20 de setembro de 2007, Proc. nº 07B2156, Disponível *in* http://www.fd.unl.pt/docentes]

[86] "Se uma mesma situação preencher os pressupostos do enriquecimento sem causa e da responsabilidade civil, o concurso é resolvido em prejuízo do primeiro; serão as normas da responsabilidade civil que se aplicarão", elucida Leite Campos, *op. cit.*, p. 47.

No entendimento de ALMEIDA COSTA, "aquele que tenha o direito de pedir a declaração de nulidade ou a anulação de um negócio jurídico e a restituição da prestação entregue (art. 289º, nº 1) não é admitido a exercer a ação de enriquecimento"[87]. Sobre este ponto, suscitam-se certas dúvidas, dado que a ação de invalidade com os respetivos efeitos retroativos e repristinatórios pode não ser suficiente para eliminar o enriquecimento obtido. Para além dela, a completá-la, fará sentido o recurso ao instituto do enriquecimento sem causa. Pense-se num contrato de arrendamento realizado por um incapaz, em que a outra parte gozou de um benefício económico, pois o valor das rendas foi fixado muito aquém do valor de mercado e que a mera restituição de tudo o que tiver sido prestado, se revela insuficiente;

- negar o direito à restituição;
  Nos casos de prescrição (art. 304º, nº 1, CC), de usucapião (art. 1287º, CC), de aquisição de frutos pelo possuidor de boa-fé (art. 1270º, nº 1, CC), de objetos achados e não reclamados dentro de certo prazo (art. 1323º, nº 2, CC).
- atribuir outros efeitos ao enriquecimento;
  Como no caso das benfeitorias úteis que possam ser levantadas (art. 1273º, nº 1, CC), ou na hipótese de alteração das circunstâncias em que as partes fundaram o contrato (art. 437º, CC).

4.3. Obrigação derivada do enriquecimento sem causa

"Sobre a pessoa que se locupletou injustificadamente recai a obrigação de restituir ao empobrecido tudo quanto haja obtido à sua custa: deve proceder-se a uma restituição em espécie, mas, não sendo esta possível, entregar-se-á o valor correspondente (art. 479º, nº 1). Acrescente-se que a obrigação de restituir não pode exceder a medida do locupletamento (art. 479º, nº 2, do CC)".[88]

O enriquecido não é obrigado a restituir todo o objeto da deslocação patrimonial operada. Deve restituir apenas aquilo com que efetivamente se acha enriquecido.

Veja-se o exemplo retirado de PIRES DE LIMA e ANTUNES VARELA: "As benfeitorias podem valer menos do que aquilo que o possuidor despendeu para as realizar e pode verificar-se também a hipótese inversa.

[87] Direito das Obrigações, p. 503.

[88] Elucida ALMEIDA COSTA, *op. cit.*, p. 511.

Se, por exemplo, as benfeitorias custaram 200 e apenas valorizaram a coisa em 100, a obrigação de restituir não excederá o montante de 100, por ser este o valor com que o proprietário se *enriquece* à custa do possuidor.

Se, ao invés, as benfeitorias custaram 100 e valorizaram a coisa em 200, o montante da restituição será igualmente de 100, visto ser esse o valor com que o proprietário normalmente se enriquecerá *à custa do possuidor*".[89]

O locupletamento efetivo e atual que serve para determinar o limite da obrigação de restituir (arts. 479º, nº 2 e 480º, CC), distingue-se da coisa ou valor obtido, num duplo aspeto.

Por um lado, no próprio momento da deslocação patrimonial, podem ser diferentes o valor objetivo da vantagem alcançada e o montante do efetivo enriquecimento que ela proporciona ao beneficiário.

Por outro lado, pode também haver diferença entre o enriquecimento do beneficiado à data da deslocação patrimonial e o enriquecimento atual referido no art. 480º CC.

4.4. Agravamento da obrigação do enriquecido

Nos termos do artigo 480º, CC, o enriquecido passa a responder também pelo perecimento ou deterioração culposa da coisa, pelos frutos que por sua culpa deixem de ser percebidos e pelos juros legais das quantias a que o empobrecido tiver direito, depois de se verificar *algumas* das seguintes circunstâncias:

a) Ter sido o enriquecido citado judicialmente para a restituição;
b) Ter ele conhecimento da falta de causa do seu enriquecimento ou da falta do efeito que se pretendia obter com a prestação.

O agravamento da obrigação do enriquecido "mostra que a limitação do objeto da restituição ao enriquecimento atual do beneficiário constitui, não uma nota essencial do instituto do enriquecimento sem causa, mas o tratamento excecional de que é merecedor o enriquecido de boa-fé"[90].

4.5. Obrigação de restituir no caso de alienação gratuita

Tendo o enriquecido alienado gratuitamente coisa que devesse restituir, fica o adquirente obrigado em lugar dele, mas só na medida

[89] *Op. cit.*, p. 466.

[90] Conforme explicam, PIRES DE LIMA e ANTUNES VARELA, *op. cit.*, p. 468.

do seu próprio enriquecimento (art. 481º, nº 1, CC). O adquirente fica, portanto, sub-rogado na posição do alienante, mas só responde perante o empobrecido, na medida do seu próprio enriquecimento. Se, porém, a transmissão teve lugar depois da verificação de algum dos factos referidos no artigo anterior, o alienante é responsável nos termos desse artigo, e o adquirente, se estiver de má fé, é responsável nos mesmos termos (nº 2). Neste caso, Pires de Lima e Antunes Varela colocam duas hipóteses:

"Se a coisa foi alienada antes da verificação de algum dos factos referidos no artigo anterior, isto é, durante o período em que pode supor-se a boa fé do enriquecido, este *deixou de enriquecer* na medida em que alienou gratuitamente a coisa. (...)

Se a alienação gratuita foi feita já no período de má fé do enriquecido, este é responsável pelo seu valor, nos termos do art. 480º, e não apenas na medida do seu enriquecimento, e o adquirente, se estiver igualmente de má fé, responde nos mesmos termos"[91].

4.6. Prescrição

Nos termos do art. 482º, CC, o direito à restituição precreve no prazo de três anos, a contar da data em que o credor teve conhecimento do direito que lhe compete e da pessoa do responsável, sem prejuízo da prescrição ordinária se tiver decorrido o respetivo prazo a contar do enriquecimento.

5. Responsabilidade civil

O regime da responsabilidade civil assenta no dever de ressarcimento dos danos provocados a outrem, na chamada *obrigação de indemnização* (art. 562º, CC). Na eventualidade de a reconstituição natural não ser possível, deve o lesante compensar o lesado através de uma indemnização fixada em dinheiro (art. 566º, nº 1, CC).

5.1. Classificações da responsabilidade civil

a) Responsabilidade por culpa (ou por factos ilícitos) e responsabilidade pelo risco

A *responsabilidade por culpa* (ou *por factos ilícitos*) pressupõe um juízo de censura do comportamento do agente (*responsabilidade subjetiva*). O princípio geral da responsabilidade por culpa encontra-se consagrado no art.

[91] *Op. cit.*, p. 469.

483º, nº 1, CC: "Aquele que, com dolo ou mera culpa, violar ilicitamente o direito de outrem **ou** qualquer disposição legal destinada a proteger interesses alheios fica obrigado a indemnizar o lesado pelos danos resultantes da violação" (nº 1). Acrescentando o nº 2, que "**só** existe obrigação de indemnizar independentemente de culpa nos casos especificados na lei".

A *responsabilidade pelo risco* (que apenas ocorre nos casos previstos na lei, arts. 483º, nº 2 e 499º e ss, CC) prescinde do juízo de valor da culpa e da ilicitude (*responsabilidade objetiva*).

b) Responsabilidade civil delitual ou aquiliana[92] *(ou extracontratual) e responsabilidade obrigacional (ou contratual)*

A *responsabilidade extracontratual* deriva da violação de deveres ou vínculos jurídicos gerais, isto é, de deveres de conduta impostos a todas as pessoas e que correspondem aos direitos absolutos, ou até da prática de certos atos que, embora lícitos, produzem danos a outrem.

"A responsabilidade extracontratual compreende: *a*) a responsabilidade por factos ilícitos (arts. 483º e segs.); *b*) a responsabilidade pelo risco (art. 499º e segs.); *c*) e a responsabilidade por factos lícitos (cfr., por exemplo, os arts. 339º, nº 2; 1322º, nº 1; 1347º, nº 3; 1348º, nº 2; 1349º, nº 3 e 1367º)".[93]

A *responsabilidade por factos lícitos* impõe uma obrigação de indemnizar, havendo ofensa de um direito ou interesse de outrem, não obstante a prática de ato lícito.

A *responsabilidade civil contratual* resulta da violação de um direito de crédito ou obrigação em sentido técnico. Este regime encontra-se regulado na parte relativa ao cumprimento e não cumprimento das obrigações (art. 798º e ss, CC).

5.2. Responsabilidade civil por culpa

Os elementos constitutivos da *responsabilidade civil por culpa* são:

a) Facto voluntário do agente;

A responsabilidade por factos ilícitos pressupõe um facto dominável ou controlável pela *vontade*, um comportamento.

[92] A *Lex Aquilia* (cujo nome se deve ao tribuno *Aquilius*) de 286 a.C., acolhe o princípio da reparação independentemente de relação obrigacional preexistente, daí a noção de responsabilidade extracontratual.

[93] Pires de Lima e Antunes Varela, *op. cit*, p. 471.

O facto voluntário pode revestir a forma de ação (art. 483º, nº 1, CC) **ou** de omissão (art. 486º, CC).

b) Ilicitude;

O facto antijurídico que se manifesta na ilicitude é traduzido na violação de direito de outrem **ou** qualquer disposição legal destinada a proteger interesses alheios.

A *violação de direito de outrem* compreende os casos mais relevantes de ilicitude civil.

"Os direitos subjetivos aqui abrangidos (desde que o não-cumprimento, o cumprimento *tardio* e o cumprimento defeituoso dos direitos de crédito são abrangidos pela responsabilidade contratual) são, principalmente, os direitos *absolutos*, nomeadamente os direitos sobre as coisas (corpóreas ou incorpóreas) ou direitos reais, os direitos de personalidade, os direitos familiares e a propriedade intelectual (direitos de autor e direitos conexos e propriedade industrial)".[94]

Quanto à *violação de qualquer disposição legal destinada a proteger interesses alheios* "Trata-se da infração das leis que, embora protejam interesses particulares, não conferem aos respetivos titulares um *direito subjetivo* a essa tutela; e de leis que, tendo também ou até principalmente em vista a proteção de interesses coletivos, não deixam de atender aos interesses particulares subjacentes (de indivíduos ou de classes ou grupos de pessoas). Além disso, a previsão da lei abrange ainda a violação das normas que visam prevenir, não a produção do *dano em concreto*, mas o simples *perigo de dano, em abstrato*".[95]

c) Imputação do facto ao lesante;

A imputabilidade significa que o agente tem capacidade para entender as consequências dos seus atos.[96]

[94] ANTUNES VARELA, *op. cit.*, p. 503.

[95] ANTUNES VARELA, *op. cit.*, pp. 505 e 506.

[96] Jurisprudência:

I – No âmbito da responsabilidade civil extracontratual, as pessoas sem capacidade de exercício no domínio da responsabilidade civil contratual, como é o caso dos menores de 18 anos (cf. Arts. 122º e 123º, do CC), podem ser agentes de atos ilícitos, desde que tenham capacidade natural de entendimento e de ação – arts. 488º, nº 1, e 489º, nºs 1 e 2, do CC.

II – Assim, sucede quando um menor, por sua iniciativa, vai buscar o revólver do pai, municiado com cinco balas e pronto a disparar, que estava guardado dentro do coldre, em cima do armário da cozinha, e

"Para que seja imputável, é necessário que a pessoa tenha, no momento em que o ato (positivo ou omissivo) foi praticado, o discernimento necessário para o compreender, em si e nas suas consequências possíveis, e disponha de liberdade de autodeterminação"[97].

Resulta do art. 488º, nº 1, CC, que a falta de imputabilidade não exclui a responsabilidade, sempre que o agente se colocou culposamente nessa posição.

d) Culpa (ou ilicitude em sentido subjetivo);

Impõe-se, ainda, que se tenha procedido com culpa.

A *culpa* pode ser definida como "o juízo de censura ao agente por ter adotado a conduta que adotou, quando de acordo com o comando legal estaria obrigado a adotar conduta diferente".[98]

O conceito de culpa preclude perante a não verificação da existência de causas de inimputabilidade (art. 488º do CC) **e** de causas de exclusão de culpa (erro desculpável, medo invencível e desculpabilidade).

A culpa pode ser *dolosa* ou *negligente*.

No *dolo*, o agente atuou com a intenção de praticar o ato.

Atua com *dolo direto* "quem, representando um facto que preenche um tipo de crime, atuar com intenção de o realizar" (art. 14º, nº 1, CP).

Age com *dolo necessário* "quem representar a realização de um facto que preenche um tipo de crime como consequência necessária da sua conduta" (nº 2).

E com *dolo eventual* " Quando a realização de um facto que preenche um tipo de crime for representada como consequência possível da conduta, há dolo se o agente atuar conformando-se com aquela realização" (nº 3).

o entrega a outro menor, que dispara, atingindo o primo, também menor, no rosto, pensando aqueles que a arma não tinha munições.

III – Quando o incapaz seja responsável, isto é, tenha o necessário discernimento e vontade, a sua responsabilidade acumula-se com a da pessoa obrigada à vigilância, no caso o seu pai (art. 491º, CC), e com a de terceiro a quem também possa ser assacada, sendo todos responsáveis por inteiro pela indemnização, em regime de solidariedade – art. 497º, nº 1, do CC.

IV – Apenas a repartição da responsabilidade entre vários agentes implica que a indemnização se reparta na medida das respetivas culpas – arts. 497º, nº 2, 507º, nº 2, 524º, do CC. Na situação em apreço, não se verifica repartição da responsabilidade, mas antes concorrência de factos para a responsabilidade.

[Ac. RL, de 12 de janeiro de 2017, CJ, nº 276, Ano XLII, Tomo I/2017, p. 292]

97 Ana Prata, *Código Civil Anotado*, AA.VV., *op. cit.*, p. 634.

98 Conclui Almeida Costa, *op. cit.*, p. 558.

Na *negligência*, o agente ao ter omitido o dever de diligência, merece igualmente censura.

Atua com *negligência consciente* quem "Representar como possível a realização de um facto que preenche um tipo de crime mas atuar sem se conformar com essa realização" (art. 15º, al. *a*), CP).

E com *negligência inconsciente* quem "Não chegar sequer a representar a possibilidade de realização do facto" (al. *b*)).

Esta importância é crucial, pois a indemnização em caso de *mera culpa*, poderá ser limitada (art. 494º, CC).

e) Dano;

O comportamento do agente causou um ofensa material ou moral ao titular de um bem ou interesse juridicamente protegido, provocou-lhe um dano (*damnu*).

Distingue-se entre dano patrimonial ou não patrimonial (também denominado dano moral), conforme incida, respetivamente, sobre o património de outrem **ou** atinja a dignidade, a integridade, o bem-estar do lesado.[99]

O dano patrimonial abrange o *dano emergente* (*dannum emergens*) e o *lucro cessante* (*lucrum cessans*).

O *dano emergente* "compreende o prejuízo causado nos bens **ou** nos direitos já existentes na titularidade do lesado à data da lesão"[100] (art. 564º, nº 1, 1ª parte, CC).

O *lucro cessante* "abrange os benefícios que o lesado deixou de obter por causa do facto ilícito, mas a que ainda não tinha direito à data da lesão" (2ª parte).[101]

O art. 496º, CC, permite a indemnização do *dano moral*, que pela sua gravidade, mereça a tutela do direito.[102]

[99] "Constituem danos não patrimoniais, por exemplo, o sofrimento ocasionado pela morte de uma pessoa, o desgosto derivado de uma injúria, as dores físicas produzidas por uma agressão", exemplifica ALMEIDA COSTA, *op. cit.*, p. 592.

[100] PIRES DE LIMA e ANTUNES VARELA, *op. cit.*, p. 475.

[101] Loc. cit.

[102] Jurisprudência:

Os artigos 483º, nº 1 e 496º, nº 1 do Código Civil devem ser interpretados no sentido de abrangerem os danos não patrimoniais, particularmente graves, sofridos por cônjuge de vítima sobrevivente, atingida de modo particularmente grave.

[Ac. STJ nº 6/2014, DR nº 98, Série I de 22 de maio de 2014]

Quanto ao *dano positivo* (ou de cumprimento) e o *dano negativo* (ou de confiança), o primeiro pretende reconduzir o lesado na situação em que estaria se tivesse havido cumprimento (equacionando os prejuízos sofridos pelo lesado com o incumprimento), o segundo, visa repor o lesado na situação em que estaria se não tivesse, pura e simplesmente, contratado.

Os danos podem ser presentes (se já ocorreram) ou futuros (se previsíveis). Os danos futuros são indemnizáveis, se previsíveis e determináveis. Se não forem determináveis, serão fixados por decisão ulterior (art. 564º, nº 2, CC).

f) Nexo de causalidade entre o facto e o dano;

A indemnização do lesado é consequência do dano resultante da violação.

"O nexo de causalidade entre o facto e o dano desempenha, consequentemente, a dupla função de pressuposto da responsabilidade civil e de medida da obrigação de indemnizar".[103]

5.2.1. Prova da culpa

O ónus da prova (da culpa) cabe ao lesado, salvo havendo presunção legal de culpa (art. 487º, nº 1, CC).

A culpa é apreciada segundo o critério do *bom pai de família* (nº 2). No direito romano a expressão *bonus pater familiae* designava, em abstrato, o cidadão normal, que, de acordo com os padrões socioculturais e cívicos, atuava de forma diligente (não culposa).

Hoje, a expressão indica que alguém não agiu com culpa **ou** agiu com culpa leve, sem elevada censura jurídica.

5.2.2. Causas de exclusão de ilicitude

Além das causas gerais que afastam a ilicitude: o *regular exercício de um direito* e o *cumprimento de um dever jurídico*, existem causas especiais justificativas do ato ilícito, como a *ação direta*, a *legítima defesa*, o *estado de necessidade* e o *consentimento do lesado*.

a) Exercício de um direito

Esta causa de exclusão justifica que quem exerce um direito não tem que suportar os danos inerentes a esse exercício, desde que atue de forma regular e não abusiva.

[103] Sumaria ALMEIDA COSTA, *op. cit.*, p. 605.

"Se alguém tiver uma licença de caça poderá caçar num determinado terreno em que tal lhe seja permitido, sem que o seu proprietário possa reclamar indemnização pelas peças de caça abatidas".[104]

O exercício de um direito é limitado pelos institutos do abuso de um direito (art. 334º, CC)[105] e da colisão de direitos (art. 335º, CC).[106]

[104] Elucida MENEZES LEITÃO, *Direito das Obrigações*, p. 315.

[105] Sobre o abuso do direito, exemplifica MENEZES CORDEIRO:
RLx 22-jan.-2004: o senhorio não faz as devidas obras; autoriza o inquilino a fazê-las; este muda uma pequena estrutura, vindo o senhorio, com esse fundamento, mover um despejo; não pode: abuso do direito;
RLx 22-abr.-2004: temos um trespasse anterior ao Decreto-Lei nº 64-A/2000, nulo por falta de escritura pública; não pode ser invocada a sua nulidade, para evitar o pagamento de parte do preço, ainda em falta: abuso do direito;
STJ 30-out.-2001: num contrato-promessa com um prazo de dois anos para a escritura, verifica-se que um dos promitentes deixa passar 15 anos sem pagar as prestações que lhe incumbiam; não pode vir requerer a execução específica: abuso do direito;
RLx 2-mar.-2004: um condómino que não queira assinar a ata da assembleia não pode prevalecer-se da não-assinatura para impugnar as deliberações: abuso do direito;
RCb 27-jan.-1998: não pode um inquilino exigir, ao senhorio, obras dispendiosas quando pague uma renda insignificante: abuso do direito.
[*In Do abuso do direito: estado das questões e perspetivas*. Disponível *in* http://www.oa.pt/]
Jurisprudência:
Existe abuso de direito na reivindicação da propriedade no caso em que a contraparte tem o gozo dum imóvel, satisfazendo ao proprietário e com o conhecimento deste, a respetiva contraprestação durante mais de trinta anos e sem que este se tenha de algum modo manifestado no sentido de questionar ou pôr em causa tal realidade, conduzindo a uma confiança legítima por parte daquela na possibilidade de continuar a residir no imóvel nos termos em que o vinha fazendo.
[Ac. RL, de 10 de setembro de 2013, CJ, nº 249, Ano XXXVIII, Tomo IV, p. 289]

[106] Jurisprudência:
II – Em caso de conflito entre os "direitos, liberdades e garantias", não sujeitos a reserva da lei restritiva, com outros direitos fundamentais (direitos económicos, sociais e culturais, v.g.) devem prevalecer os primeiros.
III – No campo da lei ordinária, há um texto atinente à colisão de direitos – o art. 335º do CC – que, apesar de anterior à Constituição de 1976, se mantem em vigor, tendo em conta o disposto no art. 293º desta Constituição.
IV – Na interpretação do art. 335º do CC, a propósito da colisão entre um direito de personalidade e outro direito que não de personalidade, devem prevalecer, em princípio, os bens ou valores pessoais aos bens ou valores patrimoniais.
V – A prevalência dos direitos dos Autores determina que estes têm direito a que o tribunal conceda, como concedeu, a pretensão de a Ré suspender a sua atividade de funcionamento da discoteca, durante a noite, a partir das 24 horas.
[Ac. STJ, de 3 de março de 1997, Proc. nº 96B557. Disponível *in* http://www.dgsi.pt]

b) Cumprimento de um dever

O sujeito do dever opta por assumir certo comportamento, especialmente no âmbito de uma obrigação legal, ainda que tal colida com deveres relativos a posições jurídicas alheias.

"Assim, por exemplo, o médico que apenas dispõe de um número limitado de unidades para efetuar transfusões de sangue pode, em caso de excesso de sinistrados, optar por privilegiar os doentes em maior risco, sem que atue ilicitamente".[107]

c) Legítima defesa

A legítima defesa pressupõe uma agressão atual e contrária à lei contra a pessoa ou património do agente ou de terceiro, havendo impossibilidade de recurso aos meios coercivos normais e não sendo o prejuízo causado pelo ato manifestamente superior ao que pode resultar da agressão, de acordo com o princípio da proporcionalidade (art. 337º, nº 1, CC). O excesso de legítima defesa é justificado quando devido a perturbação ou medo não culposo do agente (nº 2).

d) Ação direta

A ação direta encontra-se prevista no art 336º, nº 1, CC, é admitida nos limites impostos pelo *efeito útil imediato* ("impossibilidade de recurso em tempo útil aos meios coercivos normais") e pela *proporcionalidade* ("o agente não exceda o que for necessário para evitar o prejuízo"). A lei admite-a, expressamente, relativamente ao direito de propriedade (art. 1314º, CC), à posse (art. 1277º, CC), a outros direitos reais (art. 1315º, CC) e a outros direitos pessoais de gozo (arts. 1037º, nº 2, 1125º, nº 2, 1133º, nº 2 e 1188º, nº 2, CC).

e) Estado de necessidade

O estado de necessidade está previsto no art. 339º, CC, e tem sempre como pressuposto o *sacrifício de bens patrimoniais.*

f) Consentimento do lesado

A existência de consentimento retira ao ato lesivo a sua natureza ilícita, desde que conforme a lei e os bons costumes, no interesse do lesado e de acordo com a sua vontade presumível (art. 340º, CC).

[107] Conclui MENEZES LEITÃO, *Direito das Obrigações*, p. 316.

5.2.3. Ofensa ao crédito ou ao bom nome

Sobre o art. 484º, CC, a posição é a de responsabilizar quem prejudique o crédito ou o bom nome de outrem.

"Pouco importa que o facto afirmado ou divulgado corresponda ou não à verdade, contanto que seja suscetível, dadas as circunstâncias do caso, de diminuir a confiança na *capacidade* e na *vontade* da pessoa para cumprir as suas obrigações (prejuízo do *crédito*) ou de abalar o *prestígio* de que a pessoa goze ou o *bom conceito* em que seja toda (prejuízo do *bom nome*)".[108]

"Quanto aos factos verdadeiros, a sua divulgação poderá ser admitida, mas desde que tal se efetue para assegurar um direito próprio ou um interesse público legítimo".[109]

5.2.4. Conselhos, recomendações ou informações

A irresponsabilidade civil prevista no nº 1, do art. 485º, CC, é afastada nos três casos previstos no nº 2.

5.2.5. Danos causados por incapazes

O art. 491º, CC, estabelece uma presunção de culpa das pessoas que, por lei ou negócio jurídico, incumbe a vigilância de incapazes (*culpa in vigilando*), salvo se mostrarem que cumpriram o seu dever de vigilância ou que os danos se teriam produzido ainda que o tivessem cumprido.

A responsabilidade do vigilante não pressupõe a inimputabilidade do vigiado, apenas a sua incapacidade natural (art. 488º, CC).

Se o vigiado for inimputável, admite-se que este responda, no caso de não ser possível obter a devida reparação das pessoas a quem incumbe a vigilância (art. 489º, CC).

5.2.6. Danos causados por edifícios ou outras obras

Estabelece-se uma presunção de culpa do proprietário ou possuidor de edifício ou outra obra que ruir, por vício (de construção) **ou** defeito (de conservação) (art. 492º, nº 1, 1ª parte, CC).

A lei refere *edifício* ou *outra obra*. "Estão, portanto, incluídos os muros ou paredes divisórias dos prédios, as pontes, os aquedutos, os canais, as albufeiras, uma coluna, um poste, uma antena, um andaime, etc. O que é neces-

[108] Pires de Lima e Antunes Varela, *op. cit.*, p. 486.

[109] Menezes Leitão, *Direito das Obrigações*, p. 311.

sário é que a obra esteja unida ao prédio ou ao solo e não se trate de uma coisa móvel, como um vaso colocado à janela. Também não estão incluídos na letra da lei os produtos naturais ligados ao solo (como as árvores)".[110]

A presunção é afastada mediante prova que não houve culpa da parte do proprietário ou possuidor **ou** que, mesmo com a diligência devida, se não teriam evitado os danos (2ª parte).

Essa presunção transfere-se para a pessoa obrigada (por lei ou negócio) a conservar o edifício ou obra, no caso de danos exclusivamente devidos a defeito de construção (nº 2).

5.2.7. Danos causados por coisas, animais ou atividades

a) Coisas

Presume-se a culpa de quem tiver em seu poder coisa (móvel ou imóvel), com o dever de a vigiar (art. 493º, nº 1, 1ª parte, CC).

Trata-se de uma norma que atenta à especial perigosidade de certas coisas "(paiol de explosivos, depósitos de combustível, máquinas industriais, árvores secas, auto-estradas, elevadores, balizas de campos de futebol, armas, instrumentos cortantes, venenos)".[111]

Salvo se o lesante provar que nenhuma culpa houve da sua parte **ou** que os danos se teriam igualmente produzido ainda que não houvesse culpa sua (2ª parte).

b) Animais

Presume-se a culpa de quem tiver assumido o encargo da vigilância de quaisquer animais (art. 493º, nº 1, CC).

"Normalmente, a obrigação de vigilância recairá sobre o proprietário da coisa ou animal, podendo, porém, recair sobre detentores onerados com essa obrigação (credor pignoratício, locatário, depositário, comodatário), caso em que o proprietário deixará de ser sujeito a responsabilidade".[112]

Salvo se o lesante provar que nenhuma culpa houve da sua parte **ou** que os danos se teriam igualmente produzido ainda que não houvesse culpa sua (2ª parte).

[110] PIRES DE LIMA e ANTUNES VARELA, *op. cit.*, p. 493.

[111] MENEZES LEITÃO, *Direito das Obrigações*, p. 337.

[112] Explica MENEZES LEITÃO, loc. cit..

c) Atividades

Presume-se a culpa daquele que causar danos a outrem no exercício de uma atividade, perigosa por sua própria natureza ou pela natureza dos meios utilizados, salvo se provar que empregou todas as providências exigidas pelas circunstâncias com o fim de os prevenir (art. 493º, nº 2, CC).[113]

O Assento do STJ nº 1/80, de 21 de novembro de 1979 fixou que "o disposto no art. 493º, nº 2, CC, não tem aplicação em matéria de acidentes de circulação terrestre".

5.2.8. Indemnização a terceiros em caso de lesão ou morte de animal

A Lei 8/2017, de 03 de março aditou o art. 493º-A.

No caso de lesão de *animal*, é o responsável obrigado a indemnizar o seu proprietário ou os terceiros que tenham procedido ao seu socorro pelas despesas em que tenham incorrido para o seu tratamento, sem prejuízo de indemnização devida nos termos gerais (art. 493º-A, nº 1, CC).

A indemnização é devida mesmo que as despesas se computem numa quantia superior ao valor monetário que possa ser atribuído ao animal (nº 2).

No caso de lesão de *animal de companhia* de que tenha provindo a morte, a privação de importante órgão ou membro ou a afetação grave e permanente da sua capacidade de locomoção, o seu proprietário tem direito, nos termos do nº 1 do artigo 496º, a indemnização adequada pelo desgosto ou sofrimento moral em que tenha incorrido, em montante a ser fixado equitativamente pelo tribunal (nº 3, afastando-se a aplicação das circunstâncias referidas no art. 494º, CC).

Estabelece-se claramente a distinção entre *animal* (nº 1) e *animal de companhia* (nº 3).

[113] Jurisprudência:
I – Não sendo a atividade de construção civil, uma atividade perigosa, a pertinência de a construção de um prédio poder integrar a previsão do art. 493º, nº 2, do CC, é matéria a apreciar casuisticamente, atenta a natureza da obra ou dos meios utilizados.
II – A construção de um prédio numa rua de uma grande cidade como Lisboa, em local de bastante movimento e envolvendo escavações a realizar junto de prédios de vários andares e de construção antiga, integra a previsão do art. 493º, nº 2, do CC, pelo que o empreiteiro, para se exonerar da responsabilidade pelos danos causados por essa obra, terá de alegar e demonstrar que foram por si adotadas todas as providências exigidas pelas circunstâncias a fim de prevenir os danos, não sendo suficiente a prova de terem sido cumpridos deveres de cuidado que o vinculam.
[Ac. RL, de 12 de janeiro de 2017, CJ, nº 276, Ano XLII, Tomo I/2017, p. 69]

De acordo com o artigo 389º, nº 1, do CP, animais de companhia são definidos como "qualquer animal detido ou destinado a ser detido por seres humanos, designadamente no seu lar, para seu entretenimento e companhia", independentemente da classificação ou espécie, ou seja, alarga-se o espetro habitual dos cães e dos gatos.

No que concerne a lesão ou morte de animal ou de animal de companhia atende-se ao dano patrimonial sofrido.

Apenas no caso de lesão de *animal de companhia* se acolhe, além do dano patrimonial, o dano não patrimonial.

5.2.9. Indemnização a terceiros em caso de morte ou lesão corporal

No art. 495º, CC, estabelecem-se duas exceções ao regime geral de responsabilidade: a de que só o *titular* do direito ou do interesse e o *lesado* têm direito a indemnização (e não terceiros).

Assim, além do dever geral de reparação pelo dano da morte, como dano autónomo (cujo direito à indemnização se transmite aos herdeiros, art. 2024º, CC) e pelo dano não patrimonial (art. 496º, CC), no caso de lesão de que proveio a morte, é o responsável obrigado a indemnizar as despesas feitas para salvar o lesado e todas as demais, sem excetuar as do funeral (art. 495º, nº 1, CC).

Neste caso, como em todos os outros de lesão corporal, têm direito a indemnização aqueles que socorreram o lesado, bem como os estabelecimentos hospitalares, médicos ou outras pessoas ou entidades que tenham contribuído para o tratamento ou assistência da vítima (nº 2).

Têm igualmente direito a indemnização os que podiam exigir alimentos ao lesado ou aqueles a quem o lesado os prestava no cumprimento de uma obrigação natural (nº 3).

5.2.10. Danos não patrimoniais

Para além do dever de ressarcimento dos danos patrimoniais, acolhe-se, igualmente, a indemnização por danos não patrimoniais (ou morais) que, pela sua gravidade, mereçam a tutela do direito (art. 496º, nº 1, CC).

Por morte da vítima, o direito à indemnização por danos não patrimoniais cabe, em conjunto, ao cônjuge não separado de pessoas e bens e aos filhos ou outros descendentes; na falta destes, aos pais ou outros ascendentes; e, por último, aos irmãos ou sobrinhos que os representem (nº 2).

Se a vítima vivia em união de facto, o direito de indemnização previsto no número anterior cabe, em primeiro lugar, em conjunto, à pessoa que vivia com ela e aos filhos ou outros descendentes (nº 3).

O montante da indemnização é fixado equitativamente pelo tribunal, tendo em atenção, em qualquer caso, as circunstâncias referidas no artigo 494º, CC (o grau de culpabilidade do agente, a situação económica deste e do lesado e as demais circunstâncias do caso); no caso de morte, podem ser atendidos não só os danos não patrimoniais sofridos pela vítima, como os sofridos pelas pessoas com direito a indemnização nos termos dos números anteriores (nº 4).

5.2.11. Regime de responsabilidade

Havendo pluralidade de devedores (caso do art. 490º, CC), o regime de responsabilidade é o solidário (art. 497º, nº 1, CC).

5.2.12. Prescrição

A prescrição ocorre no prazo de três anos, a contar da data em que o lesado teve conhecimento do direito que lhe compete, embora com desconhecimento da pessoa do responsável e da extensão integral dos danos, sem prejuízo da prescrição ordinária se tiver decorrido o respetivo prazo a contar do facto danoso (art. 498º, nº 1, CC). Igualmente prescreve no prazo de três anos o direito de regresso entre os responsáveis (nº 2).

5.2.13. Concurso de responsabilidade contratual e extracontratual

"Pode acontecer que o dano se mostre consequência de um facto que simultaneamente viole uma relação de crédito e um dos chamados direitos absolutos, como o direito à vida ou à integridade física. Imaginemos alguns exemplos: o transportador que, por culpa sua, ocasiona um acidente em que a pessoa transportada sofre ferimentos; o médico radiologista que provoca lesões no paciente; o farmacêutico que, em vez do remédio solicitado, entrega ao cliente um produto nocivo à saúde; o depositário que danifica a coisa depositada. Nas referidas hipóteses, existe, ao mesmo tempo, a violação de um contrato e de um dever geral de conduta".[114]

Debatem-se os sistemas de cúmulo (concurso) e sistemas de não cúmulo (não concurso).

[114] Esclarece ALMEIDA COSTA, *op. cit.* pp. 546-547.

5.3. Responsabilidade pelo risco

A *responsabilidade pelo risco* (ou *objetiva*) tutela os casos em que o exercício de certa atividade pode causar prejuízos a terceiros, não se exigindo ilicitude e culpa, existe devido ao risco próprio ou inerente de exercício de certas atividades.

A lei indica taxativamente quando ocorre esse tipo de responsabilidade; *responsabilidade do comitente* (art. 500º, CC), *do Estado e de outras pessoas coletivas públicas* (art. 501º, CC), *dos acidentes causados por veículos* (art. 503º, CC); *dos danos causados por instalações de energia elétrica ou gás* (art. 509º, CC).

Por força da remissão prevista no art. 499º, CC, deve aplicar-se à responsabilidade pelo risco, *mutatis mutandis*, o regime relativo à responsabilidade subjetiva.

5.3.1 Responsabilidade do comitente

A *comissão* consiste numa relação em que um dos sujeitos realiza um ato isolado, ou uma atividade duradoura, por conta e sob as instruções de outrem. A relação traduz-se num vínculo de *autoridade e subordinação* correspetivas.

O *comitente* responde independentemente da culpa (responsabilidade objetiva), pelos danos que o comissário causar, desde que sobre o *comissário* recaia a obrigação de indemnizar (art. 500º, nº 1, CC).

Explica Nuno Morais: "Desta redação resulta imediatamente que o comitente é considerado responsável por factos que não cometeu, ao que acresce, que essa imputação é efetiva ainda que o comitente não tenha tido qualquer culpa pelos danos verificados na esfera de um terceiro lesado – trata-se verdadeiramente de um caso de responsabilidade por facto alheio. Neste sentido, pode-se dizer que o responsável – o comitente – responde pela violação culposa pelo comissário de um dever que existe na esfera deste e que nada tem que ver com os deveres do próprio comitente. Aliás, o dever de indemnizar, pode-se dizer, forma-se na esfera do comissário, transferindo-se depois para a pessoa do comitente."[115].

A responsabilidade do comitente não cessa pelo facto de o comissário ter agido intencionalmente ou contra as instruções recebidas. Relevante é que o comissário pratique o facto danoso e constitutivo de responsabilidade civil no *exercício das suas funções* (nº 2).

[115] *A responsabilidade objetiva do comitente por facto do comissário, a análise do artigo 500º do Código Civil – seus pressupostos e regime.* Revista Julgar, nº 6, 2008, p. 43.

Não se trata de uma simples presunção de culpa, que ao comitente incumba ilidir para se eximir à obrigação de indemnizar, trata-se de a responsabilidade prescindir da existência de culpa, nada adiantando, por isso, a prova de que o comitente agiu sem culpa ou de que os danos se teriam igualmente registado, ainda que não houvesse atuação culposa da sua parte.

"A exigência de que sobre o comissário recaia também a obrigação de indemnização constitui simples pressuposto da responsabilidade objetiva do comitente. Já se dispensa, caso se apure uma conduta culposa deste último – que responderá, então, por facto ilícito (*culpa in elegendo*), às instruções ou ordens que lhe deu (*culpa in instruendo*) ou à fiscalização da respetiva atividade (*culpa in vigilando*)".[116]

Nas relações internas (comitente-comissário), o comitente, em sede de regresso, terá o direito de exigir ao comissário tudo o que pagou ao lesado, exceto se houver também culpa da sua parte, caso em que será aplicável o disposto no nº 2, do art. 497º, CC (nº 3).

5.3.2. Responsabilidade do Estado e demais pessoas coletivas

O Estado e demais pessoas coletivas respondem civilmente pelos danos causados a terceiros pelos seus órgãos, agentes ou representantes no exercício de atividades de *gestão privada*, nos termos aplicáveis à responsabilidade do comitente (art. 501º, CC). Assim o Estado e as demais pessoas coletivas públicas respondem perante o terceiro lesado, independentemente de culpa, desde que os seus órgãos, agentes ou representantes tenham incorrido em responsabilidade **e** gozam seguidamente do direito de regresso contra os autores dos danos, para exigirem o reembolso de tudo quanto tiverem pago, exceto se também houver culpa da sua parte.

Entende-se por *atos de gestão privada* (direito privado), aqueles que, embora praticados pelos órgãos, agentes ou representantes do Estado ou de outras pessoas coletivas públicas, estão sujeitos às mesmas regras que vigoraram para a hipótese de serem praticados por simples particulares. São atos em que o Estado ou a pessoa coletiva pública intervém como um simples particular, despido do seu poder de soberania ou do seu *ius auctoritatis*.

Por sua vez, o regime da responsabilidade civil extracontratual do Estado, no que concerne à *gestão pública*, foi aprovado pela Lei nº 67/2007, de 31 de dezembro, alterada pela Lei nº 31/2008, de 17 de julho.

[116] Desenvolve ALMEIDA COSTA, *op. cit.*, p. 619.

Entende-se por *atos de gestão pública* (direito público) os que, visando a satisfação de interesses coletivos, realizam fins específicos do Estado ou outro ente público e que muitas vezes assentam sobre o *ius auctoritatis* da entidade que os pratica.

Os *órgãos da pessoa colectiva,* são as entidades, abstratamente consideradas, de composição singular ou colegial, às quais incumbe, por força da lei ou dos estatutos, exprimirem o pensamento ou traduzirem e executarem a vontade dessa pessoa.

Os *agentes* são as pessoas que, por incumbência ou sob a direção dos órgãos da pessoa coletiva, executam determinadas operações materiais. Dá-se o nome de *representantes* os mandatários desses órgãos, ou seja, as pessoas por ele incumbidas de realizar em nome da pessoa coletiva quaisquer atos jurídicos.

5.3.3. Danos causados por animais

A lei distingue, quanto aos danos causados por animais, dois tipos de responsabilidade:

i) *responsabilidade subjetiva* ou com base na culpa (art. 493º, CC), neste caso serão responsáveis pelos danos as pessoas que assumem o *encargo de vigilância* dos animais (como o guardador, o tratador, etc.). Nesta situação, incluem-se os casos em que o dano resulta da não observância do *dever de guarda.* A única forma de o responsável se furtar ao pagamento da indemnização devida, será provando que não houve culpa da sua parte **ou** que os danos se teriam igualmente produzido ainda que não houvesse culpa sua.

ii) *responsabilidade objetiva* ou com base no risco (art. 502º, CC), nesta hipótese, serão responsáveis pelos danos aqueles que retiram *proveito* da utilização do animal, o usem no seu *próprio interesse* (como o proprietário, o usufrutuário, o possuidor, etc.), desde que exista um *perigo especial* de utilização.[117]

[117] Jurisprudência:
I – O nº 1 do art. 493º do Código Civil estabelece um desvio à regra geral do ónus da prova, presumindo a culpa de quem tem a seu cargo a vigilância de animais pelos danos que estes venham a dar causa (culpa in vigilando presumida pela lei).
O art. 502º, do Código Civil vai ainda mais longe em matéria de responsabilidade civil pelos danos causados por animais, impondo a responsabilidade pelo risco a quem utilize animais no seu próprio interesse, desde que os danos resultem do perigo especial que envolve a sua utilização.

"A responsabilidade não depende da violação de quaisquer regulamentos que disciplinem a utilização dos animais, e tanto se aplica aos animais domésticos, como aos restantes animais (abelhas, animais ferozes, etc.). Essencial é que o dano proceda do *perigo especial* que envolve a utilização do animal e não de qualquer facto estranho a essa perigosidade específica".[118]

5.3.4. Acidentes causados por veículos

a) Pessoas responsáveis

A responsabilidade pelo risco de acidentes causados por veículos obriga ao preenchimento dos seguintes requisitos: *direção efetiva do veículo* causador do dano e utilização deste *no próprio interesse*, ainda que por intermédio de comissário e mesmo que o veículo não se encontre em circulação (art. 503º, nº 1, CC)[119]. Ou seja, o regime de responsabilidade não assenta

Independentemente da violação de qualquer regulamento que discipline a utilização de animais, quem os utiliza no seu próprio interesse responde objetivamente pelos danos, desde que estes procedam do perigo especial que envolve a sua utilização, pois aquele que tira benefícios da utilização dos animais, criando um risco especial para outrem, deve suportar os correspondentes encargos, ou seja, os prejuízos resultantes dessa criação.

II – Torna-se patente que o atravessamento de uma estrada nacional, por uma ovelha, constitui um sério e especial perigo para a circulação rodoviária.

Assim, o dono ou utente da ovelha atropelada na faixa de rodagem responde pelos danos causados.

[Ac. RE, de 9 de dezembro de 2009, Proc. nº 195/05.07TBFAL.E1]

Como se salienta no acórdão do STJ, de 9.3.78 (BMJ 275-191), o termo especial empregado no art. 502º do Código Civil, tem por finalidade esclarecer que o risco há-de variar conforme a espécie dos animais utilizados, e não que, desprezando o risco geral do seu aproveitamento, os utentes deles só respondam por riscos específicos criados por circunstâncias anormais.

No mesmo sentido pronuncia-se Vaz Serra *(RLJ, ano 111º, pág. 281): Não é, pois, indispensável que o dano tenha sido provocado pelo facto de o animal haver sido, em virtude de circunstâncias anormais, incitado a causá-lo, bastando que se trate de dano emergente do próprio perigo especial que, dada a natureza do animal, este constitui para terceiros.*

[Disponível *in* http://www.dgsi.pt].

[118] Pires de Lima e Antunes Varela, *op. cit.*, p. 512.

[119] "É indispensável que os danos traduzam a indicada especificidade dos riscos. Desde que ela se verifique, tanto se abrangem os danos provocados por veículos em circulação, na via pública ou num recinto privado, ou mesmo fora de qualquer via, como os devidos a veículos estacionados. Não importa que os acidentes estejam ligados ao maquinismo (ex., travão que parte) ou ao condutor (ex. síncope cardíaca). Também o perigo de doença súbita de quem dirige uma viatura cabe, sem dúvida, nos riscos próprios do veículo", Almeida Costa, *op. cit.*, p. 645.

no titular do bem (dono do veículo), mas em quem retira dele alguma utilidade.

Atribui-se a *direção efetiva do veículo* a quem o usa com ou sem domínio jurídico, assim incluem-se no requisito "o proprietário, o usufrutuário, o adquirente com reserva de propriedade, o comodatário, o locatário, o que o furtou, o condutor abusivo e, de um modo geral, qualquer possuidor em nome próprio".[120]

O requisito *utilizar no próprio interesse* visa "afastar a responsabilidade *objetiva* daqueles que, como o comissário, utilizam o veículo, não no seu próprio interesse, mas em proveito ou às ordens de outrem".[121]

Aquele que conduzir o veículo por conta de outrem, só responde pelos danos que culposamente causar, havendo uma presunção de culpa (nº 3).

"A previsão da responsabilidade pelo risco nos acidentes causados por veículos não dispensa a necessidade de se averiguar se existe ou não culpa do condutor do veículo. Efetivamente, nesse caso, a sua responsabilidade rege-se pelas regras gerais (art. 483º), pelo que não estará sujeita a um limite máximo, abrangendo antes todos os danos sofridos pelo lesado (arts. 562º e ss)", conclui MENEZES LEITÃO.[122]

b) Beneficiários da responsabilidade

i) terceiros e pessoas transportadas

A responsabilidade pelos danos causados por veículos aproveita a terceiros, bem como às pessoas transportadas (art. 504º, nº 1, CC).

Relativamente aos terceiros, "consideram-se como tal todos aqueles que são estranhos à direção efetiva do veículo e à sua utilização interessada, estranhos portanto à criação do risco. É este um critério geral".[123]

ii) pessoas transportadas em virtude de contrato

No caso de transporte por virtude de contrato, a responsabilidade abrange só os danos que atinjam a própria pessoa e as coisas por ela transportadas (nº 2).

[120] PIRES DE LIMA e ANTUNES VARELA, *op. cit.*, p. 513.

[121] PIRES DE LIMA e ANTUNES VARELA, *op. cit.*, p. 514.

[122] *Op. cit.*, p. 396.

[123] DÁRIO MARTINS DE ALMEIDA, *Manual de Acidentes de Viação*, Almedina, 1987, 3ª ed., pp. 340 e 341.

O transporte constituirá uma das contrapartidas remuneratórias do contrato celebrado.

"A ideia fundamental em que assenta a teoria do risco aproveita assim às pessoas transportadas mediante o respetivo contrato, em termos bastante próximos daqueles em que se aplica aos terceiros atingidos pelo veículo.

O regime estabelecido para «as pessoas transportadas» e para «as coisas por elas transportadas» tanto vale para o caso normal de haver um contrato de transporte autónomo, como para a hipótese menos vulgar de o transporte se efetuar ao abrigo de uma cláusula incluída num outro contrato (operários, médicos, engenheiros, etc., a quem se garante transporte na execução de um contrato de trabalho ou de prestação de serviços).

Distinguia-se, no entanto, entre as pessoas, de um lado, e as coisas por elas transportadas, do outro, para o efeito de admitir quanto a estas, mas não em relação àquelas, a inserção de cláusulas tendentes a excluir ou limitar a responsabilidade do transportador. Relativamente às coisas transportadas, valerão mesmo, em princípio, a despeito do preceituado no artigo 809º, as cláusulas em certo aspeto *leoninas*".[124]

iii) transporte gratuito (transporte de cortesia)

No caso de transporte gratuito, a responsabilidade abrange apenas os danos pessoais da pessoa transportada (nº 3).

Para PIRES DE LIMA e ANTUNES VARELA, o transporte diz-se gratuito "sempre que à prestação do transportador não corresponda, segundo a intenção dos contraentes, um correspetivo da outra parte, pouco importando que o transportador tenha qualquer interesse (moral, espiritual, ilícito, etc.) na prestação realizada".[125]

O presente número encontra-se conforme a diretiva nº 90/232/CEE, de 14 de maio de 1990, relativa à aproximação das legislações dos Estados membros respeitantes ao seguro de responsabilidade civil atinente à circulação de veículos automóveis, a qual estabelece, no seu artigo 1º, que o

[124] ANTUNES VARELA, *op. cit.*, p. 671.

[125] Explica ANTUNES VARELA, a propósito destas causas de exclusão, que "a verificação de qualquer das circunstâncias apontadas quebra o nexo de causalidade entre os riscos próprios do veículo e o dano. Qualquer dessas causas exclui assim a responsabilidade objetiva do detentor do veículo, porque o dano deixa de ser um efeito adequado do risco do veículo", *loc. cit.*.

aludido seguro deve cobrir a responsabilidade por danos pessoais de todos os passageiros, com exceção dos sofridos pelo condutor.

iv) nulidade das cláusulas que excluam ou limitem a responsabilidade
São nulas as cláusulas que excluam ou limitem a responsabilidade do transportador pelos acidentes que atinjam a pessoa transportada (nº 4).

5.3.5. Exclusão da responsabilidade

Dispõe o art. 505º, CC, que, e sem prejuízo do disposto no art. 570º, CC (sobre a culpa do lesado), se exclui a responsabilidade quando o acidente:

- é imputável ao próprio lesado, tendo sido a conduta deste que provocou o acidente (por exemplo, por desatenção na observância das regras de circulação rodoviária);
- se dever a facto de terceiro (por exemplo, um condutor que fica encandeado pelas luzes desadequadas de outro veículo);
- ou ser provocado por causa de força maior estranha ao funcionamento do veículo (ligada a forças da natureza).

Explica Antunes Varela, a propósito destas causas de exclusão, que "a verificação de qualquer das circunstâncias apontadas quebra o nexo de causalidade entre os riscos próprios do veículo e o dano. Qualquer dessas causas exclui assim a responsabilidade objetiva do detentor do veículo, porque o dano deixa de ser um efeito adequado do risco do veículo".[126]Fruto deste entendimento prevaleceu a tese de que o art. 505º "excluía a possibilidade de concorrerem culpa (do lesado ou de terceiro) com risco do veículo, isto é, que a verificação de um ato culposo do lesado ou de terceiro, independentemente da medida da sua contribuição causal para o prejuízo, excluía a responsabilidade prevista no nº 1 do art. 503º".[127]

Entretanto, surgiram posições jurisprudenciais que concedem a concorrência de culpa com o risco, em particular o Ac. do STJ, de 4 de outubro de 2007: "O texto do art. 505º do CC deve ser interpretado no sentido de que nele se acolhe a regra do concurso da culpa do lesado com o risco próprio do veículo, ou seja, que a responsabilidade objetiva do detentor do veículo só é excluída quando o acidente for devido unicamente ao próprio

[126] *Op. cit.*, p. 675.

[127] Ana Prata, *Código Civil Anotado,* AA.VV., *op. cit.*, p. 666.

lesado ou a terceiro, ou quando resulte exclusivamente de causa de força maior estranha ao funcionamento do veículo"[128].

[128] Jurisprudência:
No sentido de que o art. 505º, CC, acolhe a regra do concurso da culpa do lesado com o risco próprio do veículo, decidiu o Ac. STJ, de 4 de outubro de 2007:
(...) 2.De acordo com a jurisprudência e a doutrina tradicionais, inspiradas no ensinamento de Antunes Varela, em matéria de acidentes de viação, a verificação de qualquer das circunstâncias referidas no art. 505º do CC – maxime, ser o acidente imputável a facto, culposo ou não, do lesado – exclui a responsabilidade objetiva do detentor do veículo, não se admitindo o concurso do perigo especial do veículo com o facto da vítima, de modo a conduzir a uma repartição da responsabilidade: a responsabilidade pelo risco é afastada pelo facto do lesado.
3. Esta corrente doutrinal e jurisprudencial, conglobando na dimensão exoneratória do art. 505º, e tratando da mesma forma, situações as mais díspares – nas quais se englobam comportamentos mecânicos dos lesados, ditados por medo ou reação instintiva, factos das crianças e dos inimputáveis, comportamentos de precipitação ou distração momentânea, etc. – e uniformizando as ausências de conduta, as condutas não culposas, as pouco culposas e as muito culposas dos lesados, conduz, muitas vezes, a resultados chocantes.
4. Mostra-se também insensível ao alargamento crescente, por influência do direito comunitário, do âmbito da responsabilidade pelo risco, e da expressa consagração da hipótese da concorrência entre o risco da atividade do agente e um facto culposo do lesado, que tem tido tradução em recentes diplomas legais, que exigem, como circunstância exoneratória, a culpa exclusiva do lesado, bem como à filosofia que dimana do regime estabelecido no Cód. do Trabalho para a infortunística laboral.
5. O texto do art. 505º do CC deve ser interpretado no sentido de que nele se acolhe a regra do concurso da culpa do lesado com o risco próprio do veículo, ou seja, que a responsabilidade objetiva do detentor do veículo só é excluída quando o acidente for devido unicamente ao próprio lesado ou a terceiro, ou quando resulte exclusivamente de causa de força maior estranha ao funcionamento do veículo.
6. Ao concurso é aplicável o disposto no art. 570º do CC.
7. A este resultado conduz uma interpretação progressista ou atualista do art. 505º, que tenha em conta a unidade do sistema jurídico e as condições do tempo em que tal norma é aplicada, em que a responsabilidade pelo risco é enfocada a uma nova luz, iluminada por novas conceções, de solidariedade e justiça.
8. Ademais, na interpretação do direito nacional, devem ser tidas em conta as soluções decorrentes das diretivas comunitárias no domínio do seguro obrigatório automóvel e no direito da responsabilidade civil, já que as jurisdições nacionais estão sujeitas à chamada obrigação de interpretação conforme, devendo interpretar o respetivo direito nacional à luz das diretivas comunitárias no caso aplicáveis, mesmo que não transpostas ou incorretamente transpostas.
9. Não pode, no caso concreto, concluir-se que o acidente é unicamente ou exclusivamente imputável à menor, condutora do velocípede, e que o veículo automóvel foi para ele indiferente, isto é, que a sua típica aptidão para a criação de riscos não contribuiu para a eclosão do acidente.
10. Na verdade, não obstante a atuação contravencional da menor, que manifestamente contribuiu para o acidente, a matéria de facto apurada permite também concluir que a estrutura física (as dimensões, a largura) do veículo automóvel, na ocasião timonado por uma condutora inexperiente, habilitada há menos de seis meses, está inelutavelmente ligada à ocorrência do acidente.
11. Na fixação da indemnização pelos danos não patrimoniais sofridos pela menor deve, depois de determinado o seu valor, de acordo com a equidade, fazer-se funcionar o critério da repartição do dano, nos termos do art. 570º do CC, não se perdendo de vista a própria condição da vítima, decorrente da sua

Em pedido de decisão a título prejudicial, formulado pelo Supremo Tribunal de Justiça de Portugal e que deu origem ao processo C-409/09, o Tribunal de Justiça da União Europeia (TJUE) veio afirmar que *não resulta do acquis comunitário*, e em especial da Primeira, Segunda e Terceira Diretivas Seguros Automóvel, *a oposição ao direito português de responsabilidade civil extracontratual nos acidentes causados por veículos, com o afastamento do concurso da culpa da vítima com os riscos próprios do veículo.*

idade, ao tempo da produção do dano, não podendo valorar-se a sua conduta causal por critério igual ao que seria aplicável a um ciclista adulto.
[Proc. nº 07B1710. Disponível *in* http://www.dgsi.pt]
Em sentido contrário:
II – A interpretação dos pertinentes preceitos do Código Civil, no sentido de que a existência de culpa exclusiva ou parcial da vítima pode fundamentar a exclusão ou redução da indemnização por lesões sofridas em consequência de acidente de viação, não colide com o Direito comunitário, particularmente com as Diretivas relativas ao seguro de responsabilidade civil resultante da circulação de automóveis, por competir à legislação do Estado-membro regular, no seu direito interno, o regime de responsabilidade civil aplicável aos sinistros resultantes da circulação de veículos automóveis.
III – Pese embora, a partir do acórdão do STJ, de 4-10-2007, Proc. 100/10.9YFLSB, se tenha posto em crise a doutrina tradicional no sentido da impossibilidade da concorrência das duas responsabilidades, subjetiva do lesado e objetiva do condutor do veículo, outros deste Supremo Tribunal de Justiça não secundaram tal entendimento, tendo rompido com a perspetiva que se antevia inovadora.
IV – Em tese, as duas responsabilidades não podem concorrer, a menos que se trate de culpa leve ou levíssima da vítima.
V – A responsabilidade objetiva não prescinde da consideração de uma atividade que para ser perigosa deve ser apta a causar danos mesmo que não haja culpa, importando que esse dano se inscreva, senão exclusivamente, pelo menos em larga medida, no círculo de atividade geradora do risco, no caso, nos riscos próprios do veículo, não se prescindindo do nexo de causalidade entre o resultado danoso e a sua causa reportada à atividade que implica o risco.
VI – Resultado o acidente exclusivamente de atuação culposa da vítima, não concorrendo para a respetiva eclosão, em termos de causalidade adequada, o risco inerente à circulação do veículo envolvido no acidente, porque a potencialidade de perigo que encerra a sua circulação foi alheia ao sinistro, não se pode considerar a concorrência de risco causalmente adequado, inerente à circulação do veículo e o resultado danoso sofrido por culpa exclusiva da vítima.
[Ac. STJ, de 13 de setembro de 2016, CJ, nº 275, Ano XXIV, Tomo III/2016, p. 235]
I – A regra que impõe ao condutor o especial dever de fazer para o veículo no espaço livre à sua frente pressupõe a não verificação de condições anormais ou obstáculos inesperados, sobretudo os derivados da imprevidência alheia, nomeadamente do atravessamento inopinado da via por um peão.
II – Provando-se que o peão saiu inopinadamente da frente do autocarro, em passo apressado, sem olhar para a sua esquerda, atravessando a via num local onde não existia passadeira, apenas se tornando visível no momento em que a condutora do veículo ultrapassava após ter tomado todas as precauções, haverá que atribuir a responsabilidade exclusiva ao lesado.
III – Se da dinâmica do acidente se apurar a culpa exclusiva do lesado, o art. 505º do CC exclui a possibilidade de concorrência entre risco e culpa.
[Ac. RP, de 23 de janeiro de 2017, CJ, nº 276, Ano XLII, Tomo I/2017, p. 163]

Num Acórdão consonante com as observações e alegações finais apresentadas pelo Ministério da Justiça, em representação do Estado Português, o TJUE entendeu que as referidas normas comunitárias devem ser interpretadas no sentido de que *não se opõem a disposições nacionais do domínio do direito da responsabilidade civil que permitem excluir ou limitar o direito da vítima de um acidente de exigir uma indemnização a título do seguro de responsabilidade civil do veículo automóvel envolvido no acidente, com base numa apreciação individual da contribuição exclusiva ou parcial dessa vítima para a produção do seu próprio dano.*

"Em causa estava o direito civil português sobre responsabilidade civil, em especial os artigos 503.° e 504.° do Código Civil português que estabelecem uma responsabilidade objetiva em caso de acidente de viação, mas que é excluída quando o acidente for imputável à vítima, em conformidade com o artigo 505.° deste código. Ainda, quando um facto culposo da vítima tiver concorrido para a produção ou o agravamento dos danos, o artigo 570.° do Código Civil português prevê que, com base na gravidade desse facto, a referida pessoa possa ser total ou parcialmente privada de indemnização.

O Tribunal considerou que esta legislação *não tem por efeito, no caso de a vítima ter contribuído para o seu próprio dano, excluir automaticamente ou limitar de modo desproporcionado o seu direito de ser indemnizada pelo seguro obrigatório de responsabilidade civil do condutor do veículo envolvido no acidente.* Não afeta assim a garantia, prevista pelo direito da União, de que a responsabilidade civil, determinada segundo o direito nacional aplicável, seja coberta por um seguro conforme com as três diretivas mencionadas".[129]

5.3.6. Colisão de veículos

Na ausência de culpa dos condutores, se os danos são produzidos por *ambos os condutores*, a responsabilidade reparte-se na proporção em que o risco de cada um dos veículos houver contribuído para os danos (art. 506º, nº 1, 1ª parte).

Na ausência de culpa dos condutores, se os danos são produzidos *apenas por um dos condutores*, só este será obrigado a indemnizar (2ª parte).

Exemplifica ALMEIDA COSTA, "os veículos X e Z colidiram, tendo sofrido, respetivamente, danos no valor de 500 e de 1.600 euros; o tribu-

[129] Processo C-409/09. Disponível *in* https://www.citius.mj.pt/.

nal apurou que, para esses danos, o veículo X contribuiu em dois terços e o veículo Z apenas num terço, sem que se verificasse culpa de qualquer dos condutores. Logo, de acordo com o disposto no art. 506º, nº 1, há que somar os danos derivados da colisão (500 +1.600) e repartir o montante global de responsabilidade assim obtido (2.100 euros) proporcionalmente à participação dos veículos na produção desses danos (dois terços = 1.400 euros e um terço = 700 euros); ou seja, o responsável pelo veículo X suporta o prejuízo de 500 euros nele ocasionado e deve satisfazer 900 euros ao dono do veículo Z"[130].

Igual solução deve ser acolhida para os danos pessoais.

Havendo culpa dos condutores, só de um deles ou dos dois, respetivamente, haverá responsabilidade pelos danos causados, fixando-se a indemnização nos termos do art. 570º.

Em caso de dúvida, considera-se igual a medida de contribuição de cada um dos veículos para os danos e igual contribuição da culpa de cada um (art. 506º, nº 2, CC).[131]

[130] *Op. cit.*, pp. 641-642.

[131] Jurisprudência:

I – A culpa traduz-se num juízo de censura ao agente por não ter adotado um comportamento conforme a um dever e que podia e devia ter tido, de modo a evitar o acidente, quer porque não o previu (negligência inconsciente), quer porque confiou em que ele se não verificaria (negligência consciente).

II – A culpa deve ser aferida pelos cuidados exigíveis a um homem médio – medianamente prudente, diligente e capaz – colocado na posição do agente.

III – A culpa pode resultar não só da indevida violação de uma norma estradal, como ainda de simples, mas censurável, falta de atenção, de prudência e de cuidado.

IV – A sinalização das paragens e a obrigatoriedade de o movimento de entrada e saída de passageiros se fazer nesses locais, cria fundadas expectativas nos demais condutores em circulação, de que esses veículos de passageiros não estacionem, para aquele efeito, noutros locais ao acaso.

V – Traduz incompreensível falta de cuidado, que o condutor de um autocarro pare quarenta metros depois de uma paragem destinada a tomar e largar passageiros, para deixar sair um deles, que não desceu no local próprio, quando devia atentar que era seguido pelo veículo do autor, e não procurou evitar a colisão.

VI – O autor, ao conduzir o seu veículo, se seguisse normalmente atento à condução e guardasse a distância adequada em relação ao autocarro que o precedia, não colidiria com ele da forma como o fez, e com tal grau de destruição.

VII – Uma vez que não há elementos seguros que levem a considerar que uma das duas condutas sobreleve em termos de perigo ou de gravidade a outra, entende-se, face às circunstâncias do caso e de harmonia com o regime legal aplicável, que a culpa deve ser igualmente repartida.

VIII – A STCP, proprietária do autocarro de passageiros, que seguia em serviço, e conduzido por motorista, tinha a direção efetiva do veículo e utilizava-o no seu próprio interesse por intermédio de comissário, o que a responsabiliza a título de risco. [Ac. STJ, de 18 de junho de 1996, Processo nº 12/96 – 1ª Secção]
I – Impõe-se ao condutor, que pretenda efetuar uma ultrapassagem, que dê conhecimento dessa sua intenção ao condutor do veículo que o precede, através do uso atempado de pisca e da sinalização por sinais acústicos e/ou luminosos.
II – Nunca a culpa provada do condutor de um veículo afasta a culpa presumida do condutor de outro veículo interveniente no acidente, havendo, sim, concorrência de culpas, já que não fora ilidida a presunção de culpa deste.
III – O montante da indemnização por danos não patrimoniais será fixado equitativamente pelo tribunal, tendo em atenção, em qualquer caso, o grau de culpabilidade do agente, a situação económica deste e do lesado e as demais circunstâncias do caso.
IV – Sendo a vítima um jovem que havia saído recentemente do serviço militar, cheio de saúde, alegre, educado e muito trabalhador, por conseguinte e em princípio, com uma vida risonha à sua frente, entende-se como adequado pelo dano da morte a indemnização de 3.000.000$00.
V – Por danos não patrimoniais, pela perda do filho amigo, que era o seu amparo, com quem viviam e que contribuía para o seu sustento, acha-se adequada a indemnização de 1.000.000$00 a cada um dos progenitores.
VI – A responsabilidade pelos danos causados por várias pessoas é solidária, e, por isso mesmo, cada um dos responsáveis pode ser demandado isoladamente pela totalidade da prestação indemnizatória, ficando, todavia, com direito de regresso contra os restantes, na medida das respectivas culpas e das consequências que delas advierem.
[Ac. STJ, de 24 de setembro de 1996, Processo nº 87684 – 1ª Secção]
I – Provado que o veículo estava a distância apreciavelmente superior a 40 metros quando foi iniciada a travessia da faixa de rodagem, não se pode fugir a uma das duas seguintes conclusões, qualquer delas indicando que houve alguma culpa da autora.
II – Ou o veículo era avistável a mais de 40 metros quando foi iniciada a travessia da via, mas mesmo circulando ele à baixa velocidade de 40 Km/h não teve a autora tempo suficiente para a concluir, havendo, portanto, erro de cálculo da sua parte, já que só deveria ter iniciado a dita travessia depois de se assegurar de que a podia completar antes do veículo chegar àquele ponto da via.
III – Ou o veículo só se tornou avistável a distância ainda inferior – porque inferior era a distância onde começava a recta em causa – e então mais razões havia para nem se dar início à travessia naquele local, devendo antes a autora escolher um outro mais distante do começo da recta e que lhe desse a certeza de a poder concluir, mais a sua acompanhante, sem perigo.
IV – De qualquer modo, a culpa do condutor do veículo é consideravelmente superior, porque não é pelo facto de um peão não observar rigorosamente o dever prévio de cautela, no atravessamento de uma via, que ele fica dispensado dos cuidados exigíveis na condução, nomeadamente controlando a velocidade de modo a que, no seu caso concreto de condições físicas próprias e de características do veículo, pudesse imobilizar este antes de embater na autora.
V – Ora, circulando numa via com pelo menos 5 metros de largura, que era reta no local, e à diminuta velocidade de 40 Km/h, nem se chega a perceber porque é que o condutor do veículo não o imobilizou a tempo de evitar o embate, o que era muito fácil de conseguir, até porque à autora já só faltavam 80 cm para completar a travessia.

5.3.7. Responsabilidade solidária

Se a responsabilidade pelo risco recair sobre várias pessoas, todas respondem solidariamente pelos danos, mesmo que haja culpa de alguma ou algumas (art. 507º, nº 1, CC).

Nas relações entre os diferentes responsáveis, a obrigação de indemnizar reparte-se de harmonia com o interesse de cada um na utilização do veículo; mas, se houver culpa de algum ou de alguns, apenas os culpados respondem, sendo aplicável quanto ao direito de regresso, entre eles, ou em relação a eles, o disposto no nº 2 do artigo 497º (nº 2).

5.3.8. Limites da responsabilidade

Os limites da responsabilidade encontram-se previstos no art. 508º, CC, o qual indica que a indemnização fundada em acidente de viação, quando não haja culpa do responsável, tem como limite máximo o capital mínimo do seguro obrigatório da responsabilidade civil automóvel (nº 1).

VI – Tudo ponderado é equilibrado distribuir a culpa em 80% para o condutor do veículo e em 20% para a autora.
VII – Não se pode de modo algum considerar excessiva a indemnização de 6.500.000$00 por danos não patrimoniais, com base na seguinte factualidade: a autora, lesada, tinha 17 anos quando ocorreu o acidente; teve de se submeter a cinco operações que, necessariamente, implicaram outros tantos internamentos hospitalares; resultaram para ela 564 dias de doença, com impossibilidade para o trabalho; e resultaram também graves sequelas permanentes como o encurtamento de um dos membros inferiores; atrofia das massas musculares de uma coxa e rigidez da mesma; várias cicatrizes; uma incapacidade parcial e permanente de 49,5%; teve de se deslocar muitas vezes para consultas e tratamentos; sofreu dores, aflições e angústias; ficou amargurada e abatida. Acresce o facto de, com o acidente, ter cessado os seus estudos; de ser bonita, elegante e atraente; e que aspirava a ser modelo, carreira que lhe ficou inteiramente vedada.
VIII – Relegada para execução de sentença a fixação relativa aos danos patrimoniais, contra o que a ré seguradora se insurgiu na apelação, e não tendo chegado a haver qualquer decisão do tribunal da relação sobre tal questão, tem de subsistir, por entretanto transitada em julgado, a decisão da primeira instância; o que, por sua vez, impede este Tribunal de sobre a mesma questão se pronunciar.
IX – Relativamente a uma indemnização não é possível cumular a sua atualização, efetuada na sentença, com juros de mora, na medida em que isso representaria uma duplicação indevida. Mas isto tanto tratando-se de indemnização por danos patrimoniais como de indemnização por danos não patrimoniais; efetivamente nem a lei distingue, nem se reconhecem razões para tal.
X – Não resultando da sentença – proferida dois anos e quatro meses depois de instaurada a ação – que nela se tenha procedido a tal atualização, então a indemnização tem de ser acrescida de juros de mora desde a citação.
[Ac. STJ, de 6 de fevereiro de 1997, Processo nº 499/96 – 2ª Secção]
Op. cit., p. 675.

Nos termos do art. 12º, do Decreto-Lei nº 291/2007, de 21 de agosto, o capital mínimo seguro é, em geral, de €5 000 000 por acidente para os danos corporais e de €1 000 000 por acidente para os danos materiais.[132]

A Portaria nº 337/2008, de 26 de maio, revista pela Portaria nº 679/2009, de 25 de junho, fixa os critérios e valores orientadores para efeitos de apresentação aos lesados por acidente automóvel de proposta razoável para indemnização do dano corporal.

5.3.9. Energia elétrica ou gás

Aquele que tiver a direção efetiva de instalação destinada à condução ou entrega da energia eléctrica ou do gás, e utilizar essa instalação no seu interesse, responde tanto pelo prejuízo que derive da condução ou entrega da eletricidade ou do gás, como pelos danos resultantes da própria instalação, exceto se ao tempo do acidente esta estiver de acordo com as regras técnicas em vigor e em perfeito estado de conservação (art. 509º, nº 1, CC).

Não obrigam a reparação os danos devidos a causa de força maior; considera-se de força maior toda a causa exterior independente do funcionamento e utilização da coisa (nº 2).

Os danos causados por utensílios de uso de energia não são reparáveis nos termos desta disposição (nº 3).

[132] Dispõe o nº 2, do art. citado que: Para todos os efeitos, nomeadamente os indemnizatórios e de determinação do prémio do contrato, a partir de 1 de dezembro de 2009, os montantes previstos no número anterior são, respetivamente, de € 2 500 000 por acidente e de € 750 000 por acidente, e a partir de 1 de junho de 2012 são, respetivamente, € 5 000 000 por acidente e € 1 000 000 por acidente.
E o nº 3: A partir de 1 de junho de 2012, os montantes previstos na parte final do número anterior são revistos de cinco em cinco anos, sob proposta da Comissão Europeia, em função do índice europeu de preços no consumidor, nos termos do Regulamento (CE) nº 2494/95, do Conselho da União Europeia, de 23 de outubro, relativo aos índices harmonizados de preços no consumidor.

Capítulo V
Cumprimento e não cumprimento das obrigações

1. O regime jurídico do cumprimento das obrigações
1.1. Noção de cumprimento

O cumprimento voluntário ou coercivo corresponde a um dos modos de extinção das obrigações (arts. 762º e 817º, CC).

"No seu sentido próprio, mais rigoroso, o cumprimento não abrange a realização coativa da prestação, resultante da *execução* judicial, até porque nesta falta o ato voluntário que é cerne do cumprimento.

A meio termo, entre o genuíno *cumprimento* e a realização coativa da prestação, por meio da execução, situa-se o cumprimento efetuado sob a sanção pecuniária compulsória (art. 829º-A)".[133]

A prestação deve ser realizada integralmente e não partes, exceto se outro for o regime convencionado ou imposto por lei ou pelos usos (art. 763º, CC).

1.2. Princípios do cumprimento

i) Princípio da boa-fé

O princípio da boa-fé, previsto no art. 762º, nº 2, CC, tanto se aplica ao credor como ao devedor e abrange tanto o dever principal, como o secundário, além dos variados deveres acessórios de conduta.

"Esses deveres acessórios de conduta não podem, pela sua natureza, ser objeto da ação de cumprimento (judicial), a que se refere o art. 817º. Mas a sua inobservância pode, além do mais, dar lugar a um cumprimento

[133] ANTUNES VARELA, *Das obrigações em geral*, vol. II, Almedina, 2012, 7ª ed., p. 8.

defeituoso, nos termos do nº 2 do art. 762º, obrigando o devedor a reparar os danos dele resultantes ou a sofrer outras consequências".[134]

ii) Princípio da pontualidade

O princípio da pontualidade, previsto no art. 406º, nº 1, CC, no sentido de que o contrato deve ser cumprido nos exatos pontos estabelecidos, está relacionado com o princípio da boa-fé.

Exemplificado:

- o devedor não pode prestar coisa diversa da que é devida, salvo havendo consentimento do credor (assim a dação em cumprimento obriga ao acordo do credor, conforme previsto no art. 837º, CC);
- o devedor não goza do *beneficium competentiae,* ou seja, o devedor não pode pretender condições favoráveis de pagamento atenta a sua situação económica;
- o credor pode exigir a realização integral da prestação (art. 763º, nº 1, CC). No entanto, o princípio da boa-fé obstará a que seja lícito ao credor recusar o cumprimento parcial sem motivo sério (nº 2).

No entanto, o princípio da boa-fé obstará a que seja lícito ao credor recusar o cumprimento parcial sem motivo sério.

1.3. Requisitos do cumprimento

a) Capacidade de exercício do devedor

O devedor tem que gozar de capacidade de exercício, se a prestação constituir um *ato de disposição* (art. 764º, nº 1, 1ª parte, CC).

Explica Ana Prata que um ato de disposição é "aquele que aliene, extinga ou modifique por restrição, um direito subjetivo. Assim é, designadamente, em caso de cumprimento de contrato-promessa de alienação ou de constituição de um direito real sobre uma coisa"[135].

Se a prestação consistir num puro ato material (por exemplo, reparar um muro) a incapacidade do devedor não afeta a validade do cumprimento.

Mas, se a prestação pressupõe uma operação de escolha do devedor (como pode suceder nas obrigações genéricas ou alternativas, art. 559º,

[134] Conclui Antunes Varela, *Das obrigações em geral*, vol. II, p. 11.

[135] *Código Civil Anotado*, AA.VV., *op. cit.*, p. 963.

CC) ou se o cumprimento exprime um ato de alienação ou oneração de bens, a incapacidade do devedor torna o ato anulável (art. 287º, CC), mas o credor pode opor-se ao pedido de anulação, se o devedor não tiver tido prejuízo com o cumprimento (art. 764º, nº 1, 2ª parte, CC).

b) Capacidade de exercício do credor

O credor deve ter capacidade para receber a prestação (art. 764º, nº 2, 1ª parte, CC).

"O cumprimento feito a um incapaz é um cumprimento anulável nos termos gerais (na medida em que o *accipiens* carece, nesse caso, do *poder* necessário para, validamente, *liberar* o devedor) e sujeita o devedor a novo cumprimento, segundo a regra clássica de que quem paga mal paga duas vezes.

Já não há agora que distinguir entre *factos materiais* e *atos de disposição*".[136]

Mas, se esta chegar ao poder do representante legal do incapaz ou o património deste tiver enriquecido, pode o devedor opor-se ao pedido de anulação da prestação realizada e de novo cumprimento da obrigação, na medida do que tiver sido recebido pelo representante ou do enriquecimento do incapaz (2ª parte).

1.4. Quem pode realizar a prestação

O dever de prestar incumbe ao sujeito passivo da relação obrigacional (devedor), podendo também ser feita por terceiro (art. 767º, nº 1, CC), partindo-se da regra da fungibilidade da prestação, salvo as exceções previstas no nº 2.

"A prestação é por natureza não fungível (não podendo, quando assim seja, ser efetuada por terceiro, sem o consentimento do credor), se estiver diretamente relacionada com a pessoa do devedor, por atender às qualidades ou à situação especial deste (aos dotes do artista a quem foi encomendada a obra de arte; ao prestígio da firma fornecedora, etc.). Nesse caso, a substituição do devedor por outrem prejudicaria o credor".[137]

Sendo o terceiro a cumprir a obrigação, esta não se extingue necessariamente.

"O terceiro que efetue a prestação pode estar diretamente interessado no cumprimento, como acontecerá, por exemplo, quando ele haja garan-

[136] Pires de Lima e Antunes Varela, *op. cit.*, p. 8.

[137] Antunes Varela, *Das obrigações em geral*, vol. II, p. 26.

tido a dívida (fiança, hipoteca). Então, o terceiro que cumpre fica investido na qualidade de credor do antigo devedor.

Por outras palavras, o crédito transmite-se, mediante sub-rogação legal, do antigo credor para o terceiro interveniente (art. 592º, nº 1, CC).

Mas a lei admite que a prestação seja feita por um terceiro *não interessado* no cumprimento.

Neste caso, o terceiro que cumpriu pelo devedor pode também ficar com os direitos que competiam ao credor, desde que se verifique uma cessão (arts. 577º e segs., CC) ou uma sub-rogação convencional (art. 590º, CC).

Pode também acontecer que o *solvens* cumpra a obrigação com o prévio assentimento do devedor, embora não se produza uma sub-rogação, dado que a vontade de sub-rogar tem de ser expressa (art. 590º, nº 2).

Não se verificando qualquer dos pressupostos, o terceiro que cumpre a obrigação de outrem sem um interesse próprio só poderá agir contra o devedor de acordo com as regras da gestão de negócios ou de enriquecimento sem causa".[138]

Quando a prestação puder ser efetuada por terceiro, o credor que a recuse incorre em mora perante o devedor (art. 768º, nº 1, CC).

É, porém, lícito ao credor recusar a prestação, desde que o devedor se oponha ao cumprimento **e** o terceiro não possa ficar sub-rogado nos termos do art. 592º, CC; a oposição do devedor não obsta a que o credor aceite validamente a prestação (nº 2).

A prestação feita a terceiro não extingue a obrigação, exceto nos casos previstos no art. 770º, CC:

- Se assim foi estipulado **ou** consentido pelo credor, mediante *procuração* ou *autorização* conferida a terceiro (al. *a*));
- Se o credor a ratificar (art. 268º, CC), não se exigindo forma especial (art. 219º, CC);
- Se quem a recebeu houver adquirido posteriormente o crédito, por qualquer título (por exemplo, por sucessão), al. *c*);
- Se o credor vier a aproveitar-se do cumprimento **e** não tiver interesse fundado em não a considerar como feita a si próprio (al. *d*)), por exemplo, pagamento feito pelo devedor, não ao seu credor, mas ao cônjuge deste;

[138] ALMEIDA COSTA, *op. cit.*, p. 1001.

- Se o credor for herdeiro de quem a recebeu **e** responder pelas obrigações do autor da sucessão, por exemplo, por confusão (art. 868º, al. *e*), CC);
- Nos demais casos em que a lei o determinar (por exemplo, art. 606º, al. *f*), CC).

1.5. A quem pode ser feita a prestação

A prestação deve ser feita ao credor **ou** ao seu representante (art. 769º, CC).

1.6. Lugar da prestação

Na falta de estipulação ou disposição especial da lei, a prestação deve ser efetuada no lugar do domicílio do devedor (art. 772º, nº 1, 1ª parte, CC).

Esta regra supletiva geral (a de que o cumprimento deve ser feito no lugar do domicílio do devedor) é afastada nos seguintes casos especiais:

- Se a prestação tiver por objeto coisa móvel determinada, a obrigação deve ser cumprida no lugar onde essa coisa se encontrava ao tempo da conclusão do negócio (art. 773º, nº 1, CC). Assim como, tratando-se de coisa genérica a escolher de um conjunto determinado (por exemplo, um automóvel) **ou** de coisa que deva ser produzida em certo lugar (por exemplo, obra impressa numa gráfica), nº 2. Mas, por sua vez, afasta-se este princípio relativamente ao contrato de depósito (art. 1195º, CC) e ao legado (art. 2270º, 1ª parte, CC).
- Se a prestação tiver caráter pecuniário, a prestação deve ser efetuada no lugar do domicílio que o credor tiver ao tempo do cumprimento (art. 774º, CC). Este princípio também é afastado quanto ao pagamento da renda ou aluguer, no contrato de locação (art. 1039º, CC), ao lugar do pagamento do preço, quando deva ser efetuado no momento da entrega da coisa vendida (art. 885º, nº 1, CC) e ao lugar da abertura da sucessão para a entrega do legado em dinheiro (art. 2270º, 2ª parte, CC).
  O nº 2 cuida da mudança de domicílio do devedor.

1.7. Prazo da prestação

Diz-se *obrigação pura* aquela que se vence logo que constituída, podendo o credor, sem interpelação, exigir o respetivo cumprimento ou o devedor entender prestá-lo.

Entende-se por *obrigação a termo* ou *a prazo* a que designa o tempo de cumprimento, não podendo este ser imposto antes de verificado o período ou a data estipulada ou decorrente da lei.

Tratando-se de *obrigação pura* esta é exigível pelo credor e é liberada pelo devedor a todo o tempo (art. 777º, nº 1, CC).

O desvio a esta regra está presente no nº 2.

"Há, com efeito, prestações que, seja pela sua natureza (construção de uma casa, realização de um estudo financeiro complexo e moroso), seja pelas circunstâncias que a determinaram (empréstimo de uma mobília a um casal cujo mobiliário há-de ser embarcado do Brasil para o continente), seja pela força dos usos (retribuição das prestações de trabalho que é usual serem remuneradas não dia a dia, mas só periodicamente), não podem ou não devem ser subordinadas ao princípio da imediata exigibilidade das obrigações em prazo".[139]

Caso diferente são as *obrigações com prazo* dependente da possibilidade ou do arbítrio do devedor, nestas, o momento de cumprimento é incerto.

Assim, se tiver sido estipulado que o devedor cumprirá quando puder (cláusula *cum potuerit*), a prestação só é exigível tendo este a possibilidade de cumprir (art. 778º, nº 1, 1ª parte, CC). Alude-se, neste caso, à possibilidade *económica* (por exemplo, proceder à encomenda da matéria-prima) ou *material* ou *de tempo* do devedor (por exemplo, escrever um artigo científico).

A obrigação só tem um termo incerto de vencimento, o qual ocorre com a abertura da sucessão do devedor, falecendo este, a obrigação é exigível aos seus herdeiros, independentemente da prova dessa possibilidade, mas sem prejuízo do disposto no artigo 2071º (2ª parte).

Quando o prazo for deixado ao arbítrio do devedor, ou seja, cumpre quando quiser, não se quiser (cláusula *cum voluerit*), igualmente a obrigação possui um termo incerto de vencimento, a da abertura da sucessão do devedor, pelo que só dos seus herdeiros tem o credor o direito de exigir que satisfaçam a prestação (nº 2).

1.8. Perda de benefício do prazo

Indica o art. 779º, CC, que o prazo tem-se por estabelecido a *favor do devedor* (ou seja, o credor não pode exigir o cumprimento antes do vencimento do prazo) quando se não mostre que o foi a favor do credor (por exemplo, art. 1194º, CC), ou do devedor e do credor conjuntamente (por exemplo, art. 1147º, CC).

[139] Ensinava ANTUNES VARELA, *Das obrigações em geral*, vol. II, p. 42.

Preceitua o art. 780º, nº 1, CC, que estabelecido o prazo a favor do devedor, pode o credor, não obstante, exigir o cumprimento imediato da obrigação, se:

- o devedor se tornar insolvente, ainda que a insolvência não tenha sido judicialmente declarada;
- por causa imputável ao devedor, diminuírem as garantias do crédito ou não forem prestadas as garantias prometidas (por exemplo, arts. 633º, nºs 2 e 3 e 701º, CC).
- houver falta de cumprimento de uma prestação, nas dívidas pagáveis em prestações (arts. 781º e 934º, CC).

O credor tem o direito de exigir do devedor, em lugar do cumprimento imediato da obrigação, a substituição ou reforço das garantias, se estas sofreram diminuição (art. 780º, nº 2, CC).

1.9. Prova do cumprimento

O cumprimento da obrigação pode provar-se através de documento em que o credor declara ter recebido a prestação, dando-se por cumprido o crédito. Ao devedor assiste o direito à quitação, provado por tal documento, designado recibo de quitação (art. 787º, nº 1, CC).

Numa interpretação atualista, refere ANA PRATA que "A exigência de que a quitação – recibo, na maior parte dos casos, pois se tratará de quitação em documento avulso apenas destinado a contê-la – conste de documento autêntico parece hoje despropositada, face à simplificação formal introduzida pelo DL nº 116/2008, de 4 de julho. Por outro lado, a exigência de que a quitação conte de documento com reconhecimento notarial só pode hoje referir-se a reconhecimento presencial, pois deixou de haver reconhecimento por semelhança"[140].

O autor do cumprimento pode recusar a prestação enquanto a quitação não for dada, assim como exigir a quitação depois do cumprimento (nº 2).

1.10. Direito à restituição do título ou à menção do cumprimento

Extinta a dívida, tem o devedor ou o terceiro que cumpriu a obrigação o direito de exigir a restituição do título da obrigação (por exemplo, restituição da letra ou livrança) **ou** a menção do cumprimento (art. 788º, CC).

[140] *Código Civil Anotado*, AA.VV., *op. cit.*, p. 984.

2. O regime jurídico do incumprimento

O não cumprimento consiste na "não realização da prestação debitória, sem que entretanto se tenha verificado qualquer das causas extintivas típicas da relação obrigacional"[141].

Apresentam-se como causas extintivas típicas, entre outras, a dação em cumprimento, a consignação em depósito, a compensação, a novação, a prescrição, a remissão e a confusão (arts. 837º a 873º, CC).

2.1. Modalidades do não cumprimento quanto à causa

2.1.1. Impossibilidade do cumprimento e mora não imputáveis ao devedor (arts. 790º a 797º, CC)

a) Impossibilidade objetiva

A impossibilidade objetiva é relativa à prestação em si.

A obrigação torna-se impossível (diferente da obrigação *ser já impossível*),[142] de forma superveniente, por causa não imputável ao devedor, dispõe o art. 790º, nº 1, CC (ao contrário da impossibilidade originária que tem como consequência a nulidade do negócio, arts. 280º e 401º, CC).

Sendo a obrigação condicional ou a termo, verificada a impossibilidade antes da verificação da condição (art. 270º, CC) ou do vencimento do termo (art. 278º, CC), a impossibilidade considera-se superveniente e não afeta a validade do negócio (art. 790º, nº 2, CC).

Só a impossibilidade absoluta libera o devedor.

Por exemplo: o não cumprimento procede de facto de terceiro (que destruiu a coisa devida), da própria lei (que proibiu, por hipótese, a realização do negócio jurídico prometido) ou até do credor (que recusou a cooperação indispensável à realização da prestação).

A impossibilidade da prestação é diferente da alteração das circunstâncias, ocorrendo tal alteração, rege o art. 437º, CC.

b) Impossibilidade subjetiva

A impossibilidade subjetiva diz respeito à pessoa do devedor.

O art. 791º, CC, regula a impossibilidade subjetiva, absoluta e superveniente, no caso de prestações infungíveis.

[141] ANTUNES VARELA, *Das obrigações em geral*, vol. II, p. 62.

[142] PIRES DE LIMA e ANTUNES VARELA, *op. cit.*, p. 43.

Por exemplo, doença súbita e grave que impediu a atuação do artista no concerto em que devia participar.

No caso de impossibilidade originária, rege o art. 401º, nº 3, CC.

2.1.2. Impossibilidade temporária

A impossibilidade temporária não conduz, em princípio, à extinção da obrigação nem à mora do devedor (art. 792º, CC).

A impossibilidade só é temporária quando o cumprimento for suscetível de mora, ou seja, mantém-se o interesse do credor.

Se a impossibilidade for definitiva (por exemplo, um táxi que se chama para certo serviço e que não comparece) há uma impossibilidade de cumprimento.

2.1.3. Impossibilidade parcial

Se a prestação se tornar parcialmente impossível, o devedor exonera-se mediante a prestação do que for possível, devendo, neste caso, ser proporcionalmente reduzida a contraprestação a que a outra parte estiver vinculada (art. 793º, nº 1, CC).

Porém, o credor que não tiver, justificadamente, interesse no cumprimento parcial da obrigação pode resolver o negócio (nº 2).

2.1.4. *Commodum* da representação (ou *comodo* representativo ou de sub-rogação)

Se, por virtude do facto que tornou impossível a prestação, o devedor adquirir algum direito sobre certa coisa, ou contra terceiro, em substituição do objeto da prestação, pode o credor exigir a prestação dessa coisa, ou substituir-se ao devedor na titularidade do direito que este tiver adquirido contra terceiro (art. 794º, CC).

Suponhamos que "a prestação devida consistia na entrega de um automóvel e o automóvel se perdeu num incêndio. Há um responsável pelo incêndio, ou um segurador, e o dono do automóvel tem direito a uma indemnização ou ao valor da coisa segurada. O credor pode substituir-se ao devedor, de harmonia com a solução prescrita pelo artigo 794º, na titularidade desse direito, notificando o terceiro para o efeito de efetuar a prestação a ele, e não ao devedor".[143]

[143] Pires de Lima e Antunes Varela, *op. cit.*, p. 48.

Optando o credor pela prestação da coisa substituinte, ou substituindo-se ao devedor na titularidade do direito, continua vinculado à sua contraprestação.

2.1.5. Contratos bilaterais

Em substituição do *commodum* da representação dado a escolher ao credor, nos contratos bilaterais, este fica desobrigado da sua contraprestação, se a prestação do devedor se tornou impossível e tem direito, se já a tiver realizado, de exigir a sua restituição nos termos aplicáveis ao enriquecimento sem causa (art. 795º, nº 1, CC).

O nº 2 prevê o caso de a prestação se tornar impossível por causa imputável ao credor, estatuindo que este não fica desobrigado da prestação mas, se o devedor tiver algum benefício com a exoneração, será o valor do benefício descontado na contraprestação.

"Se A. aluga um automóvel para uma viagem, por certo preço, e, por culpa sua, não pode ser cumprida a obrigação pelo locador, ao preço fixado para o aluguer, que ele terá de pagar, há que deduzir a economia feita pelo locador com gasolina, pneus, etc."[144]

2.1.6. Risco

Nos contratos que importem a transferência do domínio sobre certa coisa ou que constituam ou transfiram um direito real sobre ela (por exemplo, compra e venda, usufruto), o perecimento ou deterioração da coisa por causa não imputável ao alienante corre por conta do adquirente (art. 796º, nº 1, CC).

Se, porém, a coisa tiver continuado em poder do alienante em consequência de *termo* (art. 278º, CC) constituído a seu favor, o risco só se transfere com o vencimento do termo ou a entrega da coisa, salvo de houver mora do alienante prevista no artigo 807º (nº 2).

Quando o contrato estiver dependente de condição *resolutiva* (art. 270º, CC) o risco do perecimento durante a pendência da condição corre por conta do adquirente, se a coisa lhe tiver sido entregue; quando for *suspensiva* a condição, o risco corre por conta do alienante durante a pendência da condição (nº 3).

[144] Pires de Lima e Antunes Varela, *op. cit.*, p. 50.

2.1.7. Falta de cumprimento e mora imputáveis ao devedor

O devedor que faltar culposamente ao cumprimento da obrigação torna-se responsável pelos prejuízos ocasionados ao credor (no não cumprimento definitivo, na mora e no cumprimento defeituoso – arts. 798º, 799º, 801º e 804º, CC).

Não há uma impossibilidade de cumprimento, há uma *falta de cumprimento.*

"Umas vezes o não cumprimento procede de facto imputável ao devedor: foi este quem vendeu a B o prédio que prometera vender a A; quem pôs em funcionamento a fábrica que se obrigara a manter fechada; quem destruiu a coisa que devia entregar; quem não tomou precauções de segurança que deveria ter posto em prática, no interesse da sua clientela; quem não prestou a informação que deveria ter prestado na oferta pública que lançou no mercado de capitais"[145].

Há uma presunção da culpa do devedor, aferida em abstrato (art. 799º, nºs 1 e 2, CC).

2.2. Modalidades do não cumprimento quanto ao efeito

2.2.1. Impossibilidade culposa

Trata-se de casos em que o devedor não cumpre, por causa que lhe é imputável, tornando mesmo impossível o cumprimento (por exemplo, permitiu a deterioração completa da coisa devida), ficando responsável como se faltasse culposamente, dado que a obrigação não se extingue (art. 801º, nº 1, CC).

Sendo o contrato bilateral, assiste ao credor o direito de resolver o contrato, sem prejuízo do direito a indemnização **e**, se já tiver realizado a sua prestação, exigir a restituição dela por inteiro (nº 2).

A nossa lei e a doutrina maioritária acolhem o interesse contratual negativo.

Assim, a resolução e a indemnização visa colocar o lesado na situação em que estaria se não tivesse sido celebrado o contrato *(interesse contratual negativo* ou *dano negativo ou de confiança* ou *dano in contrahendo*) e não na que se encontraria se o contrato tivesse sido cumprido *(interesse contratual positivo* ou *dano positivo ou de cumprimento* ou *dano in contractu).*[146]

[145] ANTUNES VARELA, *Das obrigações em geral*, vol. II, p. 62.

[146] Jurisprudência:

II – Numa transação celebrada entre locatários e senhorio, relativamente a um locado em que o contrato não se extinguiu, mantendo-se em vigor, e cujo acordo foi incumprido por parte do senhorio – incumprimento

A indemnização pelo *interesse negativo* coloca o credor na posição em que ele estaria se nunca tivesse havido contrato nem negociações, invocando-se a tese da retroatividade da resolução (art. 434º, nº 1, CC).

que se traduziu no facto de, contrariamente ao acordado, e findo o prazo estabelecido de suspensão do arrendamento vigente até que fosse construído um novo imóvel, ter pretendido entregar aos locatários um andar com características substancialmente diversas das especificadas naquela transação – a indemnização adequada a atribuir, em ação declarativa de condenação, é a correspondente ao dano contratual positivo e não ao interesse contratual negativo ou de confiança.
III – Essa indemnização será a resultante da diferença entre o valor de mercado da renda que os autores (locatários) pagariam por um apartamento de características idênticas ao que a ré (senhorio) se obrigou a entregar-lhes e o valor da renda paga pelo apartamento para onde tiveram que ir viver em consequência do incumprimento da ré desde o dia subsequente à suspensão do arrendamento até à apresentação da petição inicial, com os aumentos decorrentes das atualizações legais entretanto ocorridas e deduzida a comparticipação mensal paga.
[Ac. STJ, de 18 de fevereiro de 2013, nº 836/08.4TVPRT.P1.S1]
I – O facto de as partes estabelecerem contactos com vista a determinado negócio, obriga-as a comportarem-se nas negociações com boa-fé e lealdade ética (art. 227º, nº 1, do CC); a ilicitude nessa fase resultará, pois, da violação das regras da boa-fé subjacentes aos deveres de proteção, aos deveres de informação e aos deveres de lealdade.
II – Aquele que inicia e prossegue negociações, criando na outra parte expectativas de negócio, mas formando no decurso dessas negociações o propósito de as romper ou de não fechar o contrato, de forma arbitrária e culposa, defraudando a confiança que a outra parte tenha formado na celebração deste, deve indemnizar os prejuízos que causa.
III – A jurisprudência, maioritariamente, considera, como regra, que o dano indemnizável é apenas o do interesse contratual negativo, ou dano de confiança, mas o entendimento de que em casos concretos, nomeadamente se a culpa in contrahendo estiver na violação do dever de conclusão de um contrato, a indemnização deve contemplar também o interesse contratual positivo tem merecido o aplauso de alguma doutrina e jurisprudência do STJ.
IV – Um negociador prudente deve contar sempre com o risco do malogro das negociações, dado que constitui princípio básico do direito civil a liberdade contratual, que engloba tanto a liberdade de contratar, como a de não contratar, podendo os participantes nas negociações, em qualquer momento, enquanto o contrato não tiver sido celebrado, romper as negociações, sem que isso, só por si, acarrete responsabilidade civil.
V – Tendo as partes estabelecido negociações tendentes à constituição de uma sociedade, era dever dos réus avisar o autor que havia, ou entretanto surgira, uma proposta negocial de um terceiro e daí a possibilidade de a parceria procurada vir a ser constituída com outra empresa, pelo que, por esse facto, as negociações em curso poderiam malograr-se, disponibilizando-lhe, dessa forma, um elemento relevantíssimo com vista a moderar as expectativas na concretização do negócio, levando-o a resguardar-se, designadamente, de decisões patrimoniais que só se justificariam na condição de o contrato vir a ser celebrado, de tomar iniciativas que importavam a realização de despesas ou a privação de ganhos, das quais, em caso de não celebração, podiam resultar danos.
VI – Se a conduta dos réus, no decurso da relação pré-contratual, proporcionou que o autor dela inferisse uma disposição firme de contratar, introduzindo um especial factor de confiança, era dever daqueles não romper injustificadamente as negociações.

A indemnização pelo *interesse positivo* coloca o credor na posição em que ele estaria se a obrigação tivesse sido devidamente cumprida.

Ambos admitem, a responsabilização por danos emergentes e lucros cessantes (art. 564º, nº 1, CC).

2.2.2. Impossibilidade parcial

Se a prestação se tornar parcialmente impossível, quer quanto à *quantidade* como à *qualidade da prestação,* o credor tem a faculdade de resolver o negócio **ou** de exigir o cumprimento do que for possível, reduzindo neste caso a sua contraprestação na proporção, se for devida; em qualquer dos casos o credor mantém o direito à indemnização (art. 802º, nº 1, CC).

O credor não pode, todavia, resolver o negócio, se o não cumprimento parcial, atendendo ao seu interesse, tiver escassa importância (nº 2).

"Há, assim, uma diferença sensível de regime entre a impossibilidade parcial da prestação, imputável ao devedor (art. 802º), e a impossibilidade parcial por causa não imputável ao devedor (art. 793º). Neste caso, o credor só pode resolver o contrato se, justificadamente, não tiver interesse no cumprimento parcial da obrigação, ao passo que, sendo a impossibilidade imputável ao devedor, o credor só não poderá resolver o negócio se a falta parcial do cumprimento tiver pequena importância, atendendo ao seu interesse na prestação".[147]

VII – Ao romperem as negociações e constituírem a parceria com outra empresa, os réus traíram o investimento de confiança que com a sua conduta incutiram no autor, comportamento que conduz à indemnização pelo interesse negativo, por estar em causa, como evento que obriga à reparação, a criação da confiança na conclusão do contrato.

VIII – Se as herdades pertencentes ao autor deixaram de ser arrendadas e nelas se deixou de plantar, práticas que vinham sendo seguidas até aí, imobilizar tais terrenos, com áreas extensas, tornando-os improdutivos, por força da confiança gerada pela outra parte em que o projeto de negócio comum avançaria, tal representa um dano.

IX – A indemnização pelo interesse contratual negativo pode cobrir tanto os danos emergentes (despesas realizadas), como os lucros cessantes, incluindo outras efetivas possibilidades negociais, em especial aquelas que tenham sido rejeitadas por causa das negociações, mas não a oportunidade frustrada com o próprio contrato, inválido ou não concluído.

X – Se o evento que obriga à reparação é constituído pela confiança criada no autor de que as negociações chegariam a bom termo e o contrato seria concluído, o lesado só pode pretender ser colocado na situação em que estaria se não lhe tivesse sido criada essa confiança, isto é, apenas pode pretender um ressarcimento correspondente ao interesse negativo, ou seja, na situação sem quaisquer negociações.

[Ac. STJ, de 11 de julho de 2013, nº 5523/05.2TVLSB.L1.S1]

[147] Pires de Lima e Antunes Varela, *op. cit.*, p. 61.

2.2.3. *Commodum* de representação

É extensivo ao caso de impossibilidade imputável ao devedor, o *commodum* de representação (art. 794º *ex vi* art. 803º, nº 1, CC).

Se o credor fizer valer o direito ao *commodum* de representação, o montante da indemnização a que tenha direito será reduzido na medida correspondente (nº 2).

O *commodum* de representação apresenta-se como via alternativa, nos contratos bilaterais, ao direito de resolução do contrato **e** respetiva indemnização (art. 801º, nº 2, CC).

2.4. Mora do devedor

O devedor constitui-se em mora (mora debitória) quando, por causa que lhe é imputável, a prestação *ainda possível*, não foi efetuada, atempadamente (art. 804º, nº 2, CC)

Além da culpa do devedor, exige-se que a prestação seja certa, exigível e líquida.

A simples mora constitui o devedor na obrigação de reparar os danos causados ao credor (*indemnização moratória*), mas este tem, em princípio, direito à prestação devida (nº 1).

Havendo desinteresse do credor no cumprimento pode renunciar à prestação e exigir a reparação do prejuízo total causado pelo não cumprimento (art. 808º, CC).

A regra será a de que o devedor só fica constituído em mora, após interpelação, judicial ou extrajudicial (art. 805º, CC).

Denomina-se *interpelação* "o ato pelo qual o credor exige ou reclama do devedor o cumprimento da obrigação. Consoante seja feita por intermédio dos tribunais ou pelo próprio credor, a interpelação diz-se *judicial* ou *extrajudicial*".[148]

Mas há mora do devedor, independentemente de interpelação, nas situações seguintes:

- Se a obrigação tiver prazo certo (art. 805º, nº 2, al. *a*), CC)
  Quanto ao seu vencimento, as obrigações dividem-se em *obrigações puras* (exigíveis a todo o tempo, de acordo com o art. 777º, nº 1, CC) e *obrigações a prazo ou a termo* (com um dia certo para o cumprimento).

[148] Almeida Costa, *op. cit.*, p. 1008.

As *obrigações puras* são "aquelas que, por falta de estipulação ou disposição em contrário, se vencem logo que constituídas, ou seja, logo que o credor, mediante interpelação, exija o seu cumprimento ou o devedor pretenda realizar a prestação devida".[149]

As *obrigações a prazo* são "aquelas que têm um termo de vencimento estabelecido pelas partes, no próprio negócio constitutivo ou em estipulação posterior, resultante da lei ou fixado pelo tribunal. Vencem-se, portanto, automaticamente, sem necessidade de interpelação do credor". [150]

As *obrigações a prazo*, não podem ser exigidas antes da data fixada ou do período acordado.

- Se a obrigação provier de facto ilícito (art. 805º, nº 2, al. *b*), CC), hipótese em que a mora se conta a partir da prática desse facto.
- Se o próprio devedor impedir a interpelação, considerando-se interpelado na data em que normalmente o teria sido (art. 805º, nº 2, al. *c*), CC).
- "Se o devedor declara ao credor, inequívoca, definitiva, conscientemente e de forma perentória, a sua intenção de não cumprir, embora possa fazê-lo – o que, como é óbvio, equivale e até antecipa a interpelação".[151]

A mora constitui o devedor na obrigação de reparar os danos causados ao credor (art. 804º, nº 1, CC), e implica uma virtual impossibilidade de cumprir a prestação.

2.5. Conversão da mora em incumprimento definitivo

A mora do devedor pode implicar o *desinteresse do credor* na prestação (por exemplo, o prestador contratado não comparece na data agendada para executar o serviço), convertendo-se em incumprimento.

Havendo desinteresse do credor na prestação ou esta não for realizada em tempo útil para o credor, considera-se não cumprida a obrigação (art. 808º, nº 1, CC).

"O credor não pode, em princípio, resolver o negócio em consequência da mora do devedor. O que pode é exigir o cumprimento da obrigação e a

[149] Antunes Varela, *Das obrigações em geral*, vol. II, p. 42.

[150] Almeida Costa, *op. cit.*, p. 1012.

[151] Almeida Costa, *op. cit.*, p. 1050.

indemnização pelos danos sofridos. O direito potestativo de resolução só é concedido no caso de impossibilidade culposa (art. 801º)".[152]

Independentemente da perda de interesse, a lei confere ao credor a faculdade de fixar prazo para o cumprimento (art. 808º, nº 1, 2ª parte, CC), pois só a falta definitiva de cumprimento legítima a resolução do contrato.

A perda de interesse tem que se aferida objetivamente (nº 2).

2.6. Mora do credor

O credor incorre em mora (mora creditória) quando, sem motivo justificativo:

a) não aceita a prestação que lhe é oferecida nos termos legais (*sine justa causa accipere recusare*), de acordo com o art. 813º, 1ª parte, CC, ou;

b) não pratica os atos necessários ao cumprimento da obrigação, em relação às obrigações de conteúdo positivo (*facere*), segundo a 2ª parte.

Por exemplo, a prestação deve ser cumprida no domicílio do devedor e o credor não se desloca para a receber.

Os motivos justificativos legítimos podem dizer respeito ao *objeto* ou à *forma* de cumprimento.

2.7. Cumprimento defeituoso

O cumprimento defeituoso, o qual se autonomiza da mora e do não cumprimento, resulta da não correspondência entre o prestado e o efetivamente devido.

"O cumprimento defeituoso da obrigação verifica-se não apenas em relação à obrigação da entrega da coisa proveniente da compra e venda, mas quanto a toda e qualquer outra obrigação, proveniente de contrato ou qualquer outra fonte.

E apenas se dá quando a prestação realizada pelo devedor não corresponde, pela falta de qualidades ou requisitos dela, ao objeto da obrigação a que ele estava adstrito[153]".

[152] Pires de Lima e Antunes Varela, *op. cit.*, p. 71.

[153] Antunes Varela, *Cumprimento Imperfeito do Contrato de Compra e Venda (a exceção do contrato não cumprido)*, Parecer publicado na CJ, Ano XII, T. IV, 1987, p. 30.

O CC aborda esta forma de incumprimento no art. 799º, nº 1, 2ª parte, desenvolvendo-a, de forma dispersa, nalguns *contratos nominados*, como na venda de bens onerados (arts. 905º e ss), ou de coisas defeituosas (arts. 913º e ss), na doação (arts. 957º), na locação (arts. 1032º e ss), no comodato (arts. 1134º) e na empreitada (arts. 1218º e ss).

O credor pode exigir ao devedor que corrija ou substitua a prestação defeituosa dentro de prazo razoável ou pode aceitar essa mesma prestação com defeito, sem que lhe cause prejuízo.

Se o credor recusa a prestação defeituosa, por lhe causar danos ou por em causa o fim a que se destina, o cumprimento defeituoso converte-se em incumprimento definitivo ou mora.

Alguns exemplos: "o vendedor que entrega animais doentes que contagiam os outros que o comprador tem nos seus estábulos; o comerciante que fornece géneros deteriorados que o cliente consome com prejuízo para a saúde ou se vê forçado a inutilizar; o contabilista que organiza, no prazo estabelecido ou até antes do decurso deste, um balanço errado da empresa, levando a gerência a tomar decisões ineficazes ou ruinosas; o operário que efetua uma reparação em determinado prédio, mas que, ao sair, danifica um móvel ou, por descuido, lança uma ponta de cigarro que provoca incêndio; a pessoa a quem se empresta um livro e que não informa, ao devolvê-lo, que o mesmo esteve nas mãos de um doente com enfermidade contagiosa que se transmite ao comodante", Almeida Costa, *op. cit.*, p. 1060.

Capítulo VI
Causas de extinção das obrigações

Para além do cumprimento, há outras formas típicas de extinção das obrigações.

1. Dação em cumprimento

A dação em cumprimento (*datio in solutum*) ou dação em pagamento consiste na entrega ao credor de coisa diferente da devida, mesmo de valor superior, com a finalidade de extinguir a obrigação (art. 837º, CC).

Por exemplo, Acácio aceita de Carlos um computador em vez da quantia (prestação pecuniária) de que é credor.

A prestação de coisa diversa exonera o devedor, contanto que o credor dê o seu assentimento (*in fine*).

"Exigem-se, pois, dois diferentes elementos: (*a*) contrato entre credor e devedor pelo qual atribuem valor liberatório a prestação diferente da devida; (*b*) a realização de prestação diferente da devida, a que se atribui valor liberatório da primitiva prestação"[154].

O art. 838º, 1ª parte, CC, reflete a analogia entre dação em cumprimento e o contrato de compra e venda, dando-se ao credor, na dação, a mesma proteção que se dá ao credor, na compra e venda.

Assim, além do regime de anulabilidade por vícios da coisa ou do direito, o credor pode, ainda, optar pela prestação primitiva (art. 838º, 2ª parte, CC).

Sendo a dação declarada nula ou anulada, renasce a obrigação para com o credor.

[154] Ana Prata, *Código Civil Anotado*, AA.VV., *op. cit.*, p. 1055.

No entanto, se tal nulidade ou anulabilidade é imputável ao credor (por exemplo, simulação), não renascem as garantias prestadas por terceiro, exceto se este (o terceiro) conhecia o vício na data em que teve notícia da dação (art. 839º, CC).

Diferente da dação em cumprimento e não sendo uma causa de extinção das obrigações é a dação *pro solvendo*, que visa facilitar ao credor a obtenção do crédito devido (art. 840º, nº 1, CC).

Exemplifica Antunes Varela: "A., pequeno retalhista, deve ao armazenista B cem contos, preço da mercadoria que este lhe forneceu. Como tem a vida um pouco embaraçada e o credor aperta com a liquidação da dívida, A. cede-lhe um crédito que tem sobre C., não para substituir o seu débito ou criar outro ao lado dele, mas para que o credor B se cobre mais facilmente do seu crédito, visto C., estar em melhor situação do que A."[155]

Os endossos de letras e de cheques são formas comuns de dação *pro solvendo*.

2. Consignação em depósito

A consignação em depósito consiste no depósito judicial da coisa devida, a fim de desonerar o devedor (art. 841º, CC).

A consignação em depósito visa desobrigar o devedor que quer cumprir mas que não obtém a cooperação do credor para esse efeito.

Por exemplo, encontrando-se o locador em mora, pode o locatário através do depósito judicial da renda devida, desonerar-se do incumprimento.

O art. 841º, nº 1, CC, indica os dois casos que permitem a consignação:

a) qualquer motivo relativo à pessoa do credor (al. *a*))[156],
"O devedor não pode por exemplo, efetuar a prestação, se o credor for um incapaz e não tiver representante (cfr. art. 764º, nº 2) se estiver ausente e não lhe tiver sido deferida a curadoria, se for desconhecido, se não for conhecido o seu paradeiro, se o crédito estiver penhorado (cfr. art. 820º)".[157]

b) mora do credor (al. *b*), nos termos do art. 813º, CC).

[155] *Das obrigações em geral*, vol. II, p. 174.

[156] "Insegurança quanto à pessoa do credor", no dizer de Tiago Azevedo Ramalho, *Código Civil Anotado*, AA.VV., *op. cit.*, p. 1062.

[157] Elucidam Pires de Lima e Antunes Varela, *op. cit.*, p. 130. E não a pode fazer em segurança quando há incerteza quanto à pessoa do credor, por exemplo, transmissão por herança.

Segundo Tiago Azevedo Ramalho, deve atender-se "também numa outra causa específica, a *recusa de prestação do documento de quitação da dívida*: art. 787º): visa-se no essencial que o devedor se possa preventivamente defender perante as consequências negativas do regime da *mora do devedor* (arts. 804º a 807º) – para não ser surpreendido com uma posterior alegação do credor de que a prestação não foi tempestivamente realizada"[158].

A consignação em depósito obriga à intervenção judicial, nos termos do art. 916º, CPC, o qual indica:

"1 – Quem pretender a consignação em depósito requer, no tribunal do lugar do cumprimento da obrigação, que seja depositada judicialmente a quantia ou coisa devida, declarando o motivo por que pede o depósito".

Uma vez realizada a consignação, indica o art. 844º, CC, o consignatário fica obrigado a entregar ao credor a coisa consignada, e este fica com o direito de exigir a sua entrega.

O depósito de coisa, tanto pode manifestar-se numa prestação de dinheiro como de prestação de coisa de outra natureza.

O devedor pode revogar a consignação, mediante declaração feita nesse sentido no processo, e pedir a restituição da coisa consignada, mas esta faculdade termina com a aceitação da consignação pelo credor ou pela sua declaração judicial de validade (art. 845º, nºs 1 e 2, CC).

A obrigação apenas se extingue aceitando o credor a consignação realizada ou sendo esta declarada válida pelo tribunal, liberando o devedor (art. 846º, CC)[159].

[158] *Código Civil Anotado*, AA.VV., *op. cit.*, p. 1062.

[159] Jurisprudência:

1 – A alínea a) do nº 1 do artigo 64º do RAU dá ao senhorio fundamento para a resolução do contrato, se o arrendatário não pagar a renda "no tempo e lugar próprios", em perfeita coordenação com o dever assinalado ao locatário no artigo 1039º, nº 1 CC de pagamento tempestivo e no domicílio do locatário, "se as partes ou os usos não fixarem outro regime".

2 – O arrendatário tem, pois, primeiro, que pagar e pagar no tempo e lugar próprios, de tal sorte que não corresponde a cumprimento, se não for conciliatoriamente aceite pelo senhorio, oferecer o arrendatário a prestação em outro lugar, ou em outro tempo.

3 – Se, porém, tiver oferecido o pagamento e este tiver sido recusado pelo senhorio, o arrendatário não será obrigado a depositar a renda recusada, mas terá geralmente vantagem em lançar mão da consignação em depósito. É que, com ela e só com ela, extingue a sua obrigação de pagamento (artigo 841º CC) e liberta-se, deste modo, de consequências prejudiciais que possam advir da circunstância de ainda não ter cumprido embora sem culpa sua ou por mora creditoris.

4 – Não havendo fundamento para o depósito liberatório, é óbvio que se torna inaplicável o artigo 24º do RAU.

3. Compensação

A compensação é o meio de o devedor se desonerar da obrigação, por extinção simultânea do crédito equivalente de que disponha sobre o seu credor, sendo vista, por tal motivo, como uma espécie de ação direta (art. 847º, nº 1, CC).

5 – Como tal, mesmo que assistisse qualquer razão à apelante, (e não assiste), o meio adequado para extinguir a obrigação não seria a carta dirigida aos Autores, em que a Ré lhes anuncia, não o depósito, mas sim a intenção de vir a proceder ao depósito das rendas (no momento que venha a encontrar como adequado), apresentando como fundamento, não qualquer dos motivos enunciados no artigo 841º CC, mas o desinteresse/recusa dos senhorios em efetuarem obras no locado.
6 – É ao inquilino que incumbe provar a existência de qualquer dos casos em que lhe é permitido depositar as rendas, mas não depende do livre arbítrio do inquilino em escolher o fundamento do depósito. E a eventual recusa do senhorio em fazer obras no prédio locado, não constitui fundamento para o arrendatário não pagar as rendas nem para o determinar ao depósito das mesmas.
7 – Tendo a arrendatária entendido depositá-las, por sua conta e risco, sem qualquer fundamento que lho impusesse ou sequer permitisse, tal depósito é ineficaz como meio de extinção de obrigação.
Ora, a este propósito escreveu-se na sentença recorrida o seguinte:
"Nos termos do artigo 22º do RAU, o arrendatário pode depositar a renda, quando ocorram os pressupostos da consignação em depósito e ainda quando lhe seja permitido fazer cessar a mora ou fazer caducar o direito à resolução do contrato por falta de pagamento de rendas. E quando ocorre o depósito o arrendatário pode ou não fazer notificar o senhorio (artigo 24º, nº 1 do RAU).
Na ausência de notificação, o senhorio não fica vinculado pelo depósito.
À notificação, o senhorio, pode remeter-se ao silêncio, impugnar o depósito, ou pretender resolver o contrato, Aragão Seia, Regime do Arrendamento Urbano, 5ª edição, 224.
Mas no caso concreto, há que atender ao seguinte:
A notificação não existe.
A Ré decidiu unilateralmente proceder ao depósito das rendas após mera comunicação escrita efetuada em 4/12/1995 (em que anunciava a sua intenção de proceder ao depósito das rendas, acrescentando que tal iniciativa que prometia vir a tomar, se fundava na recusa que o senhorio mantinha de proceder a obras no locado).
O depósito só foi efetuado em fevereiro do ano seguinte pelo que o senhorio, não tendo sido notificado judicialmente do mesmo, não pode sequer reagir por desconhecimento do mesmo.
A notificação carece de ser efetuada ao abrigo do artigo 261º e 262º e 1028º e seguintes do CPC e 841º a 846º do CC.
A defesa da Ré improcede, pois, no tocante à ausência de impugnação do depósito, não se podendo impugnar o que se desconhece.
Acresce que, no depósito, a Ré indicava como fundamento o desconhecimento do paradeiro do senhorio, sendo certo que, em momento algum dos autos, alegou tal facto.
Aliás o fundamento invocado na carta de 4/12/1995 (que não vale como comunicação pelo que já se disse) consiste no alegado desinteresse/recusa dos senhorios em realizar obras no locado.
Ora o depósito que seja efetuado com fundamento inexato é irrelevante.
[Ac. RL, de 29 de março de 2007, Proc. nº 1862/2007-6. Disponível *in* http://www.dgsi.pt]

Por exemplo, Abel deve a Bernardo 1.000€ e vice-versa. Em vez de Abel entregar os 1.000€ a Bernardo e este entregar àquele o mesmo montante, dá-se a dívida por extinta.

Se as duas dívidas não forem de igual montante, pode dar-se a compensação na parte correspondente (nº 2).

A iliquidez da dívida não impede a compensação (nº 3).

A compensação pode ser legal (quando prescinde do acordo dos intervenientes, preenchidos que estejam certos requisitos) ou voluntária ou contratual.

A compensação não opera automaticamente, torna-se efetiva mediante declaração de uma parte à outra, ou seja, é necessária uma declaração de vontade nesse sentido[160] (art. 848º, nº 1, CC), não podendo estar sujeita a condição ou a termo, sob pena de ineficácia (nº 2). Esta declaração pode ser efetuada judicialmente, por notificação avulsa ou extrajudicial, nos termos dos arts. 217º e 224º, CC.

Feita a declaração, os créditos consideram-se extintos desde o momento em que se tornam compensáveis (art. 854º, CC), salvo se a declaração é feita sob condição ou termo (art. 848º, nº 2, CC).

3.1. Pressupostos da compensação

A compensação depende dos seguintes requisitos:

- ser o crédito exigível judicialmente (ou seja, não se trata de uma obrigação natural, art. 402º, CC) e não proceder contra ele exceção, perentória (por exemplo, prescrição) ou dilatória (por exemplo, exceção de não cumprimento), de direito material (art. 847º, nº 1, l. *a*), CC);
- terem as duas obrigações por objeto coisas fungíveis (art. 207º, CC) da mesma espécie e qualidade (art. 847º, nº 1, al. *b*), CC), ou seja,

[160] Jurisprudência:
I – A compensação de créditos só opera a extinção de obrigações recíprocas, isto é, nos casos em que o credor de uma delas é devedor na outra, e o credor desta última é devedor na primeira, como resulta da lei e ensina, inter alia, o Prof. Almeida Costa (Noções de Direito Civil, 2ª ed., p. 318).
II-Este preclaro civilista acrescenta ainda: "a compensação, no sistema da nossa lei atual, não opera automaticamente. Quer dizer: para que os dois créditos se considerem extintos, não basta que se encontrem em condições de serem compensados (situação de compensação), mas torna-se ainda necessária a manifestação de vontade de um dos credores-devedores nesse sentido (declaração de compensação)".
[Ac. STJ, de 11 de dezembro de 2012, Proc. nº 5740/09.6TVLSB.L1.S1. Disponível *in* http://www.dgsi.pt/]

obrigações pecuniárias, genéricas da mesma espécie e qualidade e prestação de coisa determinada; caso contrário, seria uma dação em cumprimento.

- reciprocidade dos créditos;
  A reciprocidade só abrange as dívidas do *declarante* e a utilização de créditos próprios e não as de terceiro, por exemplo, o fiador não pode compensar um crédito do devedor principal (art. 851º, nº 1, CC), salvo a previsão da 2ª parte.
- existência e validade do crédito principal;
  Se o débito (o crédito principal) for inexistente ou inválido, não pode ocorrer a compensação.

3.2. Causas de exclusão da compensação

São incompensáveis os créditos:

- provenientes de facto ilícito doloso, por exemplo, se o devedor furta ao credor dinheiro para, mais tarde, invocar a compensação (art. 853º, nº 1, al. *a*), CC);
- impenhoráveis (art. 2008º, CC), exceto se ambos forem da mesma natureza (art. 853º, nº 1, al. *b*));
  Os créditos impenhoráveis possuem como razão de ser garantir a subsistência do devedor.
- do Estado ou de outras pessoas coletivas públicas (art. 853º, nº 1, al. *c*));
- se houver prejuízo de direitos de terceiros (art. 853º, nº 2, 1ª parte, CC), pelo que não é compensável um crédito onerado;
- se o devedor tiver renunciado à compensação (art. 853º, nº 2, 2ª parte, CC).

4. Novação

A novação (*nova obligatio*) consiste na convenção pela qual as partes extinguem uma obrigação antiga (*obligatio novanda*), mediante a constituição de uma *nova (aliquid novi)*, que a substitui.

A novação diz-se *objetiva*, quando se substitui o objeto da relação creditória (art. 857º, CC).

Por exemplo, o devedor, não podendo satisfazer a dívida em dinheiro, propõe ao credor, que aceita, a substituição da obrigação (pecuniária) pela prestação de serviços.

Ao contrário da dação em cumprimento, na novação o *solvens* continua a ser devedor, ocorrendo apenas a mudança do objeto da prestação.

A novação diz-se *subjetiva*, quando se substitui o credor **ou** o devedor (art. 858º, CC).[161]

4.1. Requisitos da novação

Os requisitos do regime da novação são:

a) Existência e prova do animus novandi

A vontade de contrair nova obrigação deve ser expressamente manifestada (art. 859º, CC), ou seja, não opera automaticamente.

[161] Jurisprudência:
1. A novação constitui uma modalidade de extinção das obrigações. Tem, porém como particularidade o facto da extinção da obrigação contratual decorrer da constituição de uma nova obrigação que vem ocupar o lugar da primeira.
2. São requisitos da novação: (i) a intenção de novar, expressamente declarada; (ii) que a obrigação primitiva seja válida e não se encontre extinta ao tempo em que a segunda foi contraída, e (iii) que a nova obrigação se constitua validamente.
3. Em termos de ónus probatórios, sendo a novação um facto extintivo da obrigação acionada, a intenção de novar e a expressa manifestação dessa intenção, têm que ser provadas por quem a invoca.
4. Tendo-se provado que
(a) o credor acordou com os sócios da devedora (a sociedade C- Sociedade Equipamentos Elétricos e Eletrónicos, Limitada), entre eles, o ora oponente/apelado, que estes assumiam e liquidavam o débito incumprido, aceitando cada um dos sócios a obrigação de pagar um quarto da dívida daquela sociedade, assumindo essa obrigação individual e isoladamente, em função da capacidade financeira de cada um deles e que,
(b) no âmbito desse mesmo convénio, ficou acordado que o executado pagaria cerca de mil e seiscentos contos, em prestações mensais, no montante de cinquenta mil escudos, tendo tal quantia sido totalmente liquidada e se
(c) a obrigação inicial tiver resultado de um contrato de mútuo celebrado com a referida sociedade, tendo os sócios (e respetivas esposas) avalizado uma livrança, donde resultava para estes uma obrigação de natureza solidária, tendo o portador o direito de acionar todas essas pessoas, individualmente ou coletivamente, sem estar adstrito a observar a ordem por que elas se obrigaram,
5. Em face do referido acordo, objetivamente, ocorreu uma alteração da causa da prestação a que se encontravam adstritos os avalistas:
(a) Antes, o oponente era responsável pelo pagamento nessa qualidade e solidariamente,
(b) Agora, passou a ser responsável, a título principal e individualmente, mas apenas pela quota-parte de responsabilidade que assumiu de novo,
(c) Em simultâneo, a anterior devedora ficou exonerada do cumprimento da obrigação por ela contraída.
6) Ou seja, ocorreu uma novação na sua dupla vertente: objetiva e subjetiva.
[Ac. RL, de 19 de dezembro de 2013, Proc. nº 2656/07.4TBAMD-A.L1-1. Disponível *in* http://www.dgsi.pt/]

b) Existência e validade da obrigação primitiva

Se a obrigação antiga estava extinta **ou** vier a ser declarada nula ou anulada, a novação fica sem efeito (art. 860º, nº 1, CC).

Se, por sua vez, for a nova obrigação nula ou anulada, subsiste a obrigação primitiva, mas, se tal nulidade ou anulação for imputável ao credor, não renascem as garantias prestadas por terceiro, salvo se este conhecia o vício da nova obrigação (nº 2).

"O renascimento da obrigação pode afetar os interesses de terceiros, que, tendo garantido o cumprimento dela com o seu património ou com alguns dos seus bens, houvessem compreensivelmente contado com a extinção dessas garantias.

Daí que, sendo a causa da nulidade ou de anulação imputável ao credor (por hipótese, autor da coação ou do dolo que serviu de fundamento à anulação do novo vínculo), não renasçam com a antiga obrigação as garantias prestadas por terceiro, na altura em que operou a novação".[162]

4.2. Efeitos da extinção da antiga obrigação

Extinta a antiga obrigação ficam igualmente extintas as garantias que asseguravam o seu cumprimento, mesmo quando resultantes da lei, na ausência de reserva expressa (art. 861º, CC).[163]

[162] Ensinava ANTUNES VARELA, *Das obrigações em geral*, vol. II, p. 240.

[163] Jurisprudência:

I – A novação consiste na convenção pela qual as partes extinguem uma obrigação, mediante a criação de uma nova obrigação em lugar dela.

II – Essencial para haver novação, é que os interessados queiram realmente extinguir a obrigação primitiva por meio de contração de uma nova obrigação.

III – A obrigação só é nova quando haja uma alteração substancial dos seus elementos constitutivos.

IV – Se a ideia das partes é a de manter a obrigação, alterando apenas algum ou alguns dos seus elementos acessórios, não há novação, mas simples modificação ou alteração da obrigação.

V – A vontade de contrair a nova obrigação deve ser expressamente manifestada.

Se a alteração resultante da convenção das partes se reflete apenas em elementos acessórios da relação creditória (prorrogação, encurtamento, aditamento ou supressão dum prazo; mudança do lugar de cumprimento, estipulação, modificação ou supressão de juros, agravamento ou atenuação da cláusula penal, etc), nenhumas dúvidas se levantarão, em regra, acerca da persistência da obrigação e da manutenção dos seus elementos não alterados. Quando, pelo contrário, a alteração convencionada atinja os elementos essenciais da relação obrigacional (o objeto, a causa, os sujeitos), o seu sentido pode já ser radicalmente distinto.

[Ac. STJ, de 31 de março de 2009, Proc. nº 08A3353. Disponível *in* http://www.dgsi.pt]

5. Remissão

Na remissão (abdicativa) é o próprio credor que renuncia voluntariamente ao poder de exigir a obrigação, com a concordância do devedor. A obrigação não chega sequer a ser cumprida, a sua extinção decorre da mera *renúncia* do titular (art. 863º, nº 1, CC).[164] A aceitação do devedor pode ser expressa ou tácita (arts. 217º e 218º, CC).

A remissão tem como efeito a extinção definitiva do crédito, por parte do credor, e a liberação do débito, por parte do devedor.

"A causa da remissão pode ser variada. Se tiver caráter de liberalidade, aplica-se o regime da doação (nº 2). Se o contrato tiver por causa visar prevenir ou terminar um litígio mediante concessões recíprocas das partes (p. ex., remitem as obrigações contrapostas emergentes de uma relação sinalagmática) tratar-se á de contrato de transação (art. 1248º)".[165]

A remissão da dívida principal implica a remissão da dívida acessória e das restantes garantias, dado que a remissão concedida ao devedor aproveita a terceiros, como ocorre na prestação do fiador (art. 866º, nº 1, CC).

[164] Jurisprudência:
I – A remissão abdicativa constitui uma das causas de extinção das obrigações, assumindo natureza contratual, à luz do nosso ordenamento positivo (art. 863º, nº 1 do CC); ao contrário do que sucede com o "cumprimento" (em que a obrigação se extingue pela realização da prestação devida) e com a "consignação" e "novação" (em que o interesse do credor é satisfeito por um meio distinto da realização da prestação), a "remissão – como a "confusão" e a "prescrição" – pressupõe que a obrigação não chegue sequer a ser cumprida: a sua extinção decorre da mera renúncia do titular.
II – Como contrato que é, a "remissão" exige o necessário consenso entre as partes e, daí a emissão de, pelo menos, duas declarações negociais: uma delas a cargo do credor – declarando renunciar ao direito de exigir a prestação – e a outra por banda do devedor – declarando aceitar aquela renúncia – podendo, esta, ser tácita. (...)
[Ac. STJ, de 25 de novembro de 2009. Proc. nº 274/07.6TTBRR.S1. Disponível *in* http://www.dgsi.pt/]
I – A remissão abdicativa constitui uma das causas de extinção das obrigações, assumindo natureza contratual – art. 863º, nº 1, do CC.
II – A declaração da trabalhadora de que recebeu da sua empregadora "todos os créditos emergentes do contrato de trabalho e da cessação do mesmo, nada mais tendo a receber ou a reclamar, seja a que título for" é uma declaração genérica, a qual não pode ser havida como prova plena de que a declarante nenhum outro direito pretendia conservar, respeitante à relação jurídica laboral já extinta.
III – Mais se demonstrando que a empregadora não provou ter disponibilizado todos os créditos a que a trabalhadora tinha direito, aquela declaração, como quitação genérica, é insuficiente para concluir por um verdadeiro acordo negocial do interesse das partes.
[Ac. RP, de 18 de fevereiro de 2013, Proc. nº 78/11.1TTSTS.P1. Disponível *in* http://www.dgsi.pt]

[165] Tiago Azevedo Ramalho, *Código Civil Anotado*, AA.VV., *op. cit.*, p. 1079.

Se for declarada nula ou anulada a remissão por facto imputável ao credor, não renascem as garantias prestadas por terceiro, exceto se este conhecia o vício na data em que teve notícia da remissão (nº 3).

Já "quando sejam vários os obrigados principais, numa obrigação solidária (art. 864º, nºs 1 e 2, CC) ou numa obrigação indivisível (art. 865º, nº 1, CC) e a remissão se não refira a toda a dívida (*remissão in rem*), mas apenas a um dos devedores (*remissão in personam*), os seus efeitos só aproveitarão ao beneficiário. Embora não possam prejudicar os outros.

Concretizando este pensamento, dir-se-á que a remissão concedida ao devedor solidário faz que ele fique liberado perante o credor.

Os outros codevedores ficarão desonerados apenas na parte relativa ao devedor exonerado. Se, porém, o credor se reservar o direito de os demandar por toda a prestação, também eles, nessa altura, conservarão o seu direito de regresso, por inteiro, contra o devedor desonerado.

Suponhamos, para exemplificar, que A., B. e C. devem, em regime de solidariedade, 9 000 contos a D., e que este remite apenas o débito de A.. Partindo da ideia de que os devedores respondem por igual, na suas relações internas, e que D. e A. nada acrescentaram à declaração de remissão, ter-se-á como resultado que A. foi exonerado da dívida e que, doravante, D apenas poderá exigir 6 000 contos, em regime de solidariedade, de B e C.

Se D., ao mesmo tempo que remite a dívida de A., acrescentar que, todavia, se reserva o direito de exigir os 9 000 contos em dívida, quer de B., quer de C., então A. não responderá perante D., que remitiu a obrigação, mas poderá ser demandado em via de regresso, quer por B., quer por C., como se a remissão não existisse.

No caso de solidariedade ativa, diz-se no nº 3 do art. 864º, que a «remissão concedida por um dos credores solidários exonera o devedor para com os restantes credores, mas somente na parte que respeita ao credor remitente».

Assim, se a dívida for de 9 000 e três os credores solidários (A., B. e C.), na hipótese de um deles remitir o seu crédito, os outros dois ficarão ainda com o direito de exigir, isolada ou conjuntamente, a quantia de 6 000".[166]

A renúncia às garantias da obrigação não faz presumir a remissão da dívida (art. 867º, CC). Assim, e dando como exemplo, a fiança, a remissão desta dívida (acessória) não faz presumir a intenção de remir a dívida principal.

[166] Clarifica Antunes Varela, *Das obrigações em geral*, vol. II, pp. 253-254.

6. Confusão

Quando na mesma pessoa se reúnam as qualidades de credor **e** devedor da mesma obrigação (ou seja, a mesma pessoa é titular ativa e passiva da obrigação), extinguem-se o crédito **e** a dívida (art. 868º, CC).

Por exemplo, se António deve a Cláudio 10.000€, e por direito sucessório, Cláudio é o herdeiro de António, falecendo este, Cláudio fica colocado na posição de credor e de devedor da mesma obrigação.

6.1. A confusão nas obrigações solidárias

Dispõe o art. 869º, nº 1, CC, que a reunião na mesma pessoa das qualidades de *devedor solidário* **e** *credor* exonera os demais obrigados, mas só na parte da dívida relativa a esse devedor.

Por exemplo, existe uma dívida solidária de 30.000€ contraída por Daniel, Francisco e Gabriel. Falecendo o credor, e tendo por herdeiro Gabriel, apenas este é liberado, na sua quota-parte, pelo que Daniel e Francisco responderão solidariamente perante Gabriel por 20.000€.

Igual solução é apresentada quando se reúne na mesma pessoa a qualidade de *credor solidário* **e** *devedor* (nº 2).

6.2. A confusão nas obrigações indivisíveis

A obrigação indivisível em que há vários devedores

A obrigação extingue-se apenas em relação a um dos devedores, podendo os credores exigir a prestação dos restantes obrigados, contanto que lhes entreguem o valor da parte que cabia ao devedor exonerado (art. 536º, CC, *ex vi* art. 870º, nº 1, CC).

"O credor que tenha remitido a quota-parte de um devedor pode ainda assim exigir a prestação indivisível aos outros devedores. Porque remitiu a quota-parte de um dos devedores, deve porém entregar aos restantes condevedores o valor correspondente a essa quota-parte"[167].

A obrigação indivisível em que há vários credores

Sendo vários os credores, qualquer deles têm o direito de exigir a obrigação por inteiro ao devedor (art. 538º, nº 1, CC), não ficando este exonerado para com os outros credores, mas estes não podem exigir-lhe a prestação

[167] Tiago Azevedo Ramalho, *Código Civil Anotado*, AA.VV., *op. cit.*, pp. 1080-1081.

senão entregando-lhe o valor da parte daquele cocredor (art. 865º, nº 2, CC, *ex vi* art. 870º, nº 2, CC).

Ou seja, "se um dos credores remitiu a sua quota-parte do crédito, não fica excluída a possibilidade de os restantes credores exigirem ao devedor a prestação indivisível, mas devem entregar o valor correspondente à parte remitida"[168].

6.3. Eficácia em relação a terceiros

A confusão não prejudica os direitos de terceiro (art. 871º, nº 1, CC). Assim, dispõe o nº 2 que no caso de usufruto, não deixa o usufrutuário de ter direito aos respetivos rendimentos enquanto durar o usufruto (arts. 1464º e 1465º, CC) ou no caso do penhor, não deixa o credor pignoratício de conservar o crédito como garantia do seu direito (art. 685º).

Quanto à fiança, esta só de extingue se o credor não tiver interesse legítimo na sua manutenção (nº 3).

7. Prescrição

A prescrição permite que o devedor invoque a extinção do direito quando este não é invocado em tempo (art. 304º, nº 1, CC).

A prescrição não se confunde com a caducidade e o não uso (art. 298º, CC).

As prescrições presuntivas (arts. 312º a 317º, CC) fundam-se na presunção de cumprimento, decorrido o prazo legal. Neste caso, o ónus da prova recai sobre o credor.

[168] Tiago Azevedo Ramalho, *Código Civil Anotado*, AA.VV., *op. cit.*, p. 1081.

Capítulo VII
Garantia geral das obrigações

1. Princípio geral

O património do devedor constitui a garantia geral das obrigações (art. 817º, CC).

"Garantia *geral* porque a cobertura tutelar dos bens penhoráveis do devedor abrange a generalidade das obrigações do respetivo titular. Ao lado da garantia *geral* pode haver *garantias especiais* do crédito, quer sobre bens de terceiro, quer sobre bens do próprio devedor (hipotecados ou dados em penhor, por exemplo, ao credor), que assegurem de modo particular a satisfação do crédito do titular da garantia. Embora a garantia *geral*, bem como as garantias *especiais* do crédito, só se destinem a ser executadas no caso de não cumprimento da obrigação, verdade é que a garantia geral acompanha a obrigação desde o nascimento desta, tal como as garantias especiais reforçam, desde a sua constituição, a consistência económica--jurídica do vínculo obrigacional".[169]

"Sabemos que o inadimplemento de uma obrigação confere ao respetivo credor o direito de agredir o património do devedor, por intermédio dos tribunais, a fim de obter coativamente a satisfação do seu crédito (art. 817º). Trata-se de uma possibilidade que pertence a todos os credores pelo simples facto de o serem. E, nessa medida, se declara que o património do devedor constitui a garantia geral das obrigações ou a garantia comum dos credores. É o *património bruto* que se tem aqui em vista, quer dizer o constituído pelos valores ativos antes de descontados os passivos", elucida Almeida Costa.[170]

[169] Elucida Antunes Varela, *Das obrigações em geral*, vol.II, p. 420.

[170] *Op. cit.*, p. 843.

Assim dispõe o art. 601º, 1ª parte, CC, o património suscetível de penhora do devedor constitui a garantia do credor.

Sem prejuízo do estabelecimento de separação de patrimónios (art. 601º, 2ª parte, CC), como no caso de dívidas dos cônjuges que podem incidir sobre o património próprio ou comum (arts. 1695º e 1696º, CC).

2. Concurso de credores

O art. 604º, CC, distingue os *créditos comuns* dos *créditos preferenciais*.
Os credores ditos *comuns* (que não gozam de qualquer direito de preferência sobre os demais) são pagos em pé de igualdade e proporcionalmente, quando o preço dos bens do devedor não chegue para integral satisfação dos débitos (art. 604º, nº 1, CC).

Nos *créditos preferenciais*, o credor preferente, titular de um direito real de garantia, goza da faculdade de ser pago com prioridade sobre os demais credores, sobre o valor de algum ou de todos os bens do devedor (art. 604º, nº 1, 1ª parte, CC). Assim, um credor que tenha como garantia uma hipoteca ou penhor, goza do direito de ser pago preferencialmente pelo valor da coisa hipotecada ou empenhada (nº 2).

Além das causas legais de preferência elencadas no nº 2, são também de admitir as resultantes da separação de patrimónios (art. 601º, CC) e da penhora (art. 822º, CC).

Espelha-se aqui a distinção entre direitos de crédito e direitos reais.

"Os direitos reais, mercê da sua eficácia absoluta (*erga omnes*), estão sujeitos à regra da prevalência temporal, princípio que tanto aproveita aos *direitos reais de garantia*, como aos *direitos reais de gozo*.

Se sobre o mesmo imóvel forem constituídas duas ou mais hipotecas, a registada em primeiro lugar prevalece inteiramente sobre a registada em segundo lugar, e assim sucessivamente (art. 713º), de modo que, concorrendo todos os credores hipotecários à mesma execução, só depois de inteiramente pago o credor hipotecário graduado em 1º lugar é que o 2º credor hipotecário pode começar a ser pago pelo valor da coisa hipotecada. E assim sucessivamente.

De igual modo, se o proprietário do imóvel constituir sobre ele, sucessivamente, dois direitos de usufruto, abrangendo cada um deles a totalidade do prédio, o direito de usufruto primeiramente levado ao registo afasta por completo o segundo.

Já o mesmo não ocorre, conforme se verifica pela simples leitura do art. 604º, com os direitos de crédito".[171]

3. Meios conservatórios de garantia patrimonial

A lei apresenta quatro meios de conservação da garantia patrimonial: a declaração de nulidade; a sub-rogação do credor ao devedor; a impugnação pauliana e o arresto.

3.1. Declaração de nulidade

Esta forma de conservação encontra-se prevista no art. 605º, CC. O regime da nulidade está regulado nos arts. 285º a 294º, CC.

Através da declaração de nulidade, a lei reconhece aos credores a legitimidade para impugnarem os atos nulos praticados pelo devedor, que possam causar-lhe prejuízo.

Os atos podem ser nulos por inobservância da forma escrita, vício da vontade ou ilicitude do objeto. Sempre que o devedor pratique um ato nulo, os credores podem pedir a declaração de nulidade do mesmo. Veja-se o caso do negócio simulado (art. 240º, nº 1, CC).

O regime do art. 605º, CC, aproveita os credores nos seguintes aspetos:

- o ato nulo pode ter sido anterior ou posterior à constituição do crédito (nº 1);
- o ato nulo não tem que produzir ou agravar a insolvência do devedor (nº 1, *in fine*);
- a nulidade aproveita não só ao credor que a tenha invocado, como a todos os demais (nº 2).

3.2. Sub-rogação do credor ao devedor

A ação sub-rogatória permite ao credor substituir-se ao devedor (para combate da inércia deste) no exercício de certos direitos de conteúdo patrimonial contra terceiro. Trata-se de uma transmissão singular de créditos que é legalmente reconhecida.

"Opera-se a sub-rogação quando um terceiro, que cumpre uma dívida alheia ou que para tal empresta dinheiro ou outra coisa fungível, adquire os direitos do credor originário em relação ao respetivo devedor.

[171] Conclui ANTUNES VARELA, *Das obrigações em geral*, vol. II, p. 430.

Admitem-se duas espécies de sub-rogação: a sub-rogação convencional e a sub-rogação legal.

A convencional ou voluntária resulta de um acordo entre o terceiro que pagou e o credor primitivo, a quem é feito o pagamento, ou entre o terceiro e o devedor, prevendo a lei três modalidades, uma delas efetuada pelo credor e as duas restantes pelo devedor (cfr. arts. 589º, 590º e 591º, todos do CC).

A sub-rogação legal é a que se produz diretamente por força da lei, só existindo, na medida em que esta a permita" (art. 592º, CC).[172]

O credor tem a faculdade de exercer contra terceiros os direitos de conteúdo patrimonial que competem ao devedor (art. 606º, nº 1, CC), contanto seja essencial à satisfação ou garantia do seu direito (nº 2).

"A primeira restrição provém logo do facto de ela se cingir aos direitos (de conteúdo patrimonial) que competem ao credor. Isto significa que a substituição do devedor pelo credor só pode dar-se em relação a direitos subjetivos já existentes ou constituídos e não em relação a meras expectativas de aquisição dum direito (como a aceitação duma oferta de contrato – doação, venda, locação, sociedade – ; a publicação duma obra ou o lançamento de nova edição duma obra já publicada, etc.).

O art. 606º, nº 1, CC, ressalva ainda da sub-rogação os direitos de caráter pessoal (*hoc sensu*) – ou seja, os direitos que, por sua natureza ou por disposição da lei, só possam ser exercidos pelo respetivo titular.

[172] Almeida Costa, *op. cit.*, p. 762.
Jurisprudência:
1 – Opera-se a sub-rogação quando um terceiro, que cumpre uma dívida alheia ou que para tal empresta dinheiro ou outra coisa fungível, adquire os direitos do credor originário em relação ao respetivo devedor.
2 – Admitem-se duas espécies de sub-rogação: a sub-rogação convencional e a sub-rogação legal.
3 – A convencional ou voluntária resulta de um acordo entre o terceiro que pagou e o credor primitivo, a quem é feito o pagamento, ou entre o terceiro e o devedor, prevendo a lei três modalidades, uma delas efetuada pelo credor e as duas restantes pelo devedor.
4 – A sub-rogação legal é a que se produz diretamente por força da lei, só existindo, na medida em que esta a permita.
5 – Nos termos do art. 848º do C. Civil, a compensação torna-se efetiva mediante declaração de uma das partes à outra e é, pelo próprio teor, uma declaração recetícia, que tanto pode ser feita judicial, como extrajudicial, bastando que chegue ao poder do destinatário, nos termos do art. 224º, do CC.
[Ac. RL, de 30 de junho de 2009, Proc. nº 2290/05.3.TBVFX.L1-1. Disponível *in* http://www.dgsi.pt/]

Tais são, as ações relativas ao estado das pessoas ou à revogação duma dação por ingratidão do donatário, mesmo que elas possam ter uma importante repercussão no património do devedor.

Por último, exige-se ainda, para que a sub-rogação proceda, que a operação seja essencial à satisfação (não basta o mero risco, sendo mais restritivo do que a ação de nulidade).[173]

Assim, os credores sob condição suspensiva ou a prazo apenas podem sub-rogar quando mostrem ter interesse em não aguardar a verificação da condição ou o vencimento do crédito (art. 607º, CC).

> "O credor necessita de alegar e provar uma de duas coisas:
>
> *a)* Que do ato omitido pelo devedor resultou a insolvência ou o agravamento da insolvência dele, sendo o exercício do direito indispensável para eliminar tal resultado;
>
> *b)* Ou que da omissão resultou a impossibilidade de satisfação (cumprimento) do direito do credor, como sucede quando a inação do devedor provoque a privação, para o seu património, da coisa *não fungível* essencial à realização da prestação devida".[174]

A sub-rogação pode ser extrajudicial ou judicial (art. 608º, CC). Na sub-rogação judicial, é citado além do credor, a pessoa contra quem a sub-rogação é exercida.

Exercida a sub-rogação por um dos credores, a mesma aproveita a todos os demais (art. 609º, CC), ou seja, os bens atingidos pela sub-rogação regressam ao património do devedor ou ingressam nele, em proveito de todos os credores e do próprio devedor.

[173] Jurisprudência:
I – A sub-rogação do credor ao devedor depende da reunião dos seguintes requisitos:
a) Que se faça valer contra o devedor do devedor direito de conteúdo patrimonial;
b) Que haja inércia do primeiro devedor, seja por inatividade consciente, seja por esquecimento ou falta de atenção;
c) Que se apresente como indispensável à satisfação ou garantia do direito do credor.
II – Não é legalmente viável a sub-rogação do credor ao devedor em crédito de regresso dependente no seu nascimento do prévio cumprimento do crédito principal de que é titular o credor subrogante.
[Ac. RC, de 25 de março de 2014, CJ, nº 253, Ano XXXIX, Tomo II, 2014, p. 22]

[174] Conclui ANTUNES VARELA, *Das obrigações em geral*, vol. II, p. 442.

4. Impugnação pauliana

Esta figura encontra-se prevista no art. 610º, CC.[175] Aparentemente atribuída ao Pretor romano *Paulius* que a instituiu no seu édito (*actio pauliana*).

A impugnação pauliana confere ao credor o poder de reagir contra os atos praticados pelo devedor, que diminuam o ativo ou aumentem o passivo do património deste.

O direito de impugnação caduca ao fim de 5 anos, contados da data do ato impugnável (art. 618º, CC).

4.1. Requisitos da impugnação pauliana

São os seguintes os requisitos da impugnação pauliana:

a) Prática de ato lesivo da garantia patrimonial (*eventus damni*, nos termos do art. 610º, CC), de natureza não pessoal (como seriam, por exemplo, o casamento, a perfilhação, etc.).
A lei contempla todos os créditos que envolvam diminuição da garantia patrimonial. E não obsta à impugnação a nulidade do ato realizado pelo devedor (art. 615º, nº 1, CC).

b) Anterioridade do crédito, ou, se posterior, tiver sido realizado dolosamente com o fim de impedir a satisfação do direito do futuro credor (art. 610º, al. *a*), CC);
O ato oneroso só está sujeito à impugnação pauliana se o devedor e o terceiro tiverem agido de má-fé; se o ato for gratuito, a impugnação procede, ainda que um e outro agissem de boa-fé (art. 612º, CC).

[175] Jurisprudência:
I. A circunstância de o contrato de doação ter incidido sobre a nua propriedade do prédio e de o usufruto continuar na titularidade do doador é insuscetível de descaracterizar a situação de diminuição da garantia patrimonial a que se reporta o proémio do art. 610º, do CC.
II. O credor a prazo pode usar da impugnação pauliana com vista a repor a respetiva garantia patrimonial geral.
III. A livrança-caução em branco, assinada pela subscritora e pelos avalistas, entregue à instituição de crédito com a data desse dia para garantia do cumprimento de um contrato de concessão de crédito, sob convenção de preenchimento se e quando ocorresse o incumprimento daquele contrato, só assume relevo como título de crédito cambiário na data do complemento daquele preenchimento.
IV. No circunstancialismo mencionado em I, o direito de crédito cambiário da instituição de crédito apenas se constitui com o complemento do preenchimento da livrança.
[Ac. STJ, de 7 de dezembro de 2005, Proc. nº 05B234407. Disponível *in* http://www.dgsi.pt/]

c) Resultar do ato a impossibilidade ou agravamento dessa impossibilidade de obter a satisfação integral do crédito[176] (art. 610º, al. *b*), CC).

4.2. Efeitos da impugnação pauliana em relação ao credor

Julgada procedente a impugnação pauliana, o credor tem direito à restituição dos bens na medida do seu interesse, podendo executá-los no património do obrigado à restituição e praticar os atos de conservação da garantia patrimonial autorizados por lei (art. 616º, nº 1, CC).

[176] Jurisprudência:
I – Os pressupostos da impugnação pauliana são os seguintes:
(i) A existência de determinado crédito: exige o artº. 610º do Cód. Civil que o impugnante seja titular de um direito de crédito, não sendo indispensável, todavia, que ele se encontre vencido, como se extrai do disposto no artº. 614º, nº 1, do mesmo Código;
(ii) A verificação do ato impugnado: ao credor impugnante incumbe alegar e provar o ato impugnado, que, para ser relevante, nos termos do artº. 610º, proémio, do Cód. Civil, tem de envolver diminuição da garantia patrimonial do crédito em causa, seja por redução do ativo do devedor, seja por aumento do seu passivo;
(iii) Impossibilidade ou Agravamento para a satisfação integral do crédito: o artº. 610º, al. b), do Cód. Civil exige também, como requisito geral, que, do ato impugnado, resulte a impossibilidade prática da satisfação integral do crédito do impugnante ou o agravamento dessa impossibilidade, ainda que não se trate de uma situação de pura insolvência;
(iv) Nexo de causalidade entre o ato impugnado e a impossibilidade ou agravamento: do artº. 610º, al. b), do Cód. Civil decorre que tem de se verificar um nexo de causalidade entre o ato impugnado e a situação patrimonial do devedor, traduzida em impossibilidade ou agravamento para a satisfação do crédito, sendo que, em regra, aquele nexo resultará precípuo do próprio ato impugnado, devendo atender-se à data deste para determinar essa impossibilidade ou o seu agravamento;
(v) Má-fé do devedor e do terceiro, em caso de ato oneroso posterior ao crédito: sendo o ato impugnado posterior ao crédito, oneroso, o credor terá de demonstrar a má-fé do devedor e do terceiro adquirente, considerando, o nº 2 do artº. 612º do Cód. Civil, má-fé a consciência do prejuízo que o ato oneroso causa ao credor.
II – Dada a dificuldade prática para o credor de provar que o devedor não dispõe de bens penhoráveis, como resultaria das regras gerais do ónus da prova, o artº. 611º do Cód. Civil veio estabelecer uma norma específica de repartição desse ónus, nos termos da qual sempre caberia ao devedor ou ao terceiro adquirente provar que o devedor tem bens penhoráveis de igual ou maior valor.
III – Da data do ato impugnado a precipuidade do nexo de causalidade entre o mesmo e a situação patrimonial do devedor, traduzida na referida impossibilidade ou agravamento para a satisfação do crédito, dado que o ato impugnado, posterior ao crédito da impugnante, é oneroso (trata-se de um contrato de compra e venda), a impugnação só procederá se se puder concluir que ambas as Rés (tanto a alienante como a adquirente do imóvel em questão) agiram de má-fé.
IV – A má-fé relevante para efeitos da impugnação pauliana dirigida a atos onerosos, posteriores à constituição do crédito, consistirá na consciência do prejuízo – por banda do devedor e do terceiro adquirente – que o ato impugnado causa ao credor.
[Ac. RL, de 17 de dezembro de 2009, Processo: 6179/08-2. Disponível *in* http://www.oa.pt/]

O adquirente de má-fé é responsável pelo valor dos bens que tenha alienado, bem como dos que tenham perecido ou se hajam deteriorado por caso fortuito, salvo se provar que a perda ou deterioração se teriam igualmente verificado no caso de os bens se encontrarem no poder do devedor (nº 2).

O adquirente de boa-fé responde só na medida do seu enriquecimento (nº 3).

Os efeitos da impugnação não aproveitam a terceiros, mas apenas ao credor que a tenha requerido (nº 4).

"A restituição dos bens alienados ao património do devedor, para colmatar a brecha aberta na garantia patrimonial do credor impugnante, significa naturalmente:

1º que o impugnante pode executar os bens alienados como se eles não tivessem saído do património do devedor, mas sem a concorrência dos demais credores deste, uma vez que a procedência da pauliana só ao impugnante aproveita;

2º que, executando os bens alienados, como se eles tivessem retornado ao património do devedor e não se mantivessem na titularidade do adquirente, o impugnante pode executá-los, na medida do necessário para satisfação do seu crédito, sem sofrer a competição dos credores do adquirente.

3º desde que mantém a garantia patrimonial do crédito do impugnante, como se os bens alienados não tivessem saído da titularidade do devedor, a lei permite logicamente ao credor a prática de todos os atos em princípio autorizados para conservação dessa garantia.

4º desde que a procedência da pauliana não envolve a destruição do ato impugnado, porque visa apenas eliminar o prejuízo causado à garantia patrimonial do credor impugnante, isso significa que, uma vez reparado esse prejuízo, nenhuma razão subsiste para não manter a validade da parte restante do ato, não atingida pela impugnação pauliana".[177]

4.3. Efeitos da pauliana em relação ao devedor e ao terceiro adquirente

Sendo a aquisição a *título gratuito*, o terceiro adquirente só tem direitos contra o devedor, no caso de este ter agido com dolo ou se haver responsabilizado expressamente pela manutenção do seu direito (art. 617º, nº 1, 1ª parte, CC, o qual remete para o art. 957º, CC).

[177] Explana ANTUNES VARELA, *Das obrigações em geral*, vol. II, p. 459.

Se a aquisição tiver sido feita a *título oneroso*, e tendo o terceiro agido de má-fé (condição essencial), o terceiro tem o direito de exigir tudo aquilo com que o devedor se enriqueceu e não uma indemnização pelos prejuízos sofridos (arts. 612º e 617º, nº 1, 2ª parte, CC).

"Nos termos do nº 2, tem o crédito do credor impugnante prioridade sobre o crédito do adquirente decorrente do nº 1 na satisfação do crédito sobre os bens objeto da transmissão impugnada. Assim, será o credor pago preferencialmente relativamente ao adquirente pelo produto da venda do bem"[178].

5. Arresto

O arresto consiste na apreensão judicial de bens ou direitos com valor suficiente para assegurar o cumprimento da obrigação enquanto não se concretiza a respetiva penhora, pelo justo receito de que o devedor os inutilize ou os venha a ocultar (art. 619º, CC), os quais são entregues a um (fiel) depositário com o dever de custódia, guarda e administração.

Só os bens do devedor podem ser arrestados (nº 1), podendo contudo o arresto ser requerido contra o adquirente dos bens do devedor, se tiver sido judicialmente impugnada a transmissão (nº 2), por exemplo, por ação de declaração de nulidade ou impugnação pauliana.

Segundo José Lebre de Freitas, o nº 2 "aplica-se tão-só à transmissão *inter vivos*.

A prévia propositura da ação de impugnação do negócio jurídico de transmissão deixou de ser exigida com o DL nº 329-A/95, de 12 de setembro"[179], que deu ao art. 407º, nº 2, do CPC de 1961 (idêntico ao atual art. 392º, nº 2, CPC) nova redação, correspondendo ao art. 392º, nº 2, CPC.

5.1. Requisitos do arresto

Como providência cautelar, constituem requisitos do arresto:

a) Probabilidade séria da existência do crédito (art. 391º, nº 1, CPC);
b) Fundado receio do credor perder a garantia patrimonial.[180]

[178] Gonçalo dos Reis Martins, *Código Civil Anotado*, AA.VV., *op. cit.*, p. 799.

[179] *Código Civil Anotado*, AA.VV., *op. cit.*, p. 801.

[180] Jurisprudência:

I – Resulta do disposto no artº 406º, nº 1, do CPC, que o procedimento cautelar (nominado) de arresto depende, essencialmente, da verificação cumulativa de dois requisitos: 1) da probabilidade da existência do crédito; 2) e da existência de justo receio de perda da garantia patrimonial.

5.2. Limitações ao arresto

Como meio cautelar que é, o arresto sofre algumas limitações.

Assim, pode o tribunal exigir prestação de caução (art. 620º, CC). Sendo improcedente ou caducando o arresto, o requerente é responsável pelos danos que causar quando não tenha agido com a prudência normal (art. 621º, CC).

5.3. Efeitos

Os atos de disposição dos bens arrestados são ineficazes em relação ao requerente do arresto (art. 622º, nº 1, CC).

O nº 2, equipara, quanto aos efeitos, o arresto à penhora.

"Por um lado, o devedor continua a poder dispor validamente dos bens, não obstante o arresto que recai sobre eles.

Por outro lado, ressalvadas as limitações impostas pelo registo, também o credor (arrestante) continua a dispor desses bens, mas só através da garantia patrimonial do seu crédito, como se os atos posteriores de alienação ou oneração praticados pelo devedor, apesar de válidos, não existissem".[181]

II – Para a comprovação do justo receio da perda da garantia patrimonial não basta o receio subjetivo do credor, baseado em meras conjeturas, já que para ser justificado há-de assentar em factos concretos que o revelem à luz de uma prudente apreciação.
III – Este receio é o que no arresto preenche o periculum in mora que serve de fundamento à generalidade das providências cautelares.
IV – Em súmula, poder-se-á dizer que a fim de indagar sobre o preenchimento, ou não, do requisito geral do "justificado receio de perda de garantia patrimonial", haverá que atender, designadamente, à forma da atividade do devedor, à sua situação económica e financeira, à sua maior ou menor solvabilidade, à natureza do seu património, à dissipação ou extravio que faça dos seus bens, à ocorrência de procedimentos anómalos que revelem o propósito de não cumprir a obrigação, ao montante do crédito que está em causa e, por fim, à própria relação negocial estabelecida entre as partes.
[Ac. RC, de 2 de outubro de 2009, Proc. nº 390/08.7TBSRT.C1. Disponível *in* http://www.dgsi.pt/]

[181] ANTUNES VARELA, *Das obrigações em geral*, vol. II, p. 468.

Capítulo IX
Garantias especiais das obrigações

As garantias especiais das obrigações reforçam, em benefício de determinado credor, a garantia comum legalmente atribuída.

1. Prestação de caução

Prestação de caução imposta ou autorizada por lei

A prestação de caução quando imposta ou autorizada por lei consiste na entrega pelo devedor de coisa móvel (dinheiro, títulos de crédito, pedras ou metais preciosos) **ou** pela prestação de penhor, hipoteca ou fiança bancária, para garantia da cobertura do dano causado pelo incumprimento da obrigação (art. 623º, nº 1, CC).

Se a caução não puder ser prestada por nenhum dos meios anteriormente referidos, a lei admite outra espécie de fiança, desde que o fiador renuncie ao benefício da prévia excussão (previsto no art. 638º, CC), para, deste modo, não limitar o património afiançado (art. 623º, nº 2, CC).

Prestação de caução resultante de negócio jurídico ou determinação do tribunal

A prestação de caução quando resultante de negócio jurídico **ou** determinação do tribunal (por exemplo, arts. 620º, 2236º, 2246º, todos do CC) permite, de forma menos exigente, a prestação de qualquer garantia (real ou pessoal), nos termos do art. 624º, nº 1, CC.

Em ambos os casos (Caução legal ou negocial e judicial), cabe ao tribunal apreciar a idoneidade da caução, sempre que não haja acordo dos interessados (arts. 623º, nº 3 e 624º, nº 2, CC).

No caso de o obrigado a prestar caução, a não prestar, o credor pode requerer o registo da hipoteca sobre os bens do devedor ou, no caso de este não possuir bens imóveis, outra cautela idónea, da qual releva o arresto (art. 625º, nº 1, CC).

Semelhante solução se encontra prevista para a insuficiência ou impropriedade da caução, nos termos do art. 626º, CC.

A limitação da caução obriga a que esta se limite aos bens suficientes para assegurar o direito do credor (art. 625º, nº 2, CC).

2. Fiança

Pela fiança, um terceiro (fiador) assegura, através do seu património, o cumprimento da obrigação do devedor principal (afiançado), ficando pessoalmente obrigado perante o respetivo credor (art. 627º, nº 1, CC).

O garante pode, no entanto, nos termos do art. 602º, CC, limitar a sua responsabilidade a alguns dos seus bens.

2.1. Proximidade com o aval

Também o aval garante o cumprimento da obrigação, sendo recorrente nos títulos cambiários. O avalista garante o cumprimento da obrigação cambiária subscrita pelo avalizado.

Nos termos do art. 32º, LULL, o "dador de aval é responsável da mesma maneira que a pessoa por ele afiançada. A sua obrigação mantém-se, mesmo no caso de a obrigação que ele garantiu ser nula por qualquer razão que não seja um vício de forma".

Resulta deste preceito que a obrigação do avalista é paralela à obrigação que recai sobre o avalizado e não propriamente uma obrigação subsidiária. Corolário desta interpretação é a impossibilidade do avalista gozar do benefício da prévia excussão.

2.2. Características:

2.2.1. Natureza acessória (art. 627º, nº 2, CC)

Após a constituição da *obrigação principal* (credor-devedor principal), a garanti-la, surge a *obrigação acessória* (credor-fiador).

A obrigação que o fiador assume é *acessória* da que recai sobre o obrigado principal (afiançado), dado que aquele apenas garante que a obrigação do devedor será satisfeita.

2.2.2. Manifestações da acessoriedade

a) Quanto à forma

A declaração de fiança deve ser expressamente declarada e necessita de revestir a forma exigida para a obrigação principal (art. 628º, nº 1, CC), não vigorando o princípio da liberdade formal (previsto no art. 219º, CC).

"Mas a lei não se limita a este princípio de equiparação formal entre as duas obrigações: a do devedor, de um lado, e a do fiador, do outro.

Exige ainda que a declaração da vontade de prestar fiança seja expressa. A vontade de cobrir a obrigação do vendedor, obrigando-se perante o credor a realizar a mesma prestação, tem que resultar diretamente da declaração do fiador, e não através de deduções, inferências ou presunções, embora para esse efeito não haja fórmulas precisas ou sacramentais".[182]

b) Quanto ao conteúdo da obrigação

Expressão da acessoriedade está traduzida, também, no art. 631º, CC, o qual indica que a fiança não pode exceder a dívida principal, nem ser contraída em condições mais onerosas. Se exceder ou for contraída em condições mais onerosas é redutível aos precisos termos da dívida afiançada (nº 2).

A fiança tem o conteúdo da obrigação principal e cobre as consequências legais e contratuais da mora ou culpa do devedor (art. 634º, CC).

c) Quanto à validade

Existe uma relação de dependência entre as duas relações, pois a fiança só é válida se o for a obrigação principal (art. 632º, nº 1, CC), salvo o disposto no nº 2.

d) Quanto à natureza

A natureza (comercial ou civil) da fiança dependerá do caráter da obrigação principal.

e) Quanto à extinção

O art. 651º, CC, determina que a extinção da obrigação principal determina a extinção da fiança.

[182] Explica ANTUNES VARELA, *Das obrigações em geral*, vol. II, p. 482.

2.2.3. Natureza subsidiária

A subsidiariedade da fiança concretiza-se no chamado *benefício da (prévia) excussão*, que consiste no direito que pertence ao fiador de recusar o cumprimento enquanto não estiverem excutidos todos os bens do devedor principal; e, inclusive, depois dessa excussão, se provar que o crédito não foi satisfeito por culpa do credor (art. 638º, nºs 1 e 2, CC).

Mas o fiador pode ser demandado a cumprir antes mesmo do devedor principal, nos termos dos arts. 640 e 641º, CC.

2.2.4. Relações entre o credor e o fiador

A fiança tem o conteúdo da obrigação principal e cobre as consequências legais e contratuais da mora ou culpa do devedor (art. 634º, CC).

Assim, o credor pode exigir a realização da prestação devida a *terceiro* (fiador), nos termos do art. 818º, CC, caso o devedor principal (afiançado) não a tenha cumprido.

No entanto, atenta a *natureza subsidiária* da fiança, ao fiador é lícito recusar o cumprimento da obrigação enquanto o credor não tiver excutido todos os bens do devedor (art. 638º, nº 1, CC). Ou seja, o *benefício da excussão* permite ao fiador exigir ao credor o (*prévio*) esgotamento dos bens do devedor, antes dele (fiador) responder com o seu património.

É, ainda, lícita a recusa do cumprimento por parte do fiador, não obstante a excussão de todos os bens do devedor, se o fiador provar que o crédito não foi satisfeito por culpa do credor (por exemplo, não interpelou o devedor aquando do vencimento da obrigação), de acordo com o art. 638º, nº 2, CC.

Havendo garantia real constituída por terceiro, *contemporânea* ou *anterior* à fiança, o fiador tem o direito de exigir a execução prévia das coisas sobre que recai a garantia real (art. 639º, nº 1, CC), respondendo, apenas, pelo saldo negativo de tais garantias.

Se a garantia real for *posterior* à fiança, já não assiste ao fiador o benefício da prévia excussão.

Mesmo que o fiador goze do benefício, pode ser demandado pelo credor, só **ou** juntamente com o devedor. Se for demando só, o fiador tem a faculdade de chamar à demanda o devedor, para com ele se defender ou ser conjuntamente condenado (art. 641º, nº 1, CC).

Atendendo a que a subsidiariedade não é um requisito essencial da fiança, há casos em que o fiador não goza do benefício da excussão. Assim acontece quando renuncia a esse benefício, nomeadamente por ter assumido a posição do principal pagador (art. 640º, al. *a*), CC) ou quando o devedor ou o dono dos bens onerados com garantia (real) não poder ser demandado ou executado no território continental ou das ilhas adjacentes por facto posterior à constituição da fiança (al. *b*)).

2.2.5. Relações entre o devedor e o fiador

O fiador que cumpre a obrigação fica legalmente sub-rogado (art. 592º, CC) na posição de credor (art. 644º, CC). Mais do que um mero direito de regresso, há uma efetiva *transmissão do crédito a favor do fiador.*

A transmissão do crédito manifesta-se no facto de não só se transmitir o crédito principal, como todos os acessórios deste. Assim, "se o credor tinha direito a juros, ao cálculo de juros a certa taxa, a qualquer privilégio ou cláusula penal, todos esses atributos acompanham a sub-rogação operada a favor do fiador *solvens*"[183]. Ainda, adquire o fiador todos os direitos reais de garantia que acompanhavam o crédito.

Os arts. 645º, nº 1 e 646º, CC, impõem a quem cumpre, um dever acessório de conduta relativo ao aviso de cumprimento.

O fiador pode exigir a sua liberação ou a prestação de caução para garantia do seu direito eventual contra o devedor (e apenas contra este, para não prejudicar o credor), nos seguintes casos:

- se o credor obtiver contra o fiador sentença exequível (art. 648º, al. *a*), CC);
- se os riscos da fiança se agravarem sensivelmente (art. 648º, al. *b*), CC);
  "Pode não ter havido diminuição de fortuna (diminuição do ativo patrimonial) do devedor e terem-se agravado os riscos da fiança, por virtude de qualquer falta cometida pelo devedor no âmbito da relação obrigacional".[184]
- se após a assunção da fiança, o devedor se houver colocado em condições de não poder ser demandado ou executado no território continental ou das ilhas adjacentes, nomeadamente por ausência do país (art. 648º, al. *c*), CC);

[183] Resume ANTUNES VARELA, *Das obrigações em geral*, vol. II, p. 498.
[184] Explana ANTUNES VARELA, *Das obrigações em geral*, vol. II, p. 502.

- se o devedor se houver comprometido a desonerar o fiador dentro de certo prazo ou verificado certo evento e já tiver decorrido o prazo ou se tiver verificado o evento previsto (art. 648º, al. *d*), CC). Hipótese diferente do caso da fiança ser prestada por certo prazo, findo o qual caduca;
- se houverem decorridos cinco anos, não tendo a obrigação principal um termo (art. 648º, al. *e*), CC).

2.2.6. Meios de defesa oponíveis ao credor pelo fiador

a) Quanto aos meios de defesa do devedor

Os *meios de defesa do devedor* reportam-se à *obrigação principal*, constituída entre devedor e credor.

Assim, "se a obrigação principal é nula ou vem a ser anulada, porque nulo ou anulável é o negócio jurídico donde a obrigação nasceu; se a obrigação se extingue porque prescreveu ou porque foi cumprida, porque houve dação em cumprimento, todas estas objeções ou exceções aproveitam, em princípio, ao fiador, cumprindo apenas salientar que, no caso de mera anulabilidade da obrigação, é ao devedor – e não ao fiador – que cabe fazer a opção pessoal (entre a convalidação, a confirmação ou a anulação) facultada por lei".[185]

Ainda, o art. 642º, nº 1, CC, refere a compensabilidade de créditos entre devedor e credor.

b) Quanto aos meios de defesa do fiador

São *meios de defesa próprios do fiador* todos os que dizem respeito à *obrigação acessória*, sendo esta composta pelo negócio jurídico constitutivo da fiança. Assim, ao fiador aproveita, entre outros, a nulidade da fiança, a prescrição, o benefício de excussão (art. 637º, nº 1, 1ª parte, CC).

Além dos meios de defesa próprios, o fiador tem o direito de opor ao credor aqueles que competem ao devedor (2ª parte), ou seja, aqueles que dizem respeito à *obrigação principal* (como a prescrição e a nulidade da obrigação, a falta ou vícios de vontade do afiançado).

"O negócio constitutivo da fiança pode sofrer de qualquer dos vícios próprios dos contratos (incapacidade das partes, falta de forma, simula-

[185] Explica ANTUNES VARELA, loc. cit..

ção, erro, dolo, coação, etc.). O fiador pode ser credor do titular do crédito afiançado e haver lugar à compensação, o credor pode estar muitos anos sem exigir o cumprimento da obrigação (acessória) do fiador, etc.".[186]

2.2.7. Caso julgado

a) Entre credor e devedor

O caso julgado entre *credor e devedor* não é oponível ao fiador (art. 635º, nº 1, CC), pois este não interveio na ação, pelo que não teve oportunidade de se defender contra a pretensão do credor, outra solução permitiria fáceis conluios entre as partes. Mas o fiador pode invocar o caso julgado em seu benefício, "porque, sendo desfavorável ao credor, não há o perigo de conluio entre as partes nem o de negligência do devedor na condução da sua defesa".[187] Salvo se respeitar a circunstâncias pessoais do devedor que não excluam a responsabilidade do fiador (2ª parte), por exemplo, se a obrigação principal foi assumida por um incapaz, conhecendo o fiador a incapacidade, o caso julgado não aproveita ao credor.

b) Entre credor e fiador

O caso julgado entre *credor e fiador* aproveita ao devedor, desde que respeite à obrigação principal (art. 632º nº 2, CC). Porém, o caso julgado desfavorável ao devedor não pode ser imposto a este, dado que não interveio na lide, não tendo tido oportunidade de se defender.

2.2.8. Prescrição

A interrupção, suspensão e renúncia à prescrição demonstram a relativa autonomia e independência entre a obrigação principal e a acessória.

A interrupção, a suspensão e a renúncia da prescrição não produzem efeito contra o fiador (art. 636º, CC).

No entanto, se o credor interromper a prescrição contra o devedor e der conhecimento ao fiador, a prescrição já se interrompe quanto a este (art. 636º, nº 1, 2ª parte, CC).

[186] Diz ANTUNES VARELA, *Das obrigações em geral*, vol. II, p. 493.

[187] Explica avisadamente ANTUNES VARELA, loc. cit..

2.2.9. Pluralidade de fiadores

a) Fiadores isolados (fiança isolada)

Considera-se *fiança isolada* aquela que é assumida por um fiador sem comparticipação ou acordo dos demais.

Se vários fiadores tiverem, isoladamente, afiançado o devedor pela mesma dívida, cada um responde pela satisfação integral, exceto se foi convencionado o benefício da divisão (art. 649º, nº 1, CC).

O fiador que tiver cumprido a obrigação, fica, posteriormente, sub-rogado nos direitos do credor contra o devedor e contra os outros cofiadores, por aplicação das regras das obrigações solidárias (art. 650º, nº 1, CC).

b) Fiadores conjuntos (fiança conjunta)

Considera-se *fiança conjunta* aquela que é assumida por um fiador conjuntamente com os demais, no âmbito de uma relação negocial.

Se vários fiadores se tiverem obrigado conjuntamente, cada um dos fiadores responde na devida proporção (e não integralmente), podendo, ainda, invocar o benefício da divisão (art. 649º, nº 2, CC). O fiador que tiver cumprido a obrigação possui o direito de reclamar dos outros as quotas deles, ainda que o devedor não esteja insolvente (art. 650º, nº 2, CC).

2.2.10. Extinção da fiança

O art. 651º, CC, expresso o *princípio da acessoriedade*: extinta a obrigação principal, é extinta a fiança.

Ocorre a caducidade da fiança, se o credor, em *obrigação principal a prazo*, não procede contra o devedor dentro do prazo de dois meses a contar do vencimento (art. 652º, nº 1, CC).

Igualmente ocorre a caducidade da fiança na *obrigação pura*, desde que o fiador, não privado do benefício da excussão, exija do credor a interpelação do devedor, e haja decorrido mais de um ano sobre a data da assunção da fiança (nº 2).

Ainda há extinção da fiança, assente na circunstância de, por facto imputável ao credor, o fiador não poder ficar sub-rogado nos direitos que lhe assistem (art. 653º, CC).[188]

[188] Jurisprudência:
I – A "fiança" – como garantia obrigacional especial – é o vínculo jurídico pelo qual um terceiro (fiador) se obriga pessoalmente perante o credor, garantindo com o seu património a satisfação do direito de crédito deste sobre o devedor.

3. Consignação de rendimentos

Nos termos do art. 656º, nº 1, CC, esta garantia consiste na afetação ao credor dos rendimentos de certos imóveis **ou** de certos móveis sujeitos a registo (dos quais constam os títulos de crédito nominativos, art. 660º, nº 2, CC), pertencentes ao devedor ou a terceiro (art. 658º, nº 2, CC), para pagamento da obrigação (ainda que condicional *ou* futura).

A consignação pode garantir o cumprimento da obrigação e o pagamento dos juros; apenas o cumprimento da obrigação **ou** só o pagamento dos juros (nº 2).

A *eficácia em relação a terceiros* da consignação resulta da própria garantia, o cumprimento da obrigação através dos rendimentos dos bens consignados dá preferência ao credor concedido face a qualquer outro credor, estando em causa os bens consignados.

Só os rendimentos (e não os bens) garantem o cumprimento da obrigação. Assim, nos termos do art. 657º, nº 1, CC, "quem puder dispor dos rendimentos (seja devedor ou terceiro) tenha ou não poderes de disposição sobre os bens, pode oferecer a garantia".[189]

O ato constitutivo da consignação voluntária deve constar de escritura pública, de documento particular autenticado ou de testamento, se respeitar a bens imóveis (art. 660º, nº 1, 1ª parte, CC).O ato constitutivo da consignação de coisas móveis deve constar de escrito particular (2ª parte).

Estando ainda sujeita a registo, salvo as exceções previstas no nº 2.

II – São duas as características que essencialmente definem tal figura contratual: a acessoriedade e a subsidiariedade – ou benefício de excussão (arts. 627º, nº 2 e 638º CC).
III – Muito embora o referido princípio da subsidiariedade seja a regra na fiança, todavia ele comporta exceções, quer de caráter geral (artº 640º, als. a) e b) do CC) quer de caráter mais especial ou excecional (art. 101º do Código Comercial), levando a que uma vez verificadas as situações nelas contempladas não ocorra o denominado benefício de excussão.
IV – A jurisprudência orienta-se unanimemente no sentido de que a perda das qualidades de sócio ou de gerente por parte do fiador não determina a caducidade da fiança prestada desde que a sua subsistência se não mostre condicionada à manutenção de qualquer daquelas qualidades.
[Ac. RC, de 29 de março de 2011, Proc. nº 448/07.0TBCBR-A.C2. Disponível *in* http://www.dgsi.pt.]

[189] Elucida ANTUNES VARELA, *Das obrigações em geral*, p. 676.

3.1. Espécies

A consignação é voluntária ou judicial (art. 658º, nº 1, CC).
Diz-se voluntária se tiver nascido de negócio entre vivos ou por meio de testamento constituída pelo devedor ou por terceiro (nº 2, 1ª parte) e judicial, se resultar de decisão do tribunal (nº 2, 2ª parte).

3.2. Prazo

A consignação de rendimentos pode fazer-se por determinado número de anos **ou** até ao pagamento da dívida garantida (art. 659º, nº 1, CC). No caso de consignação de rendimentos de bens imóveis, não pode exceder o prazo de 15 anos (nº 2).

Convencionando-se prazo superior ao máximo legal, será aplicável, ao prazo, o princípio que rege a redução do negócio jurídico (art. 292º, CC).

3.3. Modalidades

A lei permite que se estipule que os bens cujos rendimentos são consignados continuem em *poder do concedente* (art. 661º, nº 1, al. *a*), CC), passem para o *poder do credor*, o qual fica equiparado ao locatário (al. *b*)) ou de um *terceiro*, ficando o credor com o direito de receber os respetivos frutos (al. *c*)).

No caso de os bens cujos rendimentos são consignados passarem para o *poder do credor*, este pode fruir diretamente deles ou cedê-los a outrem em locação e ainda, administrá-los como um proprietário diligente e pagar as contribuições e demais encargos das coisas (art. 663º, nº 1, CC). O credor apenas se pode liberar destas obrigações, renunciando à garantia (nº 2), por negócio unilateral, nos termos do art. 731º (nº 3).

3.4. Extinção

A consignação de rendimentos extingue-se pelo decurso do prazo **e** pelas causas aplicáveis ao direito de hipoteca: a extinção da obrigação a que serve de garantia, o perecimento da coisa consignada e a renúncia do credor, excetuando-se a prescrição (arts. 664º e 730º, al. *b*), do CC).

4. Penhor

O penhor constitui uma garantia real que concede ao credor o direito de preferência sobre os demais credores, pelo valor de certa coisa móvel ou pelo valor de créditos ou do direito empenhado (excluindo-se os direitos suscetíveis de hipoteca, assim, não podem ser empenhados os automóveis, os navios e as aeronaves), pertencentes ao devedor ou a terceiro (art. 666º, nº 1, CC).

A coisa tem que ser certa, pelo que tem que ser identificada a coisa singular que pertence à universalidade (art. 206º, nº 2, CC). Constituído o penhor, este não abrange as coisas acessórias, salvo declaração em contrário (art. 210º, nº 2, CC).

"O atual regime do penhor tem por base uma evolução histórica a partir do Direito Romano. Inicialmente a forma usada para constituir as garantias residia na *fiducia cum creditore* (...), mediante a qual o devedor efetuava ao credor, por via da *mancipatio*, a transmissão de uma coisa sua, obrigando-se simultaneamente o credor a restituir-lha quando a obrigação fosse cumprida. Esta via era, no entanto, demasiado onerosa para o devedor, que perdia logo a propriedade da coisa, pelo que veio a ser substituída pela *datio pignoris*, a qual não transferia a propriedade, mas apenas a posse da coisa que lhe era entregue".[190]

"O termo penhor é usado (...) com um tríplice sentido: o direito de penhor, a coisa empenhada ou dada em penhor e o contrato de penhor. É no primeiro sentido que o vocábulo normalmente aqui é usado".[191]

Relativamente ao *contrato de penhor*, é de relevar a atividade de mútuo garantido por penhor denomina-se atividade prestamista. De acordo com o artigo 11º, do Decreto-Lei nº 365/99, de 17 de setembro (alterado pelo Decreto-Lei nº 114/2011, de 30 de novembro), o «contrato de mútuo garantido por penhor é obrigatoriamente reduzido a escrito, feito em dois exemplares e assinado por ambas as partes, ficando um deles na posse do mutuante, que se designará 'termo de penhor', e o outro, denominado 'cautela de penhor', destinar-se-á ao mutuário".

4.1. Características

a) Acessoriedade

A *acessoriedade* manifesta-se na dependência existente entre o direito de garantia e o crédito que visa garantir, relativamente ao qual é acessório.[192] Assim, extinta a obrigação, o credor pignoratício deve restituir a coisa empenhada (art. 677º, CC).

[190] Menezes Leitão, *Garantia das Obrigações*, Almedina, 2016, 5ª ed., pp. 185-186.

[191] Explicam Pires de Lima e Antunes Varela, *op. cit.*, p. 685.

[192] Menezes Cordeiro, *Direitos Reais*, Lex, 1993, p. 750.

Para que o penhor seja validamente constituído, é necessário que se reporte a um crédito existente e validamente formado. Será nulo no caso de o crédito garantido se encontrar extinto à data da sua constituição ou vier ulteriormente a ser declarado nulo.

b) Indivisibilidade

A *indivisibilidade* decorre do princípio da acessoriedade, prevista no art. 696º,CC, aplicável *ex vi* art. 678º, CC.

O penhor, por regra, é indivisível, pois subsiste na totalidade do bem até integral satisfação do crédito. No caso de pagamento de parte da dívida, o penhor irá manter-se na sua totalidade até ao cumprimento integral do crédito.

Esta regra pode ser afastada mediante estipulação em contrário.

c) Especialidade

A *especialidade* significa, grosso modo, que apenas podem ser dadas em garantia coisas individualizadas pertencentes ao património mobiliário do devedor (art. 666º, nº 1, CC).

O CC não acolheu o *penhor genérico* que atinge todo o património mobiliário do devedor.

4.2. Legitimidade

Só tem legitimidade para dar bens em penhor quem os puder alienar, dado que a constituição do penhor pode obrigar à alienação da coisa, assim, o penhor pode ser constituído pelo proprietário da coisa ou titular do direito (art. 667º, nº 1, CC).

O penhor pode ser constituído pelo próprio devedor ou por terceiro, o qual, salvo convenção em contrário, não pode invocar o benefício da prévia excussão do devedor (art. 698º, *ex vi* art. 678º, CC), pois o empenhador apenas se obriga com certo ou certos bens.

O penhor constituído por terceiro extingue-se se este não puder ser sub-rogado nos direitos que assistem ao credor (art. 717º *ex vi* art. 667º, nº 2, CC).

“Embora se trate de uma garantia real, duas diferenças fundamentais separam o penhor da consignação de rendimentos.

Por um lado, enquanto a *consignação* incide apenas sobre os frutos (rendimentos) da coisa onerada, o *penhor* abrange toda a coisa, constituindo assim uma garantia real plena, no duplo aspeto em que a garantia se desdobra: no direito de exigir a venda da coisa empenhada, na falta de cumprimento da obrigação garantida; e no direito de se pagar sobre o preço (de venda) dela, com prioridade sobre os demais credores.

Por outro lado, o *penhor* é uma garantia que desemboca num direito de preferência (sobre o produto da alienação da coisa empenhada), ao passo que a *consignação* se traduz numa via satisfativa privilegiada do crédito.

O *penhor* é essencialmente um direito real de garantia, consubstanciado na preferência do credor pignoratício, em regra sobre uma parcela determinada da garantia patrimonial; a *consignação* é, por seu turno, um modo especial de satisfação do crédito, em que o tratamento preferencial do credor é conatural ao funcionamento da garantia".[193]

4.3. Penhor de coisas

Como regra, o penhor só produz efeito pela entrega da coisa empenhada ou de documento que confira a exclusiva disponibilidade dela, a fim de dar publicidade ao ato e defesa do credor face ao empenhador (art. 669º, nº 1, CC).[194]

A entrega da coisa ou a disponibilidade dela constitui elemento essencial.

A substituição da entrega pela atribuição da composse ao credor, prevista no nº 2, pretende manter a posse da coisa no devedor empenhado, mas obrigar a que para dispor dela, careça da intervenção do credor pignoratício, por exemplo, uso de 2 chaves para abertura do cofre onde se encontra depositado o bem, uma na posse do credor, a outra na posse do devedor.

4.4. Direitos do credor pignoratício

São direitos do credor pignoratício:

a) usar em relação à coisa empenhada, das ações destinadas à defesa da posse (art. 670º, al. *a)*, CC), dado que o credor pignoratício não é um possuidor, é meramente equiparado ao possuidor;

[193] Explica ANTUNES VARELA, *Das obrigações em geral*, vol. II, p. 527.

[194] "Constituindo o penhor um direito real (de garantia), como tal oponível *erga omnes*, a principiar pelos demais credores do mesmo devedor, torna-se naturalmente da maior conveniência assegurar a publicidade do ato (...). O único meio de assegurar um mínimo de publicidade à existência da garantia e garantir alguma consistência prática ao direito do credor reside no desapossamento da coisa empenhada, imposto ao autor do penhor", ANTUNES VARELA, *Das obrigações em geral*, vol. II, p. 532.

b) ser indemnizado das benfeitorias necessárias e úteis que realize, podendo levantar estas últimas, sem deterioração da coisa (al. *b*));

c) exigir a substituição ou o reforço do penhor **ou** o cumprimento imediato da obrigação, se a coisa empenhada perecer ou se tornar insuficiente para segurança da dívida (al. *c*)).

4.5. Deveres do credor pignoratício

São deveres do credor pignoratício:

a) guardar e administrar como um proprietário diligente a coisa empenhada, respondendo pela sua existência e conservação (art. 671º, al. *a*), CC);

b) não usar a coisa sem consentimento do autor do penhor, exceto se o uso for indispensável à conservação da coisa (al. *b*));
"A regra passou a ser a do não-uso da coisa empenhada. A exceção – a possibilidade de uso – passou a vigorar apenas no caso de o uso ser essencial à conservação da coisa".[195]
Havendo uso da coisa empenhada, o autor do penhor pode exigir que o credor preste caução idónea ou que a coisa seja depositada em poder de terceiro (art. 673º, CC).

c) restituir a coisa, extinta a obrigação a que serve de garantia (al. *c*)).

4.6. Execução do penhor

Vencida a obrigação, e não cumprindo o devedor, tem o credor o direito a promover a execução para pagamento da dívida e de se fazer pagar pelo produto da venda da coisa empenhada (art. 675º, nº 1, CC).

"O que a lei continua a não permitir, fiel à clássica proibição do pacto comissório, é que o credor possa ficar com a coisa empenhada, sem avaliação ou mediante avaliação por ele efetuada".[196]

4.7. Venda antecipada

A venda antecipada surge atento o receio fundado de que a coisa empenhada se perca ou deteriore (art. 674º, CC), a lei reporta-se ao mero receio de *perda ou deterioração jurídica ou de valor*, não sendo necessário uma diminuição efetiva do valor da coisa empenhada.

[195] Pires de Lima e Antunes Varela, *op. cit.*, p. 536.

[196] Explicam Pires de Lima e Antunes Varela, *op. cit.*, p. 539.

A faculdade de proceder à venda executiva é concedida ao credor **e** ao autor do penhor (que pode não ser o devedor), mediante prévia autorização judicial (nº 2).

"Pretende-se com a venda antecipada evitar não só o prejuízo para o credor, em consequência de se tornar insuficiente a garantia, mas também o prejuízo do proprietário da coisa. Por isso a lei permite aos dois requererem-na. Já não se confere o mesmo direito ao devedor, porque este, não sendo dono da coisa, não tem interesse na venda. A perda ou deterioração da coisa não o afeta"[197].

4.8. Cessão da garantia

O direito de penhor pode ser transmitido independentemente da cessão do crédito, aplicando-se as disposições relativas à transmissão da hipoteca (art. 676º, nº 1, CC).

"Desta aplicação resulta, fundamentalmente, o seguinte:

a) Só é transmissível o penhor que não for inseparável da pessoa do devedor (art. 727º, nº 1);

b) A transmissão do penhor, independentemente da cessão do crédito garantido, só é possível a favor de outro credor do mesmo devedor (art. 727º, nº 1);

c) Se o penhor tiver sido constituído por terceiro, não pode a transmissão autónoma ou isolada ser efetuada sem o consentimento do autor (art. 737º, nº 1);

d) O penhor cedido só pode garantir o novo crédito por ele coberto nos limites do crédito originariamente garantido (art. 727º, nº 2);

e) Se o penhor recair sobre várias coisas só pode ser transmitido na totalidade e a favor da mesma pessoa (art. 728º, nº 1)".[198]

4.9. Extinção do penhor

O direito de penhor cessa com a extinção da obrigação a que serve de garantia, tal é o seu *caráter acessório* (art. 677º, CC), traduzindo-se na restituição da coisa empenhada **ou** do documento que a titula.

O penhor extingue-se, ainda, pelas causas extintas do direito da hipoteca, salvo o disposto na al. *b*), do art. 730º, CC, relativo à prescrição, pois

[197] Esclarecem Pires de Lima e Antunes Varela, *op. cit.*, p. 694.

[198] Antunes Varela, *Das obrigações em geral*, vol. II, p. 541.

"Não só é difícil a verificação da prescrição a favor de terceiro, estando a coisa, normalmente, em poder do credor pignoratício, como, tratando-se de coisa móvel, não há registo da sua aquisição".[199]

Assim, por aplicação do art. 730º, CC o penhor extingue-se:

a) pela extinção da obrigação a que serve de garantia (al. *a*)), face à *natureza acessória* do penhor.

b) pelo perecimento da coisa empenhada (al. *c*)). Perecido o objeto do penhor, extingue-se o direito de penhor.
Salvo os casos de sub-rogação real (art. 692º), caso em que se transfere o direito para o produto da indemnização devida ao dono da coisa; se o devedor da indemnização a entregar ao dono dela, pode ter que repetir a prestação em favor do credor pignoratício; e de reforço ou substituição de garantia (art. 701º), caso em que se transfere para a coisa dada em substituição ou em reforço da garantia.

c) pela renúncia do credor (al. *c*)).

4.10. Princípios gerais do penhor

a) A proibição do pacto comissório

Origem

Na Antiga Roma, permitia-se que os contratos de compra e venda e os contratos de garantia incluíssem uma cláusula designada por *Lex*[200] *Comissoria*.

O *pactum comissorio* consistia numa cláusula mediante a qual, se o devedor não cumprisse as obrigações assumidas, dentro do prazo, o credor adquiria a coisa dada em garantia, cobrando-se assim pelo crédito não satisfeito.

Quando aposta no contrato de compra e venda, a cláusula concedia ao vendedor o direito de resolver o contrato, no caso de o preço não ser pontualmente pago pelo comprador.

Quando aposta num contrato de penhor ou de hipoteca, a cláusula permitia ao credor hipotecário ou ao credor pignoratício fazer sua a coisa dada em garantia, caso o devedor não cumprisse pontualmente, a sua obrigação.

199 *Op. cit.*, p. 697.

200 O termo *Lex* é usado no sentido de *pactum*, ou seja, acordo e o termo *comissoria* tem o significado *de cadere in commissum*, ou seja, violação do pacto.

Quando inserta num contrato de garantia, a cláusula permitia que o credor se tornasse proprietário da coisa dada em garantia, caso o devedor não cumprisse a sua obrigação no tempo acordado.

A *Lex Comissoria* foi proibida, por édito, pelo Imperador Constantino em 320 d.C., em particular pela usura que o pacto permitia, dado que o valor da coisa dada em garantia ser, em regra, muito superior ao valor do crédito garantido.

Regime atual

O pacto comissório é um instituto que prevê a transferência de propriedade do bem dado em garantia para a esfera patrimonial do credor no caso de incumprimento do devedor.

O pacto é expressamente proibido no regime do penhor, nos termos do art. 694º, CC, *ex vi* art. 678º, CC. É nula a convenção pela qual o credor fará sua a coisa onerada no caso de incumprimento do devedor. Com a sua proibição, o legislador visa impedir comportamentos abusivos por parte do credor.[201]

Já quanto ao pacto marciano (o qual deve o seu nome ao jurisconsulto romano Marciano) que consiste na convenção que prevê, antecipadamente, que, no caso de incumprimento pelo devedor, o credor pode fazer seu o bem dado em garantia, mediante o pagamento de um valor que corresponde à diferença entre o valor do bem e o valor da dívida, a maioria da doutrina entende-o como admissível.

b) A inalienabilidade dos bens empenhados

É igualmente nula a convenção que proíba o respetivo dono de alienar ou onerar os bens empenhados, embora seja lícito convencionar que o crédito garantido se vencerá logo que esses bens sejam alienados ou onerados (art. 695º *ex vi* art. 678º, do CC).

[201] Segundo HUGO RAMOS ALVES, é admissível o recurso ao instituto do pacto marciano, visto que não se traduz numa vantagem injustificada para o credor. O pacto implica a transferência do bem dado em garantia para o credor mediante um pagamento de um preço justo. Além disso, refere que os credores que se sintam lesados em relação à admissão do pacto marciano, possam recorrer aos meios de conservação de garantias para defesa dos seus direitos, *Do Penhor*, Almedina, 2010, pp.134-136.

c) A indivisibilidade ou solidariedade do penhor

O penhor, por regra, é indivisível, pois subsiste na totalidade do bem até integral satisfação do crédito. No caso de pagamento de parte da dívida, o penhor irá manter-se na sua totalidade até ao cumprimento integral do crédito (art. 696º *ex vi* art, 678º, do CC).

4.11. Penhor de direitos

O regime do penhor de direitos remete para as disposições do penhor de coisas (art. 679º, CC).

O penhor de direitos só pode ser constituído quando tenha por objeto coisas móveis **e** sejam suscetíveis de transmissão (art. 680º, CC).

"O direito de superfície, o direito do condómino, o usufruto de imóveis, por exemplo, podem constituir objeto de hipoteca (art. 688º), mas já não podem ser objetos de penhor, por força da limitação traçada no artigo 680º".[202]

Ainda, "não pode constituir objeto de penhor o direito a uma prestação de facto, o direito à entrega de uma coisa imóvel, o direito a uma herança da qual façam parte bens imóveis, um direito social, etc.".[203]

4.12. Forma e publicidade

A constituição de penhor (de direitos ou de créditos) obriga às mesmas exigências de forma e publicidade para a transmissão do direito empenhado (art. 681º, nº 1, CC). Se a transmissão dos direitos empenhados exigir determinadas formalidades, deve também o penhor respeitar essas mesmas formalidades.

A eficácia do *penhor de créditos* depende da notificação ou da aceitação do devedor (nº 2), salvo tratando-se de penhor sujeito a registo, pois neste caso produz os seus efeitos a partir do registo (*in fine*).

"Entre os casos de penhor sujeito a registo, contam-se o penhor de créditos hipotecários e o penhor de créditos garantidos por consignação de rendimentos sobre bens imóveis". [204]

A ineficácia do penhor por falta de notificação ou registo não impede a aplicação do disposto do art. 583º, nº 2, CC (art. 681º, nº 3, CC). Ou seja, se

[202] ANTUNES VARELA, *Das obrigações em geral*, vol. II, p. 544.

[203] PIRES DE LIMA e ANTUNES VARELA, *op. cit.*, p. 699.

[204] ANTUNES VARELA, *Das obrigações em geral*, vol. II, p. 546.

antes da notificação ou aceitação, o devedor pagar à pessoa que constituiu o penhor ou celebrar com ela algum negócio jurídico relativo ao crédito, nem o pagamento nem o negócio é oponível ao credor pignoratício, se este alegar e provar que o devedor tinha conhecimento da existência do penhor.

Sendo necessários para o exercício do direito ou para a sua eficaz conservação e defesa, o titular do direito empenhado deve entregar ao credor pignoratício os documentos comprovativos desse direito que estiverem na sua posse em cuja conservação não tenha interesse legítimo (art. 682º, CC).

4.13. Cobrança de créditos empenhados

Antes do vencimento do crédito empenhado, não pode o credor exigir o cumprimento da obrigação.

Vencida a obrigação, mesmo antes do vencimento do penhor, o credor pignoratício deve cobrar o crédito empenhado logo que este se torne exigível, passando o penhor a incidir sobre a coisa prestada em satisfação desse crédito (art. 685º, nº 1, CC).

"Cobrado o crédito (empenhado), não se dá evidentemente a satisfação imediata do crédito garantido, que pode, inclusivamente, não se ter vencido ainda. Com a cobrança do crédito empenhado, é outro o fenómeno jurídico que se opera. O penhor, diz o nº 1 do art. 685º, passa a incidir sobre a coisa prestada em satisfação do crédito.

O penhor que até aí tinha por objeto uma coisa incorpórea, uma coisa ideal, um direito subjetivo, passa a incidir sobre a coisa material, a *res mobilis*, as mais das vezes o *dinheiro* que era objeto da prestação debitória".[205]

Tratando-se de crédito que tem por objeto a *prestação de dinheiro* (ou de outra *coisa fungível*), a prestação deve ser feita aos dois credores (ao empenhado e ao pignoratício) conjuntamente, e, na falta de acordo, pode o obrigado proceder à consignação em depósito (nº 2).

Se o mesmo crédito for objeto de vários penhores, só o credor preferente tem legitimidade para cobrar o crédito empenhado (nº 3, 1ª parte).

Credor preferente será "aquele cujo direito de penhor (sobre o crédito empenhado) foi primeiramente notificado ao devedor ou por este primeiramente aceite – mesmo que não seja o constituído em data mais antiga".[206]

[205] ANTUNES VARELA, *Das obrigações em geral*, vol. II, p. 547.

[206] ANTUNES VARELA, *Das obrigações em geral*, vol. II, p. 548.

Quanto aos *credores não preferentes*, apenas podem compelir o devedor a proceder ao pagamento (2ª parte), a finalidade será a de aproveitarem ainda algo do saldo da garantia.

O titular do crédito empenhado só pode receber a respetiva prestação com o consentimento do credor pignoratício (nº 4), "pois, se aquele pudesse cobrar o crédito, ficaria inteiramente frustrado o direito deste, além de que, pela falta da entrega da coisa, deixaria de ser legalmente possível a eficácia da garantia (cfr. art. 669º).[207]

5. Hipoteca

5.1. Noção

A hipoteca é um direito acessório da obrigação (futura ou condicional) a que serve de garantia (real), conferindo ao credor o direito de ser pago pelo valor de certos bens imóveis, ou equiparados (art. 688º, al. *f*), CC), pertencentes ao devedor ou a terceiro, *com preferência sobre os demais credores* que não gozem de privilégio especial ou de prioridade de registo (art. 686º, CC), desde que registada (art. 687º, CC).

O terceiro que constitui a hipoteca em benefício do devedor fica, através do cumprimento da obrigação, sub-rogado nos direitos do credor hipotecário, de acordo com o art. 592º, nº 1, CC. Pelo que, a hipoteca constituída por terceiro se extingue quando, por facto positivo ou negativo do credor, não possa dar-se a sub-rogação do terceiro nos direitos do credor, não devendo os bens daquele continuar vinculados ao cumprimento da obrigação (art. 717º, nº 1, CC). O caso julgado proferido em relação ao devedor produz efeitos relativamente a terceiro que haja constituído a hipoteca, nos termos em que os produz em relação ao fiador (nº 2), sendo aplicável, portanto, o disposto no art. 635º, nº 1, CC.

"A hipoteca teve uma evolução histórica semelhante ao penhor, tendo também origem na *fiducia cum creditore* do Direito Romano, embora tenha sofrido igualmente influência de um instituto de origem grega, aplicável na províncias orientais, a *hipothéké,* de onde retiraria o nome, instituto esse que consistia numa venda em garantia, subordinada à condição suspensiva do incumprimento do devedor.

Efetivamente, após a evolução da *fiducia cum creditore* para a *datio pignoris,* que representou a passagem da transferência da propriedade para

[207] Pires de Lima e Antunes Varela, *op. cit.*, p. 703.

a mera transmissão da posse, admitiu-se a possibilidade de nem sequer ocorrer essa transmissão da posse, havendo apenas uma convenção a estabelecer a garantia. Essa convenção obteve o nome de *conventio pignoris*, distinguindo-se da *datio pignoris*, por não envolver a transmissão da posse, não adquirindo consequentemente o credor o *ius possidendi*, mas apenas o *ius distrahendi*, ou seja, a faculdade de vender a coisa em caso de incumprimento."[208]

Além do *direito de preferência*, o credor hipotecário goza do *direito de sequela*, característico dos direitos reais.

A obrigatoriedade do registo permite que o credor que primeiramente proceda ao registo fique garantido face àqueles que registem a hipoteca posteriormente. A lei considera que a hipoteca não registada sofre de ineficácia, mesmo em relação às partes (art. 687º, CC). Essa ineficácia "não corresponde à inexistência ou nulidade da hipoteca. Esta é válida e pode a todo o tempo ser registada".[209]

5.2. Objeto

São hipotecáveis os *prédios rústicos* e *urbanos* (art. 688º, nº 1, al. *a*), CC), definidos no art. 204º, nº 2, CC.

"Estes prédios podem ser hipotecados em toda a sua extensão, ou seja, com os limites fixados pelo artigo 1344º e podem ser hipotecados apenas em parte, ou apenas os elementos suscetíveis de propriedade autónoma, isto é, suscetíveis de alienação em separado dos restantes elementos, nos termos do nº 2 deste mesmo artigo".[210]

E, por extensão, são igualmente hipotecáveis as *árvores*, os *arbustos* e os *frutos naturais* (enquanto estiverem ligados ao solo), os *direitos inerentes aos imóveis* e as *partes integrantes dos prédios rústicos* e *urbanos* (art. 204º, nº 1, als. *c*) a *e*) *ex vi* art. 691º, nº 1, al. *a*), do CC), as *acessões naturais* e as *benfeitorias*, salvo o direito de terceiros (art. 691º, nº 1, als. *b*) e *c*), CC).

Já as partes componentes (art. 204º, nº 3, CC) não podem ser hipotecadas dada a sua natureza de coisa móvel (como o painel solar, as telhas, as janelas).

Ainda são, igualmente, hipotecáveis o *direito de superfície* (art. 688º, nº 1, al. *c*)); o *direito resultante de concessão em bens do domínio público* (al. *d*)); o

[208] MENEZES LEITÃO, *Garantias das Obrigações*, p. 202.

[209] Esclarecem PIRES DE LIMA e ANTUNES VARELA, *op. cit.*, p. 706.

[210] PIRES DE LIMA e ANTUNES VARELA, *op. cit.*, p. 707.

usufruto (al. *e*)) e as *coisas móveis que a lei equipara aos imóveis*, para efeito da constituição da garantia hipotecária, como os navios, automóveis e aeronaves (al. *f*)).

A *quota de coisa* ou *direito comum* também são hipotecáveis (art. 689º, nº 1, CC), sem prejudicar o direito dos consortes requererem ou procederem à divisão da coisa ou do direito comum.

Havendo divisão da coisa ou direito comum com o consentimento do credor, a hipoteca é limitada à parte atribuída ao devedor (nº 2).

Havendo divisão da coisa ou direito comum sem o consentimento do credor, e na ausência de previsão legal, entende-se que o direito hipotecário não é atingido, continuando a incidir sobre a quota ideal da coisa (nº 2, *a contrario*).

Já não é hipotecável a meação dos bens comuns do casal nem tão pouco a quota da herança indivisa (art. 690º, CC). Quanto à meação dos bens comuns do casal, face ao propósito da sociedade conjugal, não permite a lei que metade dos bens comuns fique em poder de um terceiro. Quanto à quota da herança indivisa, entre outros motivos, impede-se a hipoteca pela necessidade de serem determinadas as coisas hipotecadas (art. 686º, CC).

A hipoteca assegura os *acessórios do crédito* que constem do registo (art. 693º, nº 1), como os juros, as despesas de constituição da hipoteca e do registo desta.

5.3. Princípios gerais

a) A proibição do pacto comissório

É nula a convenção pela qual o credor fará sua a coisa onerada no caso de o devedor não cumprir (art. 694º, CC).

Quer quanto aos *pactos comissórios reais* (pelos quais a coisa se transfere para o credor pelo não cumprimento da obrigação garantida), quer quanto aos *pactos comissórios obrigacionais* (que permitiriam ao credor o direito de crédito quanto às transmissões).

A nulidade do pacto comissório não implica a nulidade de todo o negócio, aplicando-se o regime do art. 292º, CC, sobre redução dos negócios jurídicos.

b) A inalienabilidade dos bens hipotecados

É nula a convenção que proíba o dono de alienar ou onerar os bens hipotecados (art. 695º, 1ª parte), pois é de recear uma atitude usurária por parte do credor, "agravada, no caso de inalienabilidade dos bens hipotecados, com uma *capitis deminutio* do devedor, aliás injustificável, já que, com a alienação ou oneração da coisa, em nada são prejudicados os direitos do credor, dados os direitos de sequela e de prioridade que lhe são atribuídos".[211]

Embora seja lícito convencionar que o crédito hipotecário se vencerá logo que esses bens sejam alienados ou onerados (2ª parte).

c) A indivisibilidade ou solidariedade da hipoteca

Salvo convenção em contrário, a hipoteca é indivisível, subsistindo por inteiro, até integral satisfação do crédito, sobre cada uma das coisas oneradas e sobre cada uma das partes que as constituam, ainda que a coisa ou o crédito seja dividido **ou** este se encontre parcialmente satisfeito (art. 696º, CC).

Assim, "se a hipoteca recair sobre dois ou mais prédios, homogéneos, a garantia recai *por inteiro* sobre cada um deles e não apenas parcelarmente, ou fragmentariamente, em proporção ao valor de cada um deles. (...) Por outro lado, se o crédito garantido se fracionar, v. gr., mercê da sua cessão parcial a um ou mais cessionários, qualquer dos credores goza do poder de executar o seu crédito, por inteiro, sobre o imóvel ou imóveis onerados".[212]

5.4. Substituição ou reforço da hipoteca

Quando, por causa *não imputável ao credor*, a coisa hipotecada perecer **ou** a hipoteca se tornar insuficiente para segurança da obrigação, tem o credor o direito de exigir que o devedor a substitua ou reforce; caso este não o faça, pode o credor exigir o imediato cumprimento da obrigação **ou**, tratando-se de obrigação futura, registar hipoteca sobre outros bens do devedor (art. 701º, nº 1, CC). "Praticamente (...), salvo por vontade do credor, a disposição deste artigo 701º é apenas aplicável no caso de a perda ou diminuição serem devidas a caso fortuito, sem culpa do credor ou do devedor".[213]

No caso de a hipoteca ter sido constituída *por terceiro*, se a diminuição da garantia for devida a culpa do garante (terceiro), o credor tem o direito de exigir ao terceiro (e não ao devedor) a substituição **ou** o reforço da hipoteca, caso este não o faça, pode o credor exigir o imediato cumprimento

[211] Pires de Lima e Antunes Varela, *op. cit.*, p. 718.

[212] Elucida Antunes Varela, *Das Obrigações em geral*, vol. II, p. 556.

[213] Pires de Lima e Antunes Varela, *op. cit.*, p. 724.

da obrigação **ou**, tratando-se de obrigação futura, registar hipoteca sobre outros bens do devedor (nº 2).

Este entendimento está conforme com o preceituado no art. 780º, nº 2, 1ª parte, CC, relativo à exigência de cumprimento imediato da obrigação.

5.5. Seguro

Quando o devedor se comprometa a segurar a coisa hipotecada **e** não a segure no prazo devido **ou** deixe rescindir o contrato por falta de pagamento dos respetivos prémios, tem o credor a faculdade de segurá-la à custa do devedor, embora o não possa fazer por um valor excessivo, sob pena de o devedor exigir a redução contratual (art. 702º, nº 1, CC).

Em lugar do seguro, pode o credor reclamar, o imediato cumprimento da obrigação (nº 2).

5.6. Espécies de hipotecas

As hipotecas são legais, judiciais ou voluntárias (art. 703º, CC).

5.7. Hipotecas legais

As hipotecas legais resultam imediatamente da lei, sem dependência da vontade das partes, **e** podem constituir-se desde que exista a obrigação a que servem de segurança (art. 704º, CC). Apesar de resultar da lei, a hipoteca não opera *ope legis*, carece de ser constituída e registada (art. 687º, CC).

O legislador quis proteger determinados credores, como explica Vaz Serra, "que não poderiam obter o consentimento do devedor para uma hipoteca convencional ou só o poderiam obter com dificuldade ou sacrificando a natural delicadeza existente nas relações entre credor e devedor".[214]

5.7.1. Credores com hipoteca legal

Os credores com hipoteca legal são os constantes do art. 705º, CC. Assim, estão contemplados:

- O Estado e das autarquias locais, sobre os bens cujos rendimentos estão sujeitos ao IMI[215], para garantia do pagamento desta contribuição (al. *a*));

[214] Citado por Pires de Lima e Antunes Varela, *op. cit.*, p. 726.

[215] O Decreto-Lei nº 45104, de 1 de julho de 1965 aprovou o Código da Contribuição Predial. O Decreto-Lei nº 442-B/88, de 30 de novembro aboliu a contribuição predial (art. 3º).

- O Estado e as demais pessoas coletivas públicas, sobre os bens dos encarregados da gestão de fundos públicos, para garantia do cumprimento das obrigações por que se tornem responsáveis (al. *b*));
- O menor, o interdito e o inabilitado, sobre os bens do tutor, curador e administrador legal, para assegurar a responsabilidade que nestas qualidades vierem a assumir (al. *c*)). Quanto aos inabilitados, em princípio, os respetivos curadores não possuem a administração do seu património, e não podem, em consequência, assumir qualquer espécie de responsabilidade. A lei reporta-se apenas ao caso excecional previsto no art. 154º, CC. É de aplicar, neste caso, o previsto no art. 706º, nº 1, CC. A determinação do valor da hipoteca estabelecida a favor do menor, interdito ou inabilitado, para efeito do registo, e a designação dos bens sobre que há-de ser registada cabem ao conselho de família.
- O credor por alimentos (al. *d*)), quer por força da lei (art. 2009º, CC), quer por negócio jurídico (art. 2014º, CC);
- O coherdeiro, sobre os bens adjudicados ao devedor de tornas, para garantir o pagamento destas (al. *e*)), tendo o credor o direito de reforçar a hipoteca se a garantia puder continuar a incidir sobre os bens aí especificados (art. 709º, CC);
- O legatário de dinheiro ou outra coisa fungível (art. 207º, CC), sobre os bens sujeitos ao encargo do legado ou, na sua falta, sobre os bens que os herdeiros responsáveis houveram do testador (al. *f*)), tendo o credor o direito de reforçar a hipoteca se a garantia puder continuar a incidir sobre os bens aí especificados (art. 709º, CC).

5.7.2. Substituição da hipoteca

O tribunal pode autorizar, a requerimento do devedor, a substituição da hipoteca legal por outra caução (art. 707º, nº 1, CC). Assim como no caso de o devedor não possuir bens suscetíveis de hipoteca, suficientes para garantir o crédito, pode o credor exigir outra caução (nos termos do artigo

O Decreto-Lei nº 287/2003, de 12 de novembro aprovou os novos Códigos do Imposto Municipal sobre Imóveis (CIMI, de acordo com o art. 28º, nº 1: "Todos os textos legais que mencionam Código da Contribuição Autárquica ou contribuição autárquica consideram-se referidos ao Código do Imposto Municipal sobre Imóveis (CIMI) ou ao imposto municipal sobre imóveis (IMI)".

625º), salvo nos casos das hipotecas destinadas a garantir o pagamento das tornas ou do legado de dinheiro ou outra coisa fungível (nº 2).

5.7.3. Objeto

A hipoteca legal pode assumir o tipo de *hipoteca geral*, sem prejuízo do direito de redução (art. 708º, CC).

5.8. Hipotecas judiciais

As hipotecas judiciais nascem da sentença condenatória (mesmo não transitada em julgado) do devedor à realização de uma prestação em dinheiro ou outra coisa fungível (art. 710º, nº 1, CC).

Mantendo-se o direito do devedor exigir a redução da hipoteca (art. 720º, CC).

Se a prestação for ilíquida, pode a hipoteca ser registada pelo quantitativo provável do crédito (art. 710º, nº 2, CC).

Se o devedor for condenado a entregar uma coisa ou a prestar um facto, só pode ser registada a hipoteca havendo conversão da prestação numa indemnização pecuniária (nº 3).

5.9. Hipotecas voluntárias

As hipotecas voluntárias nascem de contrato **ou** declaração unilateral (art. 712º, CC).

A hipoteca constituída não impede o dono dos bens de os hipotecar de novo; neste caso, extinta uma das hipotecas, ficam os bens a garantir, na sua totalidade, as restantes dívidas hipotecárias (art. 713º, CC).

Sem prejuízo do disposto em lei especial, o ato de constituição ou modificação da hipoteca voluntária, quando recaia sobre bens imóveis, deve constar de escritura pública, de testamento ou de documento particular autenticado (art. 714º, CC) e ser sujeito a registo (art. 687º, CC).

Só tem legitimidade para hipotecar quem puder alienar os respetivos bens (art. 715º, CC). Assim, além do proprietário do bem ou titular do direito, podem igualmente hipotecar quem possua poderes de alienação, como os pais face aos bens dos filhos menores, e os tutores face aos bens dos pupilos, desde que autorizados pelo tribunal (respetivamente, arts. 1889º, nº 1, al. *a*) e 1938º, nº 1, al. *a*), CC).

Proíbe-se a hipoteca geral (art. 716º, CC). Escrevia VAZ SERRA, "Com tais hipotecas, o devedor entrega o seu crédito imobiliário nas mãos do credor, que pode, a seu talante, registá-las sobre quaisquer bens, presentes ou futuros, do mesmo devedor. É certo que este conserva o direito de redução, mas a redução exige um processo judicial mais ou menos incómodo".[216]

A redução da hipoteca voluntária só é permitida:

- porque a dívida foi sendo amortizada e em virtude desse cumprimento parcial ou de outra causa de extinção, o crédito garantido ficar reduzido a menos de dois terços do seu montante inicial (art. 720º, nº 2, al. *a*), CC);
- se os bens hipotecados aumentaram de valor em mais de um terço à data da constituição da hipoteca, em virtude de acessões naturais ou benfeitorias (al. *b*)).

5.10. Registo da hipoteca

A hipoteca deve ser registada, sob pena de não produzir efeitos mesmo *inter partes* (art. 687º, CC).

Como vimos, nas hipotecas judiciais e nas hipotecas voluntárias, a hipoteca nasce, respetivamente, da sentença, do contrato ou da declaração unilateral, "que é o seu título constitutivo, não sendo o *registo* senão um requisito de *eficácia* da garantia, quer em relação a terceiros, quer perante as próprias partes (art. 687º). Nas hipotecas legais, o ato de registo é que constitui o berço da garantia, porque a hipoteca não tem existência jurídica antes do registo, no qual se especificam os bens onerados e se fixa a identidade, especialmente o montante, do crédito assegurado".[217]

5.11. Redução da hipoteca

A redução da hipoteca pode ser voluntária **ou** judicial (art. 718º, CC).
A *redução voluntária* só pode ser consentida pelo credor com capacidade de disposição (credor garantido), dado tratar-se de uma redução que pode implicar uma diminuição do que lhe é devido, aplicando-se à redução voluntária, o regime da renúncia à hipoteca (arts. 719º e 731º, CC).

Ou seja, a redução voluntária deve ser expressamente declarada por quem dela for beneficiário, escrita em documento que contenha a assinatura do credor reconhecida presencialmente (salvo se for feita na presença de funcionário da conservatória competente para o registo) e não carece

[216] Citado por Pires de Lima e Antunes Varela, *op. cit.*, p. 737.

[217] Antunes Varela, *Das obrigações em geral*, vol. II, p. 551.

de aceitação do devedor ou do autor da hipoteca (garante) para produzir os seus efeitos.

A *redução judicial* (que ocorre nas hipotecas legais e judiciais) tem lugar, a requerimento de qualquer interessado (devedor, autor da hipoteca, credores com hipoteca posterior, credores não garantidos), respeitando aos bens ou à quantia destinada como montante do crédito (art. 720º, nº 1, 1ª parte, CC). Esta faculdade é afastada havendo menção expressa (por convenção ou sentença) dos bens onerados ou da quantia assegurada (2ª parte).

A redução só é permitida:

- porque a dívida foi sendo amortizada e em virtude desse cumprimento parcial ou de outra causa de extinção, o crédito garantido ficar reduzido a menos de dois terços do seu montante inicial (nº 2, al. *a*));
- se os bens hipotecados aumentaram de valor em mais de um terço à data da constituição da hipoteca, em virtude de acessões naturais ou benfeitorias (al. *b*)).

A redução é realizável, quanto aos bens, ainda que a hipoteca tenha por objeto uma só coisa **ou** direito, desde que a coisa ou direito seja suscetível de cómoda divisão, para não prejudicar o devedor no seu património (nº 3).

5.12. Transmissão dos bens hipotecados

A expurgação da hipoteca "consiste na faculdade reconhecida ao adquirente do imóvel onerado de eliminar (expurgar) a hipoteca, para que o imóvel fique nas suas mãos livres de encargos. (...). Claro que essa faculdade concedida ao novo proprietário só se compreende desde que ela não envolva demasiado sacrifício para o credor hipotecário".[218]

A expurgação da hipoteca ocorre:

- pelo pagamento integral aos credores hipotecários da dívida a que os bens estão hipotecados (art. 721º, al. *a*), CC);
- pela declaração do novo adquirente de que está pronto a entregar aos credores, para pagamento dos seus créditos, até à quantia pela qual obteve os bens, **ou** aquela em que os estima, quando a aquisição tenha sido feita por título gratuito ou não tenha havido fixação de preço (al. *b*)).

[218] Indica ANTUNES VARELA, *Das obrigações em geral*, vol. II, p. 556.

O direito de expurgação é extensivo ao doador ou aos seus herdeiros, relativamente aos bens hipotecados pelo donatário que venham ao poder daqueles em consequência da revogação da liberalidade por ingratidão do donatário, **ou** da sua redução por inoficiosidade (art. 722º, CC).

A sentença que declarar os bens livres de hipotecas em consequência de expurgação não será proferida sem se mostrar que foram citados todos os credores hipotecários (art. 723º, nº 1, CC).

O credor que, tendo a hipoteca registada, não for citado nem comparecer espontaneamente em juízo não perde os seus direitos de credor hipotecário, seja qual for a sentença proferida em relação aos outros credores (nº 2).

Se o requerente da expurgação não depositar a importância devida, fica o requerimento sem efeito e não pode ser renovado, sem prejuízo da responsabilidade do requerente pelos danos causados aos credores (nº 3).

Se o adquirente da coisa hipotecada tinha, anteriormente à aquisição, algum *direito real* sobre ela, esse direito renasce no caso de venda executiva **ou** de expurgação da hipoteca **e** é atendido em harmonia com as regras legais relativas a essa venda (art. 724º, nº 1, CC).

Renascem do mesmo modo **e** são incluídas na venda as *servidões* que, à data do registo da hipoteca, oneravam algum prédio do terceiro adquirente em benefício do prédio hipotecado (nº 2).

O credor hipotecário pode, *antes do vencimento do prazo,* exercer o seu direito contra o adquirente da coisa **ou** direito hipotecado se, por culpa deste, diminuir a segurança do crédito (art. 725º, CC), exigindo, portanto, o cumprimento da obrigação, não obstante o prazo ter sido estabelecido em benefício do devedor (art. 780º, nº 1, CC), decorrendo daí a perda do benefício do prazo.

Em lugar do cumprimento da obrigação, o credor pode exigir a substituição ou reforço da garantia (art. 701º, nº 1, CC).

Para os efeitos dos artigos 1269º (perda ou deterioração da coisa), 1270º (Frutos na posse de boa-fé) e 1275º (Benfeitorias voluptuárias), o terceiro adquirente é havido como possuidor de boa-fé, na *execução,* até ao registo da penhora, e, na *expurgação da hipoteca,* até à venda judicial da coisa **ou** direito.

5.13. Transmissão da hipoteca

A hipoteca, em princípio, transmite-se com o próprio crédito que garante. No entanto, admite-se a *transmissão autónoma* da hipoteca (art. 727º, CC).

Assim, a hipoteca pode garantir o crédito de *outro credor do mesmo devedor*. Para tal, não pode a hipoteca ser inseparável da pessoa do devedor (por exemplo, a hipoteca que recaia sobre o obrigado à prestação de alimentos, art. 705º, al. *d*), CC) e o cessionário terá que ser credor do mesmo devedor (nº 1).

"São duas as formas de transmissão (autónoma) da hipoteca previstas e reguladas na lei: uma, feita pelo credor hipotecário a favor do credor comum do mesmo devedor, que abrange toda a garantia; outra, mais sofisticada, realizada pelo credor hipotecário a favor de outro hipotecário, que no fundo se limita a uma simples cessão do grau da hipoteca".[219]

Em resultado do *princípio da indivisibilidade da hipoteca*, o credor com hipoteca sobre mais de uma coisa **ou** direito só pode cedê-la à mesma pessoa e na sua totalidade (nº 2).

A transmissão da hipoteca não pode colocar o devedor em posição mais onerosa, pelo que a hipoteca cedida garante o novo crédito *nos limites do crédito originariamente garantido* (art. 728º, nº 1, CC). Registada a cessão, a extinção do crédito originário não afeta a subsistência da hipoteca, autonomizando-se esta no crédito que lhe deu origem (nº 2).

O art. 729º, CC permite a cessão do grau hipotecário, o qual é fixado pela data do registo.

5.14. Extinção da hipoteca

A hipoteca extingue-se:

- Pela extinção da obrigação a que serve de garantia, face ao seu *caráter acessório* (art. 730º, al. *a*), CC);
- Por prescrição, decorridos cumulativamente, cinco anos sobre o vencimento da obrigação a favor de terceiro adquirente do prédio hipotecado, decorridos vinte anos sobre o registo da aquisição (al. *b*)). "Entendeu-se que devia proteger-se a situação de terceiro adquirente do prédio hipotecado, quando a garantia não seja exercida para além de certo período de tempo. Esse período, para acautelar em termos razoáveis o direito do credor e para justificar a tutela excecional do adquirente do imóvel onerado, define-se por uma dupla coordenada temporal. Para que esta espécie de *favor libertatis* funcione em favor do terceiro adquirente, é efetivamente necessário

[219] Indica ANTUNES VARELA, *Das obrigações em geral*, p. 559.

que tenham decorridos, por um lado, vinte anos sobre o registo da aquisição e, por outro, cinco sobre o vencimento da obrigação".[220]

Pelo exposto, bem se vê a excessividade do prazo de prescrição face aos tempos atuais.

- Pelo perecimento total da coisa hipotecada (pois sendo parcial, mantém-se em relação à parte existente, art. 696º, CC), sem prejuízo do disposto nos artigos 692º (transferência do direito para a quantia paga a título de indemnização) e 701º (substituição da coisa que pereceu por causa não imputável ao credor), segundo a al. *c*);
- Pela renúncia do credor (al. *d*)).
  "Ao referirem a renúncia como facto extintivo das obrigações, os arts 730 a 732 parecem ter em vista a abdicação do direito de hipoteca – e não todos os atos que declarem que hipoteca pode ser cancelada (nomeadamente por a obrigação garantida estar extinta), pois esses atos podem não representar qualquer abdicação de um direito. Esse entendimento não só é o que mais respeita a letra da lei como é o único que permite dar conteúdo útil ao nº 2 do art. 731"[221].

Sendo, ainda de aplicar outras causas de extinção da hipoteca, nomeadamente, o decurso do prazo fixado para a sua duração, a verificação de condição resolutiva a que ficou subordinada.

Para proteção de terceiros, se a causa extintiva da obrigação for declarada nula ou anulada, ou ficar por outro motivo sem efeito, a hipoteca, se a inscrição tiver sido cancelada, renasce apenas desde a data da nova inscrição (art. 732º, CC).

5.15. Renúncia à hipoteca

A renúncia à hipoteca deve ser expressa (para segurança da vontade do credor e para facilitar o cancelamento do registo) **e** escrita em documento que contenha a assinatura do renunciante reconhecida presencialmente, salvo se esta for feita na presença de funcionário da conservatória competente para o registo, não carecendo de aceitação do devedor ou do autor

[220] Esclarece ANTUNES VARELA, *Das obrigações em geral*, p. 563.

[221] RUI PINTO DUARTE, *Código civil Anotado*, AA.VV, *op. cit.*, p. 909.

da hipoteca para produzir os seus efeitos, dado ser um negócio jurídico unilateral (art. 731º, nº 1, CC). Os administradores de patrimónios alheios não podem renunciar às hipotecas constituídas em benefício das pessoas cujos patrimónios administram (nº 2).

Para proteção de terceiros, se a renúncia do credor à garantia for declarada nula ou anulada, ou ficar por outro motivo sem efeito, a hipoteca, se a inscrição tiver sido cancelada, renasce apenas desde a data da nova inscrição (art. 732º, CC).

6. Privilégios creditórios

Entende-se por privilégio creditório a faculdade, conferida por lei, *a certos credores* de serem pagos com preferência sobre os demais, em atenção à *causa dos seus créditos*, independentemente do registo (art. 733º, CC).

"O privilégio caracteriza-se, em primeiro lugar, pela sua fonte. Deriva sempre da lei e nunca de negócio jurídico, ao contrário do que acontece normalmente com as restantes garantias. É, em segundo lugar, por atenção à causa do crédito, e nisto se aproxima da hipoteca legal, que a lei o confere a certos credores. Essas causas vêm indicadas em todos os privilégios, mobiliários e imobiliários, referidos nos artigos 736º e seguintes. Por último, mesmo que recaia sobre bens imóveis, não está sujeito a registo, como expressamente o declara o artigo 733º".[222]

O *caráter real* do privilégio apresenta-se na preferência concedida ao credor de ser pago com preferência a outros credores, bem como na preferência que o privilégio tem, em certos casos, sobre o direito de terceiros adquirentes da coisa (arts. 750º e 751º, CC).

O privilégio creditório abrange os juros relativos aos últimos dois anos, se forem devidos (art. 734º, CC).

6.1. Espécies

Os privilégios podem ser mobiliários e imobiliários (art. 735º, nº 1, CC). Os *privilégios mobiliários* são *gerais*, se abrangem o valor de todos os bens móveis existentes no património do devedor à data da penhora ou de ato equivalente (nº 2, 1ª parte).

São *especiais* se compreendem **só** o valor de determinados bens móveis (nº 2, 2ª parte).

[222] Explicam Pires de Lima e Antunes Varela, *op. cit.*, p. 737.

Os *privilégios imobiliários*, estabelecidos na lei civil, são sempre *especiais* (nº 3).

Nesta parte do Direito das Obrigações é manifesta a desatualização do CC no que concerne aos temas de incidência fiscal.

6.2. Privilégios mobiliários gerais[223]

Gozam de privilégios geral sobre os móveis:

- O Estado e as autarquias locais têm privilégio mobiliário geral para garantia dos créditos por *impostos indiretos*, sem limitações temporais (art. 736º, nº 1, 1ª parte, CC).
  E também pelos *impostos diretos* inscritos para cobrança no ano corrente na data da penhora, ou ato equivalente, mas apenas nos dois anos anteriores (2ª parte).
  Este privilégio não compreende o imposto municipal sobre as transmissões onerosas de imóveis ou o imposto do selo[224], nem quaisquer outros impostos que gozem de privilégio especial (art. 736º, nº 2, CC).
  Esta solução pretende "não acumular desnecessária e injustificadamente garantias em benefício dos créditos fiscais do Estado ou das autarquias".[225]
- O crédito por despesas do funeral do devedor, conforme a sua condição e costume da terra (art. 737º, nº 1, al. *a*), CC).
  Neste crédito compreende-se para além da inumação do cadáver, as exéquias fúnebres necessárias face à *condição* do defunto. Não são contempladas a construção de jazigo ou mausoléu.[226]

[223] Para além dos enunciados na lei civil, adicionaram-se outros, constantes do regime avulso, considerados mais recorrentes.

[224] De acordo com o art. 28º, nº 2, do Decreto-Lei nº 287/2003, de 12.11: Todos os textos legais que mencionem Código do Imposto Municipal de Sisa e do Imposto sobre as Sucessões e Doações, imposto municipal de sisa ou imposto sobre as sucessões e doações consideram-se referidos ao Código do Imposto Municipal sobre as Transmissões Onerosas de Imóveis (CIMT), ao Código do Imposto do Selo, ao imposto municipal sobre as transmissões onerosas de imóveis (IMT) e ao imposto do selo, respetivamente.

[225] Pires de Lima e Antunes Varela, *op. cit.*, p. 757. Os créditos do Estado resultantes do imposto do selo tem privilégio sobre os bens transmitidos, móveis (art. 738º, nº 2, CC) ou imóveis (art. 744º, nº 2, 2ª parte, CC).
Os créditos do Estado pelo imposto municipal sobre as transmissões onerosas de imóveis tem privilégio sobre os bens transmitidos (art. 744º, nº 2, 1ª parte, CC).

[226] Pires de Lima e Antunes Varela, *op. cit.*, p. 759.

- O crédito por despesas com doenças do devedor ou de pessoas a quem este deva prestar alimentos, relativo aos últimos seis meses (nº 1, al. *b*)). Atende-se às despesas médicas e medicamentosas, bem como a todas as necessárias para a cura do devedor ou de pessoas a quem este deva prestar alimentos. O prazo de seis meses conta-se a partir da morte do devedor ou do pedido de pagamento (nº 2).
- O crédito por despesas indispensáveis para o sustento do devedor e das pessoas a quem este tenha a obrigação de prestar alimentos, relativo aos últimos seis meses (nº 1, al. *c*)). A obrigação de prestar alimentos compreende o sustento, habitação, vestuário, instrução e educação (art. 2003º, CC). O prazo de seis meses conta-se a partir da morte do devedor ou do pedido de pagamento (nº 2).
- O crédito do trabalhador emergente de contrato de trabalho, ou da sua violação ou cessação (nº 1, al *d*)).[227]
- O crédito proveniente do direito à reparação por acidente de trabalho e de doenças profissionais (art. 78º, da Lei nº 98/2009, de 04.09., que aprovou o regime de reparação de acidentes de trabalho e de doenças profissionais[228]), que beneficiam do regime atribuído aos créditos laborais.
- O crédito da segurança social por contribuições, quotizações e respetivos juros de mora (art. 204º, nº 1, da Lei nº 110/2009, de 16.09., que aprovou o Código dos Regimes Contributivos do Sistema Previdencial de Segurança Social[229]).

[227] A al. *d*) deve ler-se: *Os créditos do trabalhador emergente de contrato de trabalho, ou da sua violação ou cessação* e não os créditos emergentes do contrato de trabalho, ou da violação ou cessação deste contrato, pertencentes ao trabalhador e relativos aos últimos seis meses, pois tal alínea foi revogada tacitamente pela Lei nº 17/86, de 14.06. (LSA).
O art. 333º, nº 1, do CT/2009 indica que:
"Os créditos do trabalhador emergentes de contrato de trabalho, ou da sua violação ou cessação gozam dos seguintes privilégios creditórios:
a) Privilégio mobiliário geral;
b) Privilégio imobiliário especial sobre bem imóvel do empregador no qual o trabalhador presta a sua atividade".

[228] O art. 78º dispõe que: "Os créditos provenientes do direito à reparação estabelecida na presente lei são inalienáveis, impenhoráveis e irrenunciáveis e gozam das garantias consignadas no Código do Trabalho".

[229] O art. 204º dispõe que: "1 – Os créditos da segurança social por contribuições, quotizações e respetivos juros de mora gozam de privilégio mobiliário geral, graduando-se nos termos referidos na alínea *a*) do nº 1 do artigo 747º do Código Civil".
2 – Este privilégio prevalece sobre qualquer penhor, ainda que de constituição anterior.

- O crédito da Fazenda Pública para pagamento do IRS relativo aos três últimos anos (art. 111º, CIRS[230]).
- O crédito da Fazenda Pública para pagamento do IRC relativo aos três últimos anos (art. 116º, CIRC[231]).

6.3. Privilégios mobiliários especiais

Gozam de privilégios geral sobre os móveis:

- O crédito por despesas de justiça feitas (que hoje, corresponde ao conceito custas processuais, arts. 529º e 533º, CPC) diretamente no interesse comum dos credores, para a conservação, execução ou liquidação de bens móveis (art. 738º, nº 1, CC).
  Para que exista tal privilégio são necessárias três condições, segundo VAZ SERRA, "*a*) Que as despesas tenham sido feitas num processo para conservar, executar ou liquidar os bens do devedor (selos, inventário, despesas de depósito, etc.); *b*) Que os credores sejam pessoas intervenientes no processo e que os seus créditos resultem da conservação, execução ou liquidação dos bens (fisco, peritos, funcionários de justiça, depositários, etc.); *c*) Que as despesas tenham sido feitas no interesse de todos os credores a que é oposto o privilégio (o que exclui, por exemplo, as despesas feitas com a impugnação pauliana, que apenas aproveita, fora da falência ou insolvência, ao credor que a intenta)".[232]
- O crédito do Estado sobre bens móveis transmitidos resultantes do imposto de selo (nº 2).
- O crédito pelos fornecimentos de sementes, plantas e adubos, e de água ou energia para irrigação ou outros fins agrícolas (art. 739º, al. *a*), CC)[233].

[230] O art. 111º dispõe que: "Para pagamento do IRS relativo aos três últimos anos, a Fazenda Pública goza de privilégio mobiliário geral e privilégio imobiliário sobre os bens existentes no património do sujeito passivo à data da penhora ou outro ato equivalente".

[231] O art. 116º dispõe que: "Para pagamento do IRC relativo aos três últimos anos, a Fazenda Pública goza de privilégio mobiliário geral e privilégio imobiliário sobre os bens existentes no património do sujeito passivo à data da penhora ou outro ato equivalente".

[232] Citado por PIRES DE LIMA e ANTUNES VARELA, *op. cit.*, p. 761.

[233] A al. *b*), relativa aos *créditos por dívidas de foros relativos ao ano corrente na data da penhora, ou ato equivalente, e ao ano anterior*, e o art. 740º, CC (*Privilégio sobre as rendas dos prédios urbanos*) foram revogados tacitamente pelo Decreto-Lei nº 195-A/76, de 16.03. que aboliu a enfiteuse.

- O crédito da vítima de um facto que implique responsabilidade civil (por facto ilícito (art. 483º e ss, CC) ou pelo risco (art. 499º e ss, CC) tem privilégio sobre a indemnização devida pelo segurador da responsabilidade em que o lesante haja incorrido (art. 741º, CC).
- O crédito do autor de obra intelectual, fundado em contrato de edição, tem privilégio sobre os exemplares da obra existentes em poder do editor (art. 742º, CC).

6.4. Privilégios imobiliários[234]

Gozam de privilégio imobiliário:

- O crédito por *despesas de justiça* (que hoje, corresponde ao conceito custas processuais, arts. 529º e 533º, CPC) feitas diretamente no interesse comum dos credores, para a conservação, execução ou liquidação dos bens imóveis (art. 743º, CC).
- O crédito por imposto municipal sobre imóveis[235] devido ao Estado ou às autarquias locais, inscritos para cobrança no ano corrente na data da penhora, ou ato equivalente, e nos dois anos anteriores, têm privilégio sobre os bens cujos rendimentos estão sujeitos àquele imposto (art. 744º, nº 1, CC).
  Os créditos do Estado pelo imposto municipal sobre transmissão onerosa de imóveis e pelo imposto do selo têm privilégio sobre os bens transmitidos (nº 2).
- O crédito do trabalhador sobre bem imóvel do empregador no qual presta a sua atividade (art. 333º, nº 1, al. *b*), do CT)[236].

O art. 740º, CC (Privilégio sobre as rendas dos prédios urbanos) foi revogado pelo Decreto-Lei nº 195-A776, de 16 de março.

234 Para além dos enunciados na lei civil, adicionaram-se outros, constantes do regime avulso, considerados mais recorrentes.

235 O Decreto-Lei nº 45104, de 1 de julho de 1965 aprovou o Código da Contribuição Predial. O Decreto-Lei nº 442-B/88, de 30 de novembro aboliu a contribuição predial (art. 3º). O Decreto-Lei nº 287/2003 de 12 de novembro aprovou os novos Códigos do Imposto Municipal sobre Imóveis (CIMI, de acordo com o art. 28º, nº 1: "Todos os textos legais que mencionam Código da Contribuição Autárquica ou contribuição autárquica consideram-se referidos ao Código do Imposto Municipal sobre Imóveis (CIMI) ou ao imposto municipal sobre imóveis (IMI)".

236 O art. 333º, nº 1, do CT/2009 indica que:
"Os créditos do trabalhador emergentes de contrato de trabalho, ou da sua violação ou cessação gozam dos seguintes privilégios creditórios:
a) Privilégio mobiliário geral;

- O crédito proveniente do direito à reparação por acidentes de trabalho e doenças profissionais que beneficia do regime atribuído aos créditos laborais (art. 78º, da Lei nº 98/2009, de 04.09.)[237].
- O crédito da segurança social por contribuições, quotizações e respetivos juros de mora sobre os bens imóveis existentes no património do contribuinte à data da instauração do processo executivo (art. 205º, Lei nº 110/2009, de 16.09.[238]);
- O crédito da Fazenda Pública para pagamento do IRS relativo aos três últimos anos (art. 111º, CIRS)[239];
- O crédito da Fazenda Pública para pagamento do IRC relativo aos três últimos anos (art. 116º, CIRC)[240].

6.5. Graduação dos créditos

Dá-se sempre **prioridade absoluta** aos privilégios por *despesas de justiça*, quer sejam mobiliários, quer imobiliários. Estes têm preferência não só sobre os demais privilégios creditórios, como sobre as outras garantias, mesmo anteriores, que onerem os mesmos bens, e valem contra os terceiros adquirentes (art. 746º, CC).

a) Créditos com privilégio mobiliário

- O crédito do trabalhador emergente de contrato de trabalho, ou da sua violação ou cessação (art. 333º, nº 2, al. *a*), CT[241]) e o cré-

b) Privilégio imobiliário especial sobre bem imóvel do empregador no qual o trabalhador presta a sua atividade".

[237] O art. 78º dispõe que: "Os créditos provenientes do direito à reparação estabelecida na presente lei são inalienáveis, impenhoráveis e irrenunciáveis e gozam das garantias consignadas no Código do Trabalho".

[238] O art. 205º dispõe que: "Os créditos da segurança social por contribuições, quotizações e respectivos juros de mora gozam de privilégio imobiliário sobre os bens imóveis existentes no património do contribuinte à data da instauração do processo executivo, graduando-se logo após os créditos referidos no artigo 748º do Código Civil".

[239] O art. 111º dispõe que: "Para pagamento do IRS relativo aos três últimos anos, a Fazenda Pública goza de privilégio mobiliário geral e privilégio imobiliário sobre os bens existentes no património do sujeito passivo à data da penhora ou outro ato equivalente".

[240] O art. 116º dispõe que: "Para pagamento do IRC relativo aos três últimos anos, a Fazenda Pública goza de privilégio mobiliário geral e privilégio imobiliário sobre os bens existentes no património do sujeito passivo à data da penhora ou outro ato equivalente".

[241] A al. *a*) dispõe que: "O crédito com privilégio mobiliário geral é graduado antes de crédito referido no nº 1 do artigo 747º do Código Civil".

dito proveniente do direito à reparação por acidente de trabalho e de doenças profissionais (art. 78º, da Lei nº 98/2009, de 04.09. que aprovou o regime de reparação de acidentes de trabalho e de doenças profissionais)[242].

- O crédito por impostos, pagando-se em primeiro lugar o Estado e só depois as autarquias locais (art. 747º, nº 1, al. *a*), CC); e o crédito da segurança social por contribuições, quotizações e respetivos juros de mora (art. 204º, nº 1, da Lei nº 110/2009, de 16.09, que aprovou o Código dos Regimes Contributivos do Sistema Previdencial de Segurança Social[243]).
- O crédito por fornecimentos destinados à produção agrícola (al. *b*))[244];
- O crédito da vítima de um facto que dê lugar a responsabilidade civil (al. *d*)).
- O crédito do autor de obra intelectual (al. *e*)).
- O crédito por despesas do funeral do devedor, conforme a sua condição e costume da terra (art. 737º, nº 1, al. *a*) *ex vi* art. 747º, nº 1, al. *f*), CC).
- O crédito por despesas com doenças do devedor ou de pessoas a quem este deva prestar alimentos, relativo aos últimos seis meses (art. 737º, nº 1, al. *b*) *ex vi* art. 747º, nº 1, al. *f*), CC).
- O crédito por despesas indispensáveis para o sustento do devedor e das pessoas a quem este tenha a obrigação de prestar alimentos,

À semelhança de todo e qualquer privilégio, os créditos laborais não têm preferência sobre os privilégios por despesas de justiça. A este propósito é de referir que, nos termos do nº 2, do art. 12º, da LSA, os créditos por salários em atraso prevaleciam sobre os créditos respeitantes a despesas de justiça. Já no que concerne aos créditos laborais, a L nº 96/2001 não lhes atribuiu tal prevalência. Tal entendimento foi mantido no CT/209. PAULA QUINTAS e HÉLDER QUINTAS, *Código do Trabalho Anotado*, Almedina, 2016, 4ª ed., pp. 822-823.

242 O art. 78º dispõe que: "Os créditos provenientes do direito à reparação estabelecida na presente lei são inalienáveis, impenhoráveis e irrenunciáveis e gozam das garantias consignadas no Código do Trabalho".

243 Dispõe o art. 204º que: "1 – Os créditos da segurança social por contribuições, quotizações e respetivos juros de mora gozam de privilégio mobiliário geral, graduando-se nos termos referidos na alínea *a*) do nº 1 do artigo 747º do Código Civil.

2 – Este privilégio prevalece sobre qualquer penhor, ainda que de constituição anterior".

244 A al. *c*), relativa a créditos por dívidas de foros foi revogada tacitamente pelo Decreto-Lei nº 195-A/76, de 16.03. que aboliu a enfiteuse.

relativo aos últimos seis meses (art. 737º, nº 1, al. *c*) *ex vi* art. 747º, nº 1, al. *f*), CC).

O disposto no art. 747º, CC, é aplicável, ainda que os privilégios existam contra proprietários sucessivos da coisa (nº 2), pois constituído um privilégio sobre bens determinados, este prevalece contra qualquer adquirente posterior, de acordo com o art. 750º, CC.

b) Créditos com privilégio imobiliário

Os créditos com *privilégio imobiliário* graduam-se pela ordem seguinte:

- O crédito do trabalhador emergente de contrato de trabalho, ou da sua violação ou cessação relativamente ao locado onde preste trabalho (art. 333º, nº 2, al. *b*), CT[245]) e o crédito proveniente do direito à reparação por acidente de trabalho e de doenças profissionais relativamente ao locado onde preste trabalho (art. 78º, da Lei nº 98/2009, de 04.09. que aprovou o regime de reparação de acidentes de trabalho e de doenças profissionais);[246]
- O crédito do Estado, pelo imposto municipal sobre imóveis, pelo imposto municipal sobre transmissões onerosas de imóveis e pelo imposto do selo, de acordo com o art. 748º, nº 1, al. *a*), CC;
- O crédito das autarquias locais, pelo imposto municipal sobre imóveis (al. *b*));
- O crédito da segurança social por contribuições, quotizações e respetivos juros de mora sobre os bens imóveis existentes no património do contribuinte à data da instauração do processo executivo (art. 205º, da Lei nº 110/2009, de 16.09.)[247].

[245] A al. *b*) dispõe que: "O crédito com privilégio imobiliário especial é graduado antes de crédito referido no artigo 748º do Código Civil e de crédito relativo a contribuição para a segurança social".

[246] O art. 78º dispõe que: "Os créditos provenientes do direito à reparação estabelecida na presente lei são inalienáveis, impenhoráveis e irrenunciáveis e gozam das garantias consignadas no Código do Trabalho".

[247] O art. 205º dispõe que: "Os créditos da segurança social por contribuições, quotizações e respectivos juros de mora gozam de privilégio imobiliário sobre os bens imóveis existentes no património do contribuinte à data da instauração do processo executivo, graduando-se logo após os créditos referidos no artigo 748º do Código Civil".

Havendo créditos igualmente privilegiados, dar-se-á rateio entre eles, na proporção dos respetivos montantes (art. 745º, nº 2, CC).

6.7. Concurso entre privilégio e direitos de terceiros

a) Quanto ao privilégio mobiliário geral

O privilégio mobiliário geral não pode exercer-se com prejuízo dos direitos pertencente a terceiros, sobre as coisas abrangidas pelo privilégio, desde que tais direitos sejam oponíveis ao credor exequente (art. 749º, nº 1, CC).

"Assim, a existência de um privilégio mobiliário geral não impede o devedor de realizar atos de alienação ou oneração dos bens do seu património, que são oponíveis ao credor. Pode este, todavia, socorrer-se da impugnação pauliana".[248]

As leis de processo estabelecem os limites ao objeto e à oponibilidade do privilégio geral ao exequente e à massa falida, bem como os casos em que ele não é invocável ou se extingue na execução ou perante a declaração da falência (nº 2).

A redação do artigo 751º, CC, dada pelo Decreto-Lei nº 38/2003, de 08.03, veio estabelecer que o regime de sequela e prevalência dos privilégios imobiliários apenas se aplica aos que forem *especiais*. Pelo que os privilégios mobiliários gerais não constituem verdadeiras garantias reais das obrigações.

b) Quanto ao privilégio mobiliário especial

De acordo com o *princípio da temporalidade de aquisição* (salvo disposição em contrário), no caso de conflito entre o privilégio mobiliário especial e um direito de terceiro, prevalece o que mais cedo se houver adquirido (art. 750º, CC).

c) Quanto ao privilégio imobiliário

O privilégio imobiliário é oponível a terceiros que adquiram o prédio ou um direito real sobre ele e prefere à consignação de rendimentos, à hipoteca ou ao direito de retenção, ainda que estas garantias sejam (registadas e) anteriores (art. 751º, CC).

[248] Explica Almeida Costa, *op. cit.*, p. 970, nota 4.

6.8. Extinção

Os privilégios extinguem-se pelas mesmas causas por que se extingue o direito de hipoteca (art. 752º, CC). Assim estes findam:

- Pela extinção da obrigação (art. 730º, al. *a*));
- Por prescrição, decorridos cumulativamente, cinco anos sobre o vencimento da obrigação a favor de terceiro adquirente do prédio onerado com o privilégio, e decorridos vinte anos sobre o registo da aquisição (al. *b*)).
- Pelo perecimento total da coisa sobre que incide a garantia (al. *c*));
- Pela renúncia do credor (al. *d*)).

Nos termos do art. 753º, CC, são aplicáveis aos privilégios, com as necessárias adaptações, os artigos 692º (indemnizações devidas), 694º (pacto comissório), 695º (cláusula de inalienabilidade dos bens sobre que incide a garantia), 696º, (princípio da indivisibilidade), 697º (restrições relativas à penhora), 698º (meios de defesa do dono da coisa) a 699º (extinção do usufruto).

Comparação entre o regime dos privilégios creditórios e a hipoteca legal:

"1) Os privilégios creditórios não carecem de ser registados, ao contrário do que acontece com as hipotecas.
2) Enquanto os privilégios creditórios podem incidir tanto sobre valores imóveis como móveis, as hipotecas recaem apenas em coisas imóveis ou equiparadas.
3) O privilégio creditório constitui garantia mais forte do que a hipoteca, pois havendo concurso entre credores, os privilégios imobiliários preferem à hipoteca, assim como preferem à consignação de rendimentos e ao direito de retenção, ainda que estas garantias se mostrem anteriores (art. 751º; cfr. também o art. 746º).
4) Nos termos do art. 734º, o privilégio creditório abrange os juros do crédito respeitantes aos últimos dois anos. Mas, diversamente do que acontece com a hipoteca, a lei não inclui os demais acessórios do crédito, dado que representam prestações derivadas de circunstâncias alheias à causa do crédito determinadora do privilégio".[249]

[249] Explica ALMEIDA COSTA, *op. cit.*, pp. 960 e 961.

7. Direito de retenção

O devedor que disponha de um crédito sobre o seu credor goza do direito de retenção se, estando obrigado a entregar certa coisa, o seu crédito resultar de despesas feitas por causa dela ou de danos causados por ela (art. 754º, CC).[250]

O direito de retenção tem aplicação genérica e é uma garantia real caracterizada por um nexo de ligação entre a coisa e a obrigação, consistindo, para além do processo de coação sobre o devedor, numa forma de harmonização entre os interesses do retentor e dos restantes credores.

"O arrendatário, por exemplo, obrigado a restituir o imóvel no fim do prazo contratual, se não tiver havido renovação ou prorrogação do contrato, gozará do direito de retenção se o seu crédito resultar de obras de conservação do prédio (benfeitorias necessárias) ou de danos causados pelo ruir do imóvel.

Só nestes casos, em que o crédito do retentor nasce de despesas feitas com a coisa, que a devam ter valorizado no interesse da generalidade dos credores, ou de prejuízos provenientes da própria coisa detida, considera a lei justificada, sobretudo a preferência concedida ao detentor na satisfação do seu crédito".[251]

[250] Jurisprudência:
I – O direito de retenção constitui uma forma de autotutela de direitos, com uma dupla função (garantia e compulsória), e encontra-se previsto, com caráter genérico, no artº 754º do Cód. Civil.
II – Para além do grupo de situações que derivam da aplicação autónoma desse critério geral em que a conexão material e direta de créditos constitui o seu alicerce, o artº 755º do Cód. Civil consagra casos especiais de direito de retenção em que se dilui (ou até inexiste) tal conexão objetiva, justificando, contudo, a garantia.
III – Entre esses casos especiais figura na al. f) do nº 1, o beneficiário da promessa de transmissão ou constituição de direito real que obteve a tradição da coisa a que se refere o contrato prometido, sobre essa coisa, pelo crédito resultante do não cumprimento imputável à outra parte, nos termos do artº 442º do Cód. Civil.
IV – O direito de retenção, reconhecido ao promitente-comprador que obteve tradição da coisa a que se refere o contrato prometido, constitui um direito real de garantia, com eficácia erga omnes, produzindo efeitos contra eventuais adquirentes da coisa.
V – Até mesmo nas situações de mera conexão jurídica, o direito de retenção será oponível ao proprietário, estranho à dívida, maxime se o bem foi adquirido em momento posterior à detenção e ao nascimento do direito de retenção.
[Ac. RP, de 14 de dezembro de 2016, Proc. nº 662/09.3TVPRT.P1.S1. Disponível *in* http://www.dgsi.pt]

[251] Esclarece ANTUNES VARELA, *Das obrigações em geral*, vol. II, p. 573.

7.1. Forma

O direito de retenção não está sujeito a registo, quer tenha como objeto coisa móvel ou imóvel.

O direito de retenção tem a sua publicidade na própria retenção, que, apresentando a coisa em poder do retentor, faz crer que esta não estará disponível. No entanto e porque não esta sujeito a registo, poderá sempre surgir como *garantia-surpresa*.

7.2. Requisitos da figura

Constituem requisitos da figura:

a) alguém detém licitamente uma coisa cuja entrega é devida a outrem;
b) o detentor, devedor da entrega da coisa, deve ser simultaneamente, credor daquele a quem ela é devida;
c) o crédito do retentor requer que se esteja diretamente conexionado com a coisa detida, devendo resultar de despesas feitas por causa dela, ou de danos por ele causados.[252]

7.3. Requisitos da coisa

O objeto de direito de retenção incide sobre coisa:

a) corpórea, suscetível de ser retida e da entrega recusável;
b) penhorável, para posteriormente permitir a execução (art. 758º e 759º, nº 1, CC);
c) certa e determinada (art. 754º, CC).

7.4. Caso especiais

A lei admite o direito de retenção com caráter especial (art. 755º, nº 1, CC), em determinadas situações tipificadas. Não há direito de retenção baseado na simples comunhão de fonte, senão nos casos previstos na lei. Algumas

[252] Jurisprudência:
I – Goza do direito de retenção, pelo crédito resultante do não cumprimento do contrato-promessa imputável à outra parte, o promitente-comprador que obteve, por traditio do promitente-vendedor, o uso e fruição do imóvel, traduzindo-se aquela na materialidade da fruição.
II – O direito de retenção não deixa de subsistir, proporcionado ao promitente-comprador a faculdade de instaurar execução, nos mesmos termos em que o pode fazer o credor hipotecário, quando o incumprimento definitivo do contrato-promessa se dever à venda a terceiro do imóvel objeto da promessa.
[Ac. RP, de 24 de janeiro de 2017, CJ, nº 276, Ano XLII, Tomo I/2017, p. 166]

destas situações típicas podem mesmo não registar a existência da conexão objetiva entre a coisa e o crédito. Assim admite-se o direito de retenção do:

- transportador, sobre as coisas transportadas, pelo crédito resultante do transporte (al. *a*));
  Quando haja transportes sucessivos, mas todos os transportadores se tenham obrigado em comum, entende-se que o último detém as coisas em nome próprio e em nome dos outros (nº 2).
- *albergueiro*, entendido como titular ou explorador de um empreendimento turístico ou alojamento local, sobre as coisas que as pessoas albergadas hajam trazido para a pousada ou acessórios dela, pelo crédito da hospedagem (al. *b*));
- mandatário, sobre as coisas que lhe tiverem sido entregues para execução do mandato, pelo crédito resultante da sua atividade (al. *c*));
- gestor de negócios, sobre as coisas que tenha em seu poder para execução da gestão, pelo crédito proveniente desta (al. *d*));
- depositário e o comodatário, sobre as coisas que lhes tiverem sido entregues em consequência dos respetivos contratos, pelos créditos deles resultantes (al. *e*));
- beneficiário da promessa de transmissão ou constituição de direito real que obteve a tradição da coisa a que se refere o contrato prometido, sobre essa coisa, pelo crédito resultante do não cumprimento imputável à outra parte, nos temos do artigo 442º (al. *f*)).

7.5. Exclusão do direito de retenção

Não há direito de retenção:

- A favor dos que tenham obtido por meios ilícitos a coisa que devem entregar, desde que, no momento da aquisição, conhecessem a ilicitude desta (art. 756º, al. *a*), CC). Por exemplo, através de furto.
- A favor dos que tenham realizado de má-fé as despesas de que proveio o seu crédito (al. *b*)), mesmo sendo a aquisição de boa-fé.
- Relativamente a coisas impenhoráveis (al. *c*)), pois atenta a impossibilidade de execução do bem, não faria sentido o direito de retenção.
- Quando a outra parte preste caução suficiente (al. *d*)), dado a caução constituir garantia especial (art. 623º, CC).

7.6. Inexigibilidade e iliquidez do crédito

O devedor goza do direito de retenção, *mesmo antes* do vencimento do seu crédito, desde que entretanto se verifique alguma das circunstâncias que importam a perda do benefício do prazo (art. 757º, nº 1, CC). As circunstâncias que importam a perda do benefício do prazo encontram-se previstas no art. 780º e ss, CC. Por exemplo, a insolvência do devedor.

O direito de retenção não depende da liquidez do crédito do respetivo titular (nº 2).

7.7. Retenção de coisas móveis

Recaindo o direito de retenção sobre *coisa móvel*, o respetivo titular goza dos direitos **e** está sujeito às obrigações do credor pignoratício, salvo pelo que respeita à substituição ou reforço da garantia (art. 758º, CC). Equipara-se, assim o direito de retenção a um verdadeiro direito real de garantia, gozando do previsto nos arts. 666º, 670º a 673º, 675º, 692º e 694º a 699º, todos do CC.

7.8. Retenção de coisas imóveis

Recaindo o direito de retenção sobre *coisa imóvel*, o respetivo titular, enquanto não entregar a coisa retida, tem a faculdade de a executar, nos mesmos termos em que o pode fazer o credor hipotecário, e de ser pago com preferência aos demais credores do devedor (artigo 759º, nº 1, CC). O direito de retenção prevalece neste caso sobre a hipoteca, ainda que esta tenha sido registada anteriormente (nº 2).

Até à entrega da coisa são aplicáveis, quanto aos direitos e obrigações do titular da retenção, as regras do penhor, com as necessárias adaptações (nº 3).

Face ao exposto nos arts. 751º, CC e 759º, nº 2, ocorre a seguinte ordem de preferências: primeiro, os privilégios creditórios imobiliários; depois, o direito de retenção; por último, a hipoteca. A anterioridade da garantia não tem relevância.

7.9. Transmissão

O direito de retenção não é transmissível sem que seja transmitido o crédito que ele garante, não podendo ser desligado desse crédito para assegurar outro (art. 760º, CC).

7.10. Extinção

O direito de retenção extingue-se pelas mesmas causas por que cessa o direito de hipoteca (art. 730º, CC), e ainda pela entrega da coisa (art. 761º, CC).

BIBLIOGRAFIA

ALMEIDA, Carlos Ferreira de, *Contratos*, I, Almedina, 2000

ALMEIDA, Dário Martins de, *Manual de Acidentes de Viação*, Almedina, 1987, 3ª ed.

ALVES, Hugo Ramos, *Do Penhor*, Almedina, 2010

ANDRADE, Manuel de, *Teoria geral da Relação Jurídica*, vols. I e II, Almedina, 1987

CAMPOS, Diogo Leite de, *Contrato a favor de terceiro*, Almedina, 2009

CORDEIRO, António Menezes, *Tratado de Direito Civil Português*, vol. I, Tomo I, Almedina, 2005, 3ª ed.

COSTA, Almeida, *Direito das Obrigações*, Almedina, 2011, 12ª ed.

CRUZ, Sebastião, *Direito Romano (IUS ROMANUM)*, I, Coimbra, 1984, 4ª ed.

DUARTE, Rui Pinto, *Código Civil Anotado*, Coordenação de Ana Prata, vol. I, Almedina, 2017

FREITAS, Lebre de, *Código Civil Anotado*, Coordenação de Ana Prata, vol. I, Almedina, 2017

LEITÃO, Luís Manuel Teles de, Menezes

— *Direito das Obrigações*, vol. I., Almedina, 2010, 9ª ed.

— *Garantia das Obrigações*, Almedina, 2016, 5ª ed.

LIMA, Pires de, VARELA, João de Matos Antunes, *Código Civil Anotado*, vol. I, Coimbra Editora, 1986, 4ª ed. revista

LIMA, Pires de, VARELA, João de Matos Antunes, *Código Civil Anotado*, vol. II, Coimbra Editora, 1986, 3ª ed. revista

MARTINS, Gonçalo dos Reis, *Código Civil Anotado*, Coordenação de Ana Prata, vol. I, Almedina, 2017

PRATA, Ana, *Código Civil Anotado*, Coordenação de Ana Prata, vol. I, Almedina, 2017

PINTO, Carlos Mota, *Teoria Geral do Direito Civil*, Coimbra Editora, 1985, 3ª ed.

PRATA, Ana, *Dicionário Jurídico*, Almedina, 2008, 5ª ed.

QUINTAS, Paula e QUINTAS, Hélder, *Código do Trabalho Anotado*, Almedina, 2016, 4ª ed.

VARELA, Antunes, *Das obrigações em geral*, Almedina, 2012, 7ª ed.

RAMALHO, Tiago Azevedo, *Código Civil Anotado*, Coordenação de Ana Prata, vol. I, Almedina, 2017

REGO, Margarida Lima, *Código Civil Anotado*, Coordenação de Ana Prata, vol. I, Almedina, 2017

REI, Maria Raquel, *Da Expectativa Jurídica*, vol. I, ROA,1994

Anexo
CASOS PRÁTICOS RESOLVIDOS

Classificação das obrigações

CASO PRÁTICO:

Abel, Bento e Carlos são devedores de Ernesto, numa dívida de €900.000, proveniente de responsabilidade pela prática de facto ilícito.

Ernesto exige a Abel o pagamento de €300.000, mas este defende-se invocando que no momento da prática do facto era menor.

Ernesto interpela, então, Bento, que por sua vez lhe contrapõe a titularidade de um crédito sobre ele, no montante de €300.000.

Pode Ernesto reclamar de Carlos o pagamento de €900.000? E quais são os direitos de Carlos, relativamente a Abel e Bento?

Previamente caracterize as obrigações quanto às respetivas modalidades aplicáveis ao caso.

PROPOSTA DE RESOLUÇÃO:

Introdução

Define-se obrigação como um vínculo jurídico por virtude do qual uma pessoa fica adstrita (obrigada) para com outra à realização de uma prestação (art. 397º, CC). A prestação não necessita de possuir valor pecuniário, mas deve corresponder a um interesse legítimo do credor, ou seja, digno de proteção legal (art. 398º, nº 2, CC).

As modalidades ou tipos de obrigações classificam-se quanto ao *vínculo*, ao *objeto* e ao *sujeito*.

Desenvolvimento

Na modalidade das obrigações quanto ao *vínculo:*

Na modalidade das obrigações quanto ao vínculo podemos distinguir as obrigações civis das obrigações naturais.

Nas *obrigações civis* o cumprimento é judicialmente exigível (art. 817º, 2ª parte, CC); enquanto nas *obrigações naturais*, o cumprimento não é judicialmente exigível (art. 402º, CC), mas sendo cumprido não pode ser repetido (devolvido) uma vez que apesar de se fundar num dever moral ou social, corresponde a um imperativo de justiça (art. 403º, CC).

No caso prático, não está em causa nenhum das circunstâncias definidas na lei como correspondendo a obrigações naturais [nomeadamente, prescrição (art. 304º, nº 2, CC); pensão de alimentos não obrigatória (art. 495º, nº 3, CC), nem qualquer facto que impeça a exigibilidade da prestação].

Antes pelo contrário, está em causa uma dívida proveniente de responsabilidade pela prática de facto ilícito, a que corresponde uma obrigação de indemnizar por parte do lesante (arts. 483º, 562º e 566º, nº 1, todos do CC). Assim, ocorre uma *obrigação civil.*

Na modalidade das obrigações quanto ao *objeto:*

As obrigações podem ser divisíveis ou indivisíveis (arts. 534º e 535º, CC).

São *obrigações divisíveis* as suscetíveis de fracionamento sem prejuízo do seu valor proporcional.

Pelo contrário, *as obrigações indivisíveis* não são suscetíveis de fracionamento, seja este imposto pela natureza do objeto, pela lei ou pela convenção das partes.

No caso prático, a prestação é *divisível,* dado que não há alusão a qualquer convenção em sentido contrário, não há lei que imponha a indivisibilidade e a própria natureza da prestação (pecuniária – €900.000) permite o seu fracionamento sem que haja prejuízo do seu valor proporcional.

As obrigações podem ser genéricas ou específicas.

As *obrigações genéricas* são aquelas cujo objeto está apenas determinado pelo seu género e quantidade (nos termos do art. 539º, CC).

Nas *obrigações específicas* o objeto está individualmente concretizado.

No caso prático, trata-se de uma prestação pecuniária, que possui expressão própria, pelo que, se desconsideram as obrigações genéricas e as específicas. As *obrigações pecuniárias* são obrigações cujo objeto consiste em dinheiro, visando proporcionar ao credor o valor que as respetivas espécies monetárias possuem, de acordo com o princípio nominalista (art. 550º, CC).

Na modalidade das obrigações quanto ao *sujeito:*

Na modalidade das obrigações quanto ao sujeito há que distinguir as obrigações com sujeito determinado das obrigações com sujeito indeterminado.

Nas *obrigações com sujeito determinado*, os titulares da obrigação estão devidamente individualizados.

Nas *obrigações com sujeito indeterminado*, o(s) titular(es) só é(são) individualizado(s) em momento posterior à constituição da obrigação, nos termos do art. 511º, CC.

No caso *sub judice* são conhecidos, quer os devedores da obrigação Abel, Bento e Carlos, quer o credor Ernesto. Assim, trata-se de uma *obrigação de sujeito determinado.*

Ainda, há que distinguir as obrigações plurais das obrigações singulares.

As obrigações dizem-se *plurais* quando existe pluralidade de sujeitos, quer no lado ativo da relação (credores), quer no lado passivo (devedores), quer em ambos os lados da relação obrigacional (credores/devedores).

As *obrigações singulares* caracterizam-se por no lado ativo e passivo da relação obrigacional apenas existir um sujeito (um credor e um devedor).

No caso prático, a *obrigação é plural*, dado que há vários sujeitos do lado passivo da relação obrigacional, isto é, há vários devedores (Abel, Bento e Carlos).

As obrigações plurais podem, por sua vez, ser conjuntas ou solidárias.

As *obrigações conjuntas* são aquelas em que a prestação é dividida entre os vários titulares, sendo exigida a cada um deles a sua quota-parte na prestação.

Nas *obrigações solidárias*, do lado passivo, a totalidade da prestação pode ser cumprida por apenas um dos devedores, cujo cumprimento libera os demais (art. 512º, nº 1, 1ª parte, CC). A obrigação solidária só tem lugar caso tal for convencionado entre as partes **ou** imposto pela lei (art. 513º, CC).

No caso prático, trata-se de uma obrigação proveniente de responsabilidade por prática de facto ilícito (art. 483º, CC), o que nos remete para o instituto da responsabilidade civil, nomeadamente, o disposto no art.

497º, nº 1, CC, que se reporta à *responsabilidade solidária* no caso de serem várias as pessoas responsáveis pelos danos. A responsabilidade dos sujeitos passivos da relação é solidária, por força da lei.

A solidariedade passiva tem efeitos ao nível quer das relações externas, ou seja entre Ernesto (credor) e Abel, Bento e Carlos (codevedores), quer ao nível das relações internas (Abel, Bento e Carlos entre si).

Nas relações internas, o devedor cumpridor tem direito de regresso contra os codevedores, na parte correspondente ao pagamento para além do devido (art. 524º, CC).

Ao nível das relações externas, Ernesto poderá exigir de qualquer um dos codevedores a totalidade da prestação ou parte dela, proporcional ou não à quota do interpelado (art. 519º, nº 1, 1ª parte, CC).

Conclusão

Na factualidade descrita estamos perante uma obrigação de indemnizar (arts. 562º e 566º, ambos do CC), pelo que Abel, Bento e Carlos devem a quantia de €900,000 a Ernesto, que dela é credor.

Assim, Ernesto poderá exigir de Carlos o pagamento da totalidade da prestação (art. 519º, nº 1, 1ª parte, CC). E Carlos terá direito de regresso contra Abel e Bento (art. 524º, CC).

No entanto, e quanto ao devedor Bento, este já terá satisfeito por compensação o seu débito a Ernesto, o que extingue, relativamente a este, as obrigações de todos os devedores (art. 523º, CC).

Abel pode usar todos os meios que pessoalmente lhe competem (art. 514º, nº 1, 1ª parte, CC), neste caso, a sua menoridade (arts. 122º e 123º, ambos do CC), sendo o negócio anulável (art. 125º, nº 1, CC), não sendo declarada a sua confirmação em tempo próprio (nº 2).

Havendo declaração de anulabilidade, deve Abel restituir a Ernesto o valor prestado (art. 289º, nº 1, 1ª parte, CC).

Contrato para pessoa a nomear

CASO PRÁTICO:

Alberto vendeu a David, ou a quem este indicasse, um quadro, por €20.000.

No dia seguinte, David, por carta, informa Alberto que o quadro ficaria para Inês, apresentando uma declaração de concordância, assinada por esta.

Porém, posteriormente, ambos se recusam a pagar os €20.000 a Alberto.

Comente, após analisar o contrato descrito.

PROPOSTA DE RESOLUÇÃO:

Introdução

Entre Alberto e a David foi celebrado um contrato para pessoa a nomear, definido como o contrato em que uma das partes pode reservar o direito de nomear um terceiro (cláusula *pro amico eligendo*) que adquira os direitos e assuma as obrigações provenientes desse contrato (art. 452º, nº 1, CC).

A reserva de nomeação não é possível, no entanto, nos casos em que não é admitida a representação ou é indispensável a determinação dos contraentes (nº 2), hipóteses que não se verificam.

Desenvolvimento

É necessário aferir se o prazo e a forma da nomeação, bem como a forma da ratificação cumprem os requisitos legais. Assim:

Quanto ao prazo da nomeação

Na falta de convenção, a nomeação ocorre nos cinco dias posteriores à celebração do negócio (art. 453º, nº 1, 2ª parte, CC).

No caso em apreço, o prazo foi cumprido, dado que não havendo convenção, ocorreu no dia seguinte, ou seja, dentro dos cinco dias posteriores à celebração do negócio.

Quando à forma da nomeação

A declaração de nomeação deve ser feita mediante declaração por escrito ao outro contraente (art. 453º, nº 1, 1ª parte, CC), acompanhada do instrumento de ratificação do contrato ou de procuração anterior à celebração deste, sob pena de ineficácia (nº 2).

David cumpriu a forma legal, pois informou Alberto por carta e apresentou uma declaração de concordância da nomeada.

Quanto à forma da ratificação

A ratificação deve constar de documento escrito (art. 454º, nº 1, CC).

Assume-se que a declaração de concordância, assinada por Inês preenche tal requisito.

Conclusão

Ao concordar com o negócio, Inês assume as obrigações provenientes do contrato a partir da sua celebração (art. 455º, nº 1, CC), pelo que será a única responsável pelo pagamento do preço.

Caso tal não tivesse ocorrido, o contrato produziria os seus efeitos relativamente a David, sendo este o devedor (nº 2).

Contratos reais *quoad effectum*

CASO PRÁTICO:

Abel adquiriu um automóvel a Bernardo, dono de um *stand,* para oferecer a Cláudia, sua namorada, ficando acordado que o automóvel seria entregue, na manhã seguinte, na residência desta. Bernardo não entregou o automóvel.

Uma semana depois, Cláudia interpelou Bernardo para que procedesse à entrega do automóvel, sem sucesso.

Analise o contrato descrito e o comportamento de Bernardo.

PROPOSTA DE RESOLUÇÃO:

Introdução

Entre Abel e Bernardo celebrou-se um contrato de compra e venda, definido como o contrato pelo qual se transmite a propriedade de uma coisa, ou outro direito, mediante um preço (art. 874º, CC).

O contrato de compra e venda é um contrato cujos efeitos se bastam com a mera celebração do negócio (art. 408º, nº 1, CC), também designado por contrato real *quoad effectum,* ou seja, contrato real quanto aos efeitos.

Desenvolvimento

Nos contratos *quoad effectum* a constituição ou transferência de direitos reais sobre coisa determinada do alienante para o adquirente dá-se por mero efeito do contrato, tratam-se, portanto, de contratos com eficácia real.

Ao contrário dos contratos *quoad constitutionem* (negócios reais quanto à constituição) que exigem a entrega da coisa para a perfeição do contrato (por exemplo, no contrato de depósito, o contrato apenas se consuma depois de o depositante entregar a coisa ao depositário, art. 1185º, CC).

Pelo exposto, por efeito do próprio contrato, o automóvel já é de Abel.

Os efeitos essenciais do contrato de compra e venda são a transmissão da propriedade da coisa (art. 879º, al. *a*), CC), a obrigação de entregar a coisa (al. *b*)) e a obrigação de pagar o preço (al. *c*)).

A coisa deve ser entregue no estado em que se encontrava ao tempo da venda (art. 882º, nº 1, CC).

Abel procedeu a um contrato de doação do automóvel (art. 940º, nº 1, CC) definido como o contrato pelo qual uma pessoa, gratuitamente, dispõe de uma coisa, em benefício do outro contraente (Cláudia).

O lugar de entrega do bem foi estipulado entre as partes (residência de Cláudia), de acordo com o previsto no art. 772º, nº 1, 1ª parte, CC. No entanto, esta regra, sofre um desvio, tratando-se de coisa móvel determinada (conforme ocorre), devendo a obrigação ser cumprida no lugar onde a coisa se encontrava ao tempo da conclusão do negócio (art. 773º, nº 1, CC).

Conclusão

Por efeito do próprio contrato, o automóvel já é de Abel, podendo este dispor integralmente do bem.

A prestação feita a terceiro (Cláudia) extingue a obrigação se assim foi estipulado (art. 770º, al. *a*), CC).

No entanto, Bernardo não é obrigado a entregar o automóvel na residência de Cláudia, dado que o art. 772º, nº 1, CC, apenas é aplicável na falta de disposição especial da lei (conforme ocorre).

Promessa pública

CASO PRÁTICO:

Alexandre publicou no jornal local o seguinte anúncio:

"Gratifica-se com 300€ quem encontrar um cão pastor alemão, de nome UP, que desapareceu no dia 11 de junho".

Diana quando passeava o seu cão encontra o pastor alemão desaparecido que os acompanha até à sua residência. Cuida dele durante alguns dias até que Marta, uma amiga, a informa que o cão é procurado e dá-lhe nota do anúncio.

Alexandre quando é contactado por Diana recusa-se a pagar o valor anunciado, argumentando que esta não tinha conhecimento do anúncio, quando encontrou e cuidou do cão.

a) Quid iuris?

PROPOSTA DE RESOLUÇÃO:

Introdução

Os negócios jurídicos são "definidos como os atos jurídicos constituídos por uma ou mais declarações de vontade, dirigidos à realização de certos efeitos práticos, com intenção de os alcançar sob a tutela do direito, determinando o ordenamento jurídico a produção dos efeitos jurídicos conformes à intenção manifestada pelos declarantes", MOTA PINTO, *Teoria Geral do Direito Civil*, Coimbra Ed., 3ª ed., p. 379.

No negócio jurídico unilateral há uma só declaração de vontade ou várias, mas paralelas, formando um só grupo, tendo em vista o alcance de determinados efeitos jurídicos. Este completa-se com a declaração que o consubstancie, dispensando-se qualquer anuência de outros intervenientes.

A promessa pública é um dos negócios jurídicos previstos da lei (art. 459º, CC).

Desenvolvimento

No caso vertente, a promessa pública cumpriu os requisitos legais: por anúncio público foi *prometida uma prestação* (neste caso, pecuniária) a quem praticasse certo *facto positivo* (entrega do cão), pelo que o promitente fica vinculado à promessa (art. 459º, nº 1, CC).

Igualmente fica vinculado o promitente mesmo em relação àqueles que tenham praticado o facto na ignorância da promessa, salvo declaração em contrário (nº 2).

Conclusão

O promitente fica obrigado, mesmo em relação àqueles que ignorem a promessa (Diana), a não ser que houvesse declaração em contrário (art. 459º, nº 2, CC).

b) Presumindo que Diana contou com a ajuda de Marta para deter o cão, mas não quer repartir o prémio, pois segundo alega, encontrou o cão sozinha. *Quid iuris?*

PROPOSTA DE RESOLUÇÃO:

Se na produção do resultado previsto (deter o cão) tiverem cooperado várias pessoas (neste caso, conjuntamente), todas têm direito à prestação (o que se verifica face à omissão dos destinatários da promessa, art. 459º, nº 2, CC), pelo que, o prémio será dividido equitativamente, atendendo-se à parte que cada uma delas teve nesse resultado (art. 462º, CC).

Contrato-promessa

CASO PRÁTICO Nº 1:

Acácio, casado com Manuela, e Berto, celebraram em 19 de junho de 2016, um contrato-promessa de compra e venda de um imóvel, no valor de 120.000€, de acordo com todos os formalismos legais. Do contrato-promessa celebrado consta a *impossibilidade de recurso ao mecanismo da execução específica.*

Berto entregou a Acácio a quantia de 25.000€, como princípio de pagamento, sendo o restante valor do prédio pago em seis prestações mensais, vencendo-se a primeira no ato da escritura.

Após a celebração do contrato-promessa, Berto tomou posse do imóvel.

Na data acordada, Acácio e Manuela não compareceram na escritura de compra e venda, marcada por Berto.

Como pode reagir Berto que pretende concretizar a promessa?

PROPOSTA DE RESOLUÇÃO:

Introdução

O contrato, mediante o qual, alguém se obriga a celebrar o contrato prometido denomina-se *contrato-promessa*. Trata-se, portanto, de um contrato preliminar ao contrato definitivo. Neste caso, foi prometido um contrato de compra e venda, através do qual se transmite a propriedade de uma coisa ou outro direito, mediante um preço (art. 874º, CC).

Nos termos do art. 875º, CC, o contrato de compra e venda de bens imóveis carece de forma própria (escritura pública ou documento particular autenticado), sob pena de nulidade (art. 220º, CC).

A lei sujeita, em princípio, o contrato-promessa ao mesmo regime do contrato definitivo, através do *princípio da equiparação* (art. 410º, nº 1, 1ª parte, CC). Este princípio procede a uma extensão do regime do contrato definitivo ao contrato-promessa, sujeitando-se este às mesmas regras que vigoram para o contrato definitivo.

O princípio da equiparação é, no entanto, objeto de duas importantes exceções: *disposições relativas à forma* e *disposições que pela sua razão de ser não devam considerar-se extensivas ao contrato-promessa* (2ª parte).

Desenvolvimento

Berto entregou a Acácio a quantia de 25.000€, como princípio de pagamento, sendo o restante valor do prédio pago em seis prestações mensais, vencendo-se a primeira no ato da escritura.

No contrato-promessa de compra e venda presume-se que tem caráter de *sinal* toda a quantia entregue pelo promitente-comprador ao promitente-vendedor, ainda que a título de antecipação ou princípio de pagamento (art. 441º, CC). Esta presunção é, não obstante, ilidível por prova em contrário (art. 350º, nº 2, CC).

Querendo a parte cumpridora concretizar o contrato prometido, pode recorrer ao mecanismo da execução específica, obtendo pela via judicial a declaração negocial do faltoso (art. 830º, CC).

O recurso à execução específica não pretende ser um regime imperativo. Como tal, é livremente revogável pelas partes. Tal acontece, quando se convenciona em contrário (art. 830º, nº 1, CC). Entende-se haver convenção em contrário, se existir sinal ou outra penalização para o incumprimento (nº 2), pois, nestes casos, a parte cumpridora pretende apenas acionar a penalização do sinal ou obter uma indemnização face ao incumprimento e não o cumprimento coercivo do contrato.

Foi clausulado a impossibilidade de recurso ao mecanismo da execução específica.

No entanto, o direito à execução específica não pode ser afastado pelas partes nas promessas a que se refere o art. 410º, nº 3, CC (conforme ocorre no caso em apreço, pois se tratou da realização de um contrato-promessa de compra e venda de um edifício), segundo o disposto no art. 830º, nº 3, CC.

Conclusão

Pelo que Berto pode reagir por execução específica (art. 830º, nº 3, 1ª parte, CC) e os faltosos podem requerer que a sentença que produza os efeitos da sua declaração negocial possa ordenar a modificação do contrato nos termos do art. 437º (art. 830º, nº 3, 2ª parte, CC).

CASO PRÁTICO Nº 2 (EXAME OSAE 2013/14):

Alice casada com César, no regime de comunhão geral de bens, prometeu vender a Deolinda, solteira, maior, e esta prometeu comprar, um prédio rústico, pelo preço de 90.000,00€, através de contrato-promessa assinado por Alice, César e Deolinda, em abril de 2011.

Na mesma data, Deolinda pagou a Alice a quantia de 20.000,00€ por conta do valor do preço acordado, passando Deolinda a explorar de imediato o terreno rústico, com autorização de Alice.

No mesmo contrato ficou estipulado que a respetiva escritura de compra e venda seria outorgada no prazo de 60 dias, a marcar por Deolinda, que devia avisar Alice por carta registada com a./r. a informá-la do Notário, data e hora da celebração da escritura.

1. Diga quais as formalidades legais que está sujeito o contrato-promessa referido. Justifique. (2 valores)

PROPOSTA DE RESOLUÇÃO:

Introdução

O contrato, mediante o qual, alguém se obriga a celebrar o contrato prometido denomina-se *contrato-promessa*. Trata-se, portanto, de um contrato preliminar ao contrato definitivo. Neste caso, foi prometido um contrato de compra e venda, através do qual se transmite a propriedade de uma coisa ou direito, mediante um preço (art. 874º, CC).

Nos termos do art. 875º, CC, o contrato de compra e venda de bens imóveis carece de forma própria (escritura pública ou documento particular autenticado), sob pena de nulidade (art. 220º, CC).

A lei sujeita, em princípio, o contrato-promessa ao mesmo regime do contrato definitivo, através do *princípio da equiparação* (art. 410º, nº 1, 1ª parte, CC). Este princípio procede a uma extensão do regime do contrato definitivo ao contrato-promessa, sujeitando-se este às mesmas regras que vigoram para o contrato definitivo. O princípio da equiparação é, no entanto, objeto de duas importantes exceções: *disposições relativas à forma* e *disposições que pela sua razão de ser não devam considerar-se extensivas ao contrato-promessa* (2ª parte).

Desenvolvimento

No que concerne às *disposições relativas à forma*, o art. 410º, nº 2, CC, indica que caso a promessa diga respeito à celebração de contrato para o qual a lei exija documento, autêntico ou particular, basta um documento particular.

Desta forma, um contrato-promessa de compra e venda de imóvel, sujeito a escritura pública ou a documento particular autenticado (art. 875º, CC), pode realizar-se por simples documento particular desde que receba a assinatura das partes que se vinculam (dado ser um contrato--promessa bilateral), em nome do princípio da celeridade dos contratos (art. 410º, nº 2, CC).

Conclusão

O contrato em apreço não carece do reconhecimento notarial das assinaturas, atendendo a que o objeto contratual não é um "edifício ou uma fração autónoma" (caso em que seria de aplicar o preceituado no art. 410º, nº 3, CC), outrossim trata-se de um prédio rústico.

2. Na data marcada para a outorga da escritura do contrato prometido, Alice não compareceu no Notário, apesar de devidamente avisada. Refira todos os meios ou direitos com que pode Deolinda reagir a este incumprimento. Justifique. (4 valores)

PROPOSTA DE RESOLUÇÃO:

Introdução

Face à presunção (pese embora, ilidível, nos termos do art. 350º, nº 2, CC) presente no art. 441º, CC, a quantia de 20.000,00€ paga a título de princípio de pagamento do preço ("por conta do valor do preço acordado") assume a natureza de *sinal*.

Desenvolvimento e conclusão

Os meios de reação que cabem a Deolinda dependem da vontade desta em acatar o incumprimento ou exigir o cumprimento do contraente faltoso.

1) *Acatando o incumprimento*

A contraente não faltosa (Deolinda) possui a faculdade de exigir da contraente faltosa (Alice), as regras de penalização do sinal (art. 442º, nº 2, 2ª parte, CC), ou seja, o direito de exigir o dobro do que prestou (neste caso, a quantia de 40.000,00 €).

No entanto, dado que houve *traditio* da coisa, conforme manifesta o enunciado, pode Deolinda exigir:

- o valor da valorização do bem, correspondendo ao valor atual do prédio rústico, determinado objetivamente à data do não cumprimento da promessa (data da marcação da escritura, por ex. 120.000,00€), deduzindo o valor convencionado (90.000,00 €), nos termos do art. 442º, nº 2, 2ª parte, CC).
  Ou seja, haverá um enriquecimento de 30.000,00€, que será pago ao promitente-adquirente.
  Esta redação tem fundamento em contextos históricos próprios, em que a forte inflação e a especulação imobiliária comandavam os mercados.
- a restituição do sinal em singelo (a quantia de 20.000,00 €), segundo o disposto no art. 442º, nº 2, *in fine*, CC, face à presunção prevista no art. 441º, CC.

2) *Exigindo o cumprimento*

O contraente não faltoso (Deolinda) pode, em alternativa e contanto se mantenha o interesse no cumprimento (art. 808º, CC), requerer a execução específica do contrato, invocando o disposto no art. 830º, CC. Este dispositivo permite ao contraente cumpridor obter sentença que "produza os efeitos da declaração negocial do faltoso", na ausência de convenção em contrário (nº 1).

Entendendo-se que existe tal convenção quando se realiza o sinal ou tiver sido fixada uma pena para o caso de não cumprimento da promessa (nº 2). Essa presunção é, no entanto, sempre ilidível, nos termos do art. 350º, nº 2, CC.

Nos casos previstos no art. 410º, nº 3, CC, o direito à execução específica é imperativo (art. 830º, nº 3, CC).

Tal regime imperativo, no entanto, não se aplica no caso em apreço, dado que o contrato-promessa recai sobre um prédio rústico.

Nestes termos, só mediante a ilisão da presunção do sinal, se poderia acionar o mecanismo da execução específica (art. 830º, nº 2, CC).

3. Suponha que Alice alegou que não compareceu à escritura porque o contrato era inválido, uma vez que a assinatura de seu marido César não tinha sido reconhecida notarialmente. Tinha Alice alguma razão? Justifique.

PROPOSTA DE RESOLUÇÃO:

No caso concreto, não é necessário o reconhecimento das assinaturas dos contraentes, atento o disposto no art. 410º, nº 2, CC. Acresce que, o contrato-promessa gera apenas efeitos obrigacionais, pelo que a falta ou eventual irregularidade da assinatura de César não tornava a promessa inválida.

CASO PRÁTICO Nº 3:

No dia 30 de novembro de 2016, Firmino prometeu vender a Hélder, que prometeu comprar por 150.000€, um prédio rústico sito em Vila Nova de Gaia, no qual Hélder pretendia, após a obtenção do respetivo controlo prévio, previsto no RJUE, construir uma casa de férias.

As partes celebraram o contrato por escrito e declararam que os direitos de Hélder ao abrigo do contrato promessa teriam eficácia perante terceiros. Ambos os contraentes assinaram o contrato, mas apenas a assinatura de Hélder foi objeto de reconhecimento notarial.

Hélder entregou a Firmino 15.000€, destinado a antecipar o pagamento do valor final.

Oito dias antes da data da outorga da escritura de compra e venda, fixada para o dia 11 de janeiro de 2017, Firmino escreve a Hélder informando que Ema, proprietária do prédio rústico, se recusa a alienar o prédio, pelo que não podia cumprir o contrato, anexando um cheque de 15.000€.

Hélder desconhecia que Firmino não era o proprietário do prédio.

Pronuncie-se sobre os direitos de Hélder, sabendo que, em virtude da alteração do PDM, o prédio rústico vale agora 250.000€.

PROPOSTA DE RESOLUÇÃO:

Introdução

O contrato, mediante o qual, alguém se obriga a celebrar o contrato prometido denomina-se *contrato-promessa*. Trata-se, portanto, de um contrato preliminar ao contrato definitivo. Neste caso, foi prometido um contrato de compra e venda, através do qual se transmite a propriedade de uma coisa ou direito, mediante um preço (art. 874º, CC).

Nos termos do art. 875º, CC, o contrato de compra e venda de bens imóveis carece de forma própria (escritura pública ou documento particular autenticado), sob pena de nulidade (art. 220º, CC).

A lei sujeita, em princípio, o contrato-promessa ao mesmo regime do contrato definitivo, através do *princípio da equiparação* (art. 410º, nº 1, 1ª parte, CC). Este princípio procede a uma extensão do regime do contrato definitivo ao contrato-promessa, sujeitando-se este às mesmas regras que vigoram para o contrato definitivo. O princípio da equiparação é, no entanto, objeto de duas importantes exceções: *disposições relativas à forma* e *disposições que pela sua razão de ser não devam considerar-se extensivas ao contrato-promessa* (2ª parte).

Desenvolvimento

No que concerne às *disposições relativas à forma*, o art. 410º, nº 2, CC, indica que tratando a promessa de um contrato para o qual a lei exija documento, autêntico ou particular, basta um documento particular.

Desta forma, um contrato-promessa de compra e venda de imóvel, sujeito a escritura pública ou a documento particular autenticado (art. 875º, CC), pode realizar-se por simples documento particular desde que receba a assinatura das partes que se vinculam, dado ser um contrato-promessa bilateral (art. 410º, nº 2, CC).

É irrelevante o não reconhecimento notarial da assinatura de Firmino, dado que não se trata de edifício ou fração autónoma, sendo inaplicável o art. 410º, nº 3, CC, pelo que o contrato-promessa cumpre os requisitos formais.

As partes pretendem dotar a promessa de eficácia real. À promessa de transmissão de direitos reais sobre bens imóveis podem as partes atribuir eficácia perante terceiros (eficácia real) mediante os seguintes requisitos: declaração expressa e inscrição no registo (art. 413º, nº 1, CC).

Salvo o disposto em lei especial, deve constar de escritura pública ou de documento particular autenticado a promessa a que as partes atribuam eficácia real (nº 2).

No caso em apreço, o contrato-promessa foi celebrado por documento particular e apenas a assinatura de Hélder foi objeto de reconhecimento notarial, pelo que não cumpre os requisitos de forma, faltando ainda o registo da declaração, assim o contrato promessa possui apenas efeitos obrigacionais.

Qualifica-se a entrega da quantia de 15.000€ destinada a antecipar o pagamento do valor final como a título de *sinal* (art. 441º, CC), embora tal presunção seja ilidível (art. 350º, nº 2, CC).

Firmino não é proprietário do prédio rústico, pelo que carece de legitimidade para o alienar. O princípio da equiparação sofre desvios, conforme já referido, nomeadamente quanto às *disposições que pela sua razão de ser não devam considerar-se extensivas ao contrato-promessa* (art. 410º, nº 1, CC).

Assim não são aplicáveis as regras de compra e venda de bem alheio, que decretam a nulidade do negócio prometido (art. 892º, 1ª parte, CC), apesar de tal nulidade não ser oponível ao (promitente) comprador de boa-fé, como ocorre no caso (Hélder desconhecia que Firmino não era o proprietário do prédio), de acordo com a 2ª parte do preceito.

A razão de tal inaplicabilidade é explicada por PIRES DE LIMA e ANTUNES VARELA: "não produzindo o contrato-promessa efeitos translativos, mas apenas a obrigação (obrigação de prestação de facto) de celebrar o contrato definitivo, deve entender-se que também lhe não são aplicáveis as disposições que declaram nula a *alienação* de coisa alheia" (cfr. o art. 892º, aplicável aos demais contratos onerosos por força do disposto no art. 939º), *in Código Civil Anotado*, vol. I, Coimbra Ed., 4ª ed., p. 378.

A carta em que Firmino indica que "não podia cumprir o contrato" vale como declaração antecipada de não cumprimento, podendo entender-se de imediato como um incumprimento definitivo (art. 801º, CC).

Qualifica-se a entrega da quantia de 15.000€ destinada a antecipar o pagamento do valor final como a título de sinal (art. 441º, CC), pelo que Hélder tem direito à restituição do sinal em dobro (art. 442º, nº 2, 2ª parte, CC). Firmino não poderia devolver o sinal apenas em singelo.

O crédito de Hélder à devolução do sinal em dobro não estava garantido por um direito de retenção, uma vez que não se verificara a tradição da coisa.

O aumento do valor da coisa (refere o enunciado que o "prédio rústico vale agora 250.000€") é irrelevante dado que não foi feita a tradição do prédio.

Ainda, no caso concreto, a valorização da coisa não se traduziu numa vantagem para o promitente vendedor faltoso (apenas para um terceiro, a proprietária), pelo que é irrelevante para o litígio entre as partes.

Igualmente é de desconsiderar o instituto da execução específica, pois além da existência de sinal, que valeria como presunção de afastamento da execução específica (artigo 830º, nº 2, CC), Hélder não pode obter sentença que substitua a declaração do contraente faltoso pois o bem pertence a Ema. Tal é expresso na lei, a execução específica apenas é possível "sempre que a isso não se oponha a natureza da obrigação assumida" (nº 1, *in fine*).

Conclusão

Na ausência de estipulação em contrário, Hélder não teria direito a qualquer outra pretensão indemnizatória (artigo 442º, nº 4, CC), além do direito à restituição do sinal em dobro (art. 442º, nº 2, 2ª parte, CC).

CASO PRÁTICO Nº 4:

Em 10 de novembro de 2015, Rui obrigou-se a vender um T4 a Isabel. Tal acordo foi estabelecido através de documento particular assinado por ambos, que continha o reconhecimento presencial das assinaturas e a certificação notarial da existência de autorização de utilização. Isabel entregou a Rui, a quantia de 30.000€, a título de antecipação de pagamento, passando a habitar o referido imóvel, no qual realizou obras de beneficiação no valor de 20.000€. Rui ficou incumbido de marcar a escritura pública de compra e venda do imóvel, pelo valor de 120.000€, devendo avisar Isabel da respetiva data, por meio de carta registada com a.r., com 15 dias de antecedência.

A 15 de dezembro, Isabel tomou conhecimento que Rui pretendia vender o imóvel a Xavier, no dia 20 de dezembro, pelo preço de 190.000€.

Isabel pretender reagir nos termos legais e obter uma indemnização por dano moral de 10.000€. *Quid iuris?*

PROPOSTA DE RESOLUÇÃO:

Introdução

O contrato, mediante o qual, alguém se obriga a celebrar o contrato prometido denomina-se *contrato-promessa*. Trata-se, portanto, de um contrato preliminar ao contrato definitivo. Neste caso, foi prometido um contrato de compra e venda, através do qual se transmite a propriedade de uma coisa ou direito, mediante um preço (art. 874º, CC).

Nos termos do art. 875º, CC, o contrato de compra e venda de imóvel carece de forma própria (escritura pública ou documento particular autenticado), sob pena de nulidade (art. 220º, CC).

A lei sujeita, em princípio, o contrato-promessa ao mesmo regime do contrato definitivo, através do *princípio da equiparação* (art. 410º, nº 1, 1ª parte, CC). Este princípio procede a uma extensão do regime do contrato definitivo ao contrato-promessa, sujeitando-se este às mesmas regras que vigoram para o contrato definitivo. O princípio da equiparação é, no entanto, objeto de duas importantes exceções: *disposições relativas à forma* e *disposições que pela sua razão de ser não devam considerar-se extensivas ao contrato-promessa* (2ª parte).

Desenvolvimento

Foram cumpridos os requisitos quanto à forma (documento particular assinado por ambas as partes, que continha o reconhecimento presencial das assinaturas e certificação notarial da existência de autorização de utilização), de acordo com o art. 410º, nº 3, CC, dado tratar-se de uma fração autónoma (T4).

Presume-se que tem a natureza de *sinal* toda a quantia entregue, mesmo a titulo de antecipação do pagamento do preço (art. 441º, CC). Tal presunção é ilidível, nos termos do art. 350º, nº 2, CC.

Rui incumpre com o prometido, pois pretende vender o imóvel por preço superior.

Os meios de reação que cabem a Isabel dependem da vontade desta em acatar o incumprimento ou exigir o cumprimento do contraente faltoso.

1) *Acatando o incumprimento*

Atendendo a que houve *traditio* do bem, pode Isabel exigir o valor atual da coisa, com dedução do preço convencionado e restituição do sinal em singelo (art. 442º, nº 2, 2ª parte, CC), bem como a ser indemnizada pelo valor das obras de beneficiação, nos termos gerais.

2) *Exigindo o cumprimento*

A promitente adquirente (Isabel) pode recorrer à execução específica (art. 830º, nº 1, CC), mantendo interesse no incumprimento (art. 808º, CC), obtendo a declaração negocial do faltoso, dado que este direito não pode ser afastado nas promessas a que se refere o art. 410º, nº 3, *ex vi* art. 830º, nº 3, ambos do CC.

A sentença, a requerimento do faltoso, pode ordenar a modificação do contrato nos termos do art. 437º, CC.

Conclusão

Na ausência de estipulação (como ocorreu), não é devida qualquer outra indemnização além da exigência do valor atual da coisa (art. 442º, nº 4, CC), pelo que decaí a pretensão de Isabel de obter indemnização por dano moral.

CASO PRÁTICO Nº 5:

Entre Abel e Bernardo celebrou-se um contrato-promessa de compra e venda de fração autónoma.

Bernardo entregou ao promitente alienante um valioso quadro, a título de sinal.

Após a interpelação admonitória prevista no art. 808º, nº 1, 2ª parte, do CC, o promitente alienante pretende acionar o regime do sinal, a cumular com pedido de indemnização cível.

Perante tal atitude, o promitente adquirente manifesta vontade de cumprir a prestação, ensejando acionar o mecanismo da execução específica, por manter interesse no negócio. *Quid iuris?*

PROPOSTA DE RESOLUÇÃO:

Introdução

O contrato, mediante o qual, alguém se obriga a celebrar o contrato prometido denomina-se *contrato-promessa*. Trata-se, portanto, de um contrato preliminar ao contrato definitivo. Neste caso, foi prometido um contrato de compra e venda, através do qual se transmite a propriedade de uma coisa ou direito, mediante um preço (art. 874º, CC).

Nos termos do art. 875º, CC, o contrato de compra e venda de imóvel carece de forma própria (escritura pública ou documento particular autenticado), sob pena de nulidade (art. 220º, CC).

A lei sujeita, em princípio, o contrato-promessa ao mesmo regime do contrato definitivo, através do *princípio da equiparação* (art. 410º, nº 1, 1ª parte, CC). Este princípio procede a uma extensão do regime do contrato definitivo ao contrato-promessa, sujeitando-se este às mesmas regras que vigoram para o contrato definitivo. O princípio da equiparação é, no entanto, objeto de duas importantes exceções: *disposições relativas à forma* e *disposições que pela sua razão de ser não devam considerar-se extensivas ao contrato-promessa* (2ª parte).

Desenvolvimento

Bernardo entregou ao promitente alienante um valioso quadro, a título de sinal.

Só pode possuir caráter de *sinal* a entrega de quantia (pecuniária) ou de coisa fungível (como ocorreria com a entrega do quadro), por força da expressão económica que antecipa o pagamento (art. 441º, CC) e penaliza o incumprimento (art. 442º, nº 2, CC). "O sinal, tal como a antecipação do cumprimento, é imputado, se o puder ser, na prestação devida ou na prestação futura, se se trata dum contrato-promessa. Não sendo possível a imputação, a coisa entregue como sinal deve ser restituída, mas a restituição, para que o sinal cumpra a sua função específica (nº 2), só deve ser feita, em princípio, após o cumprimento", explicam Pires de Lima e Antunes Varela, *Código Civil Anotado*, vol. I, Coimbra Ed., 4ª ed., p. 418.

O efeito da interpelação admonitória prevista no art. 808º, nº 1, 2ª parte, CC, permite a demonstração da perda de interesse no negócio por parte do promitente alienante, considerando-se não cumprida definitivamente a obrigação por parte do promitente adquirente.

A parte cumpridora pode acionar o regime do sinal, fazendo sua a coisa entregue (art. 442º, nº 2, 1ª parte, CC). Não há lugar a indemnização cível (a cumular com a perda de sinal), dado que tal não foi convencionado entre as partes (nº 4).

Quanto à pretensão do promitente adquirente relativa ao acionamento da execução específica não é possível, pois este mecanismo só pode ser usado pelo contraente não faltoso (arts. 442º, nº 3 e 830º, CC). Ainda, a parte cumpridora já demonstrou perda de interesse no negócio.

Conclusão

O contraente não faltoso pode exigir a penalização do sinal, não sendo esta cumulável com a indemnização cível (art. 442º, nºs 2 e 4, CC).

O contraente faltoso não pode acionar o mecanismo da execução específica, dado que este funciona como sanção reconstitutiva (arts. 442º, nº 3 e 830º, CC).

Direito de preferência
(exame de admissão OSAE – 2012/2013)

CASO PRÁTICO Nº 1:

António é proprietário de certa quinta e titular de uma servidão legal de passagem sobre uma quinta vizinha. Decidido a vender a quinta, mandou uma carta a Bento, o dono do terreno onerado, perguntando-lhe "se pretendia exercer por €100.000 o seu direito de preferência". Carlos tinha-lhe oferecido esse valor pela quinta.

Bento nada disse, de modo que, passados 15 dias, António a vendeu de facto a Carlos, por €100.000, declarando-se na escritura o preço de €60.000.

Carlos pagou ainda o IMTOI e os emolumentos registais. Bento propõe uma ação contra Carlos em que exige a propriedade sobre a quinta, depositando €60.000. *Quid iuris?*

PROPOSTA DE RESOLUÇÃO:

Introdução

O *thema decidendi* corresponde ao direito de preferência, mediante o qual se atribui a alguém o direito de preferir sobre os demais interessados no caso de venda de determinada coisa, obrigando o alienante a assumir a obrigação de lhe dar preferência.

Este direito pode assentar numa convenção (pacto) estabelecida entre as partes, prevista no art. 414º, CC (denominada *preferência convencional*) ou decorrer *ope legis* (denominada *preferência legal*).

No caso em apreciação, trata-se de uma *preferência legal* (art. 1555º, CC), cuja titularidade pertence a Bento. Dispõe o nº 1, que "O proprietário de prédio onerado com a servidão legal de passagem, qualquer que tenha sido o título constitutivo, tem direito de preferência, no caso de venda (...) do prédio dominante".

[Estabelecida que está a modalidade de preferência, não mais se invoca a figura do pacto de preferência, dado ser inaplicável. A arquitetura do raciocínio jurídico a construir atenderá apenas à preferência legal].

Desenvolvimento

O enunciado suscita várias questões a atender:

– Quanto à comunicação

O artigo 1555º, nº 2, CC remete para os arts. 416º a 418º, CC, os quais devem ser aplicados *mutatis mutandis* (dado a sua génese corresponder ao pacto de preferência).

Assim, António ao querer vender a quinta terá que cumprir o disposto no art. 416º, nº 1, CC, comunicando:

a) o projeto de venda

Apesar de a lei omitir em que consiste especificamente tal menção, é doutrina firmada que o projeto de venda deve englobar a identificação do bem.

b) as cláusulas do respetivo contrato

As cláusulas contratuais correspondem às condições essenciais do negócio, incluindo o preço, bem como, segundo entendimento jurisprudencial dominante, à identificação do terceiro interessado (pois, neste caso, António não pretende apenas vender a um eventual interessado, está em vias de concluir um negócio)[1].

[1] Sobre esta problemática, *v.* Acórdão STJ, nº 02A3447, 11/19/2002 Disponível *in* http://www.dgsi.pt/.
9. Dos precedentes normativos resulta que o obrigado a dar preferência tem de comunicar ao titular do direito não a simples intenção de vender, mas a existência de um ajuste feito com terceiro, devendo constar dessa comunicação, sem ambiguidades ou lacunas, todos os elementos essenciais do negócio.

c) o prazo para o exercício do direito

O art. 416º, nº 2, 2ª parte, CC, permite a estipulação de prazo para exercício do direito. Se tal não ocorreu, a lei concede como regime supletivo, o período de 8 dias (nº 2, 1ª parte).

– Quanto à simulação do preço

Atendendo ao estatuído no art. 243º, CC, a simulação do preço de venda não aproveita ao preferente, ou seja, não é permitida a arguição da simulação contra terceiros de boa-fé.

– Quanto aos valores emolumentares e fiscais

O preço, a que se refere o art. 1410º, nº 1, *in fine*, CC, respeita apenas ao preço em sentido estrito. Os valores emolumentares e fiscais pagos não têm de ser depositados pelo preferente, pois exorbitam a questão contratual.

Conclusão

Conclui-se que a comunicação de António é demasiado genérica e vaga, não permitindo ao interessado construir um interesse contratual positivo.

Pelo exposto, a comunicação é ineficaz, por ausência dos elementos essenciais do negócio.

Se a comunicação fosse válida, Bento deveria indicar a sua posição no prazo de oito dias, sob pena do direito de preferir caducar (art. 416º, nº 2, CC).

Assistiria, por consequência, a Bento o recurso à ação de preferência prevista no art. 1410º, CC (*ex vi* art. 1555º, nº 3, CC), o qual deve ser interpretado à luz do caso concreto, ou seja, lendo-o como se indicasse o "preferente a que não se dê conhecimento da venda", pode recorrer à ação de

Para que o preferente possa exercer o seu direito de opção é indispensável, pois, que conheça os exatos termos em que o vinculado à prolação se propõe negociar com o terceiro.
Daí que a lei fale não só em projeto de venda, como também em cláusulas do respetivo contrato e em elementos essenciais da alienação.
Ora, deve entender-se que são essenciais todos os elementos ou fatores do negócio susceptíveis de influir decisivamente na formação da vontade do titular do direito de preferência, permitindo-lhe uma consciente escolha entre preferir ou abdicar do seu direito de opção. Isto é, são elementos essenciais todos aqueles cujo conhecimento é imprescindível para o titular do direito de preferência decidir se há de, ou não, exercer o seu direito].

preferência, mediante as condições aí explanadas: tempestividade da ação (dentro do prazo de 6 meses a contar do conhecimento dos elementos essenciais da alienação) e depósito do preço nos 15 dias seguintes à propositura da mesma.

CASO PRÁTICO Nº 2:

Por convenção datada de 30 de janeiro de 2016, Alexandre concedeu a Bernardo direito de preferência na venda do lote 326, por 600.000€.

Em 30 de novembro de 2016, Alexandre enviou a Bernardo uma carta com o seguinte teor: "Vimos por este meio informar que nos foi apresentada uma proposta de aquisição do lote 326, por um valor de 700.000€. Pelo que solicitamos nos comunique a sua decisão sobre o exercício do direito de preferência".

Bernardo informou, por carta, em 2 de dezembro de 2016, que pretendia adquirir pelo referido preço. Assim, foi celebrada a escritura de compra e venda respetiva.

Posteriormente, Bernardo teve conhecimento da existência de um contrato de arrendamento (celebrado por Alexandre com Cláudio em 3 de fevereiro de 2016) relativamente a uma moradia existente no dito lote.

a) Uma vez consumada a aquisição a favor de Bernardo, o arrendamento de Cláudio seria suscetível de permanecer?

PROPOSTA DE RESOLUÇÃO:

Introdução

As partes celebraram um pacto (contrato) de preferência que consiste na convenção pela qual alguém assume a obrigação de dar preferência a outrem na venda de determinada coisa (art. 414º, CC).

Perante o enunciado (aferir se o arrendamento de Cláudio seria suscetível de permanecer) há que considerar duas hipóteses, se o pacto de preferência celebrado entre Alexandre e Bernardo tinha eficácia real ou se o pacto de preferência não tinha eficácia real.

Desenvolvimento e conclusão

i) Pacto de preferência com eficácia real

Dispõe o artigo 421º, nº 1, CC, que o direito de preferência pode, por convenção das partes, gozar de eficácia real se respeitando a bens imóveis, forem observados os requisitos de forma e de publicidade exigidos no art. 413º, CC.

Este preceito indica que a eficácia real depende de declaração expressa e inscrição no registo predial (nº 1).

Desta forma, o pacto de preferência seria anterior (em data de celebração e em data de publicitação) ao contrato de arrendamento, dado que o arrendatário ainda não tinha preferência legal.

Por esta razão prevaleceria o pacto, tendo Bernardo o direito de adquirir o lote de terreno desonerado do arrendamento (o que conduziria à extinção deste), através de ação de preferência (nos termos do art. 421º, nº 2, CC, o qual remete para o art. 1410º, CC, aplicável com as devidas adaptações), a exercer no prazo de 6 meses (a contar do conhecimento dos elementos essenciais do negócio) e mediante depósito do preço devido nos 15 dias seguintes à propositura da ação.

ii) Pacto de preferência sem eficácia real

Atendendo a que o arrendatário não tem o ónus de conhecer a existência do pacto de preferência, a locação subsistiria. Ao preferente restaria pedir:

- indemnização pelos danos implicados na desvalorização do terreno devido à manutenção do arrendamento (arts. 562º a 566º, ambos do CC); ou,
- eventual anulação da compra com fundamento em erro sobre o objeto (provavelmente causado por dolo do vendedor, arts. 251º, 253º, 254º, CC).

b) Se permanecesse o arrendamento e se Cláudio também quisesse preferir, qual a preferência que prevaleceria?

PROPOSTA DE RESOLUÇÃO:

Introdução

Entre preferente legal e preferente convencional prevalece sempre o primeiro (artigo 422º, CC).

Desenvolvimento

O arrendatário, todavia, apenas goza de preferência legal (artigo 1091º, nº 1, alínea *a*), CC), quando ocupe o local arrendado há mais de três anos.

O que, à data dos factos, ainda não se verificava.

Conclusão

Pelo exposto, decaí a preferência legal, por falta de cumprimento do prazo legal para formação do direito.

CASO PRÁTICO Nº 3:

Em janeiro de 2016, João, teve conhecimento que Jorge prometera vender a Leonel o prédio que habita há 10 anos, estando marcada a data da escritura para a celebração do contrato prometido para finais desse ano. Jorge nada disse ao arrendatário sobre este negócio.

O que deve fazer o arrendatário para fazer valer o seu direito?

PROPOSTA DE RESOLUÇÃO:

Introdução

O caso enquadra-se no direito de preferência legal, ou seja, ocorre *ope legis*, forçando o vendedor a assumir a obrigação de dar preferência a outrem na venda de determinada coisa.

Atendendo a que o arrendatário habita o locado há 10 anos tem preferência no contrato de compra e venda (art. 1091º, nº 1, al. *a*), CC).

Desenvolvimento

Cabe ao vendedor informar o preferente legal do projeto de venda e das cláusulas do contrato (art. 416º, aplicável com as devidas adaptações, *ex vi* art. 1091º, nº 4, CC).

Esta informação permite que este possa no prazo de 8 dias, após receber a comunicação, exercer o seu direito de preferência, sob pena de caducidade (art. 416º, nº 2, CC).

Caso não lhe seja dada a preferência, tem, nos termos do art. 1410º, nº 1, CC (aplicável por remissão do art. 1091º, nº 4, CC), o direito de exercer a ação de preferência no prazo de 6 meses, a contar da data em que teve conhecimento dos elementos essenciais da alienação (e não da promessa), desde que deposite o preço devido nos 15 dias seguintes à propositura da ação.

Conclusão

Pelo exposto, João terá que aguardar pela notificação do vendedor quanto à venda definitiva, nos termos do art. 416º, nº 1, CC, para exercer o direito de preferência.

CASO PRÁTICO Nº 4:

Aníbal pretende adquirir a casa dos avós de Carla e Inês.

Estas indicam que se a vierem a vender, será Aníbal o adquirente, desde que esteja disposto a pagar-lhes o mesmo preço que outro qualquer interessado venha eventualmente a oferecer. As partes submeteram o acordo a escritura pública e inscrição no registo.

Passados alguns meses, Aníbal é informado de que Carla e Inês venderam a casa com a cláusula *pro amico elegendo*, desconhecendo, ainda, o valor da aquisição.

a) O que pode Aníbal fazer?

PROPOSTA DE RESOLUÇÃO:

Introdução

O caso enquadra-se no *direito de preferência convencional*, também chamado pacto de preferência, definido como a "convenção pela qual alguém assume a obrigação de dar preferência a outrem na venda de determinada coisa" (art. 414º, CC).

Desenvolvimento e conclusão

Neste caso, dado que as partes submeteram o acordo a escritura pública e inscrição no registo, o direito de preferência goza de eficácia real (art. 421º, nº 1, CC).

Cabe ao vendedor informar o preferente do projeto de venda e das cláusulas do respetivo contrato, incluindo o preço da aquisição (art. 416º, nº 1, CC), para exercício do direito de preferência, no prazo de 8 dias, sob pena de caducidade (nº 2).

Caso não lhe seja dada a preferência, e dado que o pacto goza de eficácia real, tem o direito de exercer a ação de preferência no prazo de 6 meses, a contar da data em que teve conhecimento dos elementos essenciais da alienação, desde que deposite o valor da coisa (art. 1410º *ex vi* art. 421º, nº 2, CC).

Cabe aos vendedores indicarem ao preferente o valor da aquisição para que este pondere se quer preferir.

b) Qualifique o negócio realizado entre Carla e Inês e o adquirente beneficiário da cláusula.

PROPOSTA DE RESOLUÇÃO:

Introdução

Carlos e Inês celebraram um contrato para pessoa a nomear, definido como o contrato em que uma das partes pode reservar o direito de nomear um terceiro que adquira os direitos e assuma as obrigações (art. 452º, CC).

Desenvolvimento e conclusão

Quanto ao:

Tempo da nomeação: na falta de convenção, a nomeação ocorre nos cinco dias posteriores à celebração do negócio (art. 453º, nº 1, 2ª parte, CC);

Forma da nomeação: A declaração, por escrito, da nomeação deve ser acompanhada do instrumento escrito de ratificação, sob pena de ineficácia (arts. 453º, nº 2 e 454º, nº 1, CC).

Ao concordar com o negócio, o nomeado assume as obrigações daí decorrentes (art. 455º, nº 1, CC), nomeadamente, pagamento do preço.

Gestão de negócios

CASO PRÁTICO Nº 1 (EXAME DE ADMISSÃO À OSAE 2012/2013):

Após um curto namoro, Maria e Manuel decidem viver juntos num andar, que Manuel se dispõe a comprar com o seu dinheiro.

Como Manuel ainda está casado, combina com Maria que será esta a outorgar a escritura de compra e venda, transferindo-lhe, logo que se encontre divorciado, o respetivo direito de propriedade.

Como Manuel não dispõe da totalidade da quantia necessária para a compra do andar, pede emprestado, conjuntamente com seu pai, €50.000, ficando obrigado a entregar uma prestação mensal para amortização da quantia emprestada e pagamento de juros.

Ambos acordam que Manuel será responsável pelo pagamento do empréstimo e das despesas com a alimentação, e Maria pelo pagamento das prestações do condomínio, luz, água e telefone.

Após 3 anos de vida em comum, o casal separa-se.

Decretado o divórcio de Manuel, e perante a recusa de Maria em transferir a propriedade do andar, este propõe uma ação judicial em que pede que se declare transmitido para si o direito de propriedade.

Maria contesta a ação e requer que Manuel seja condenado a devolver-lhe todas as quantias que havia gasto com o condomínio, luz, água e telefone. *Quid iuris?*

PROPOSTA DE RESOLUÇÃO:

Introdução

O *thema decidendi* corresponde ao instituto da gestão de negócios.

A gestão de negócios obriga ao preenchimento dos requisitos vertidos no art. 464º, CC, ou seja: assunção da direção de negócio alheio (o negócio possui um sentido amplo, podendo ser apenas um interesse material), no interesse (interesse real e objetivo de proporcionar uma vantagem ou de evitar um prejuízo ao *dominus*) e por conta do *dominus* (no sentido deste receber os efeitos jurídicos da atuação do gestor), sem para tal estar autorizado [há uma ausência de autorização fundada em contrato (mandato, nos termos do art. 1157º, CC), poderes de representação (de acordo com o art. 268º, nº 1, CC) ou decorrente da lei].

Aquele que interfere no negócio denomina-se gestor, em contraposição ao seu titular, o dono do negócio (*dominus*).

Desenvolvimento e conclusão

Maria tem poderes plenos e concordância de Manuel para o ato (art. 464º, *a contrario*, CC), atua, portanto, em nome próprio, no âmbito da *gestão não representativa* (art. 471º, 2ª parte, CC), ou seja, intervém como mandatária sem representação.

Define-se mandato sem representação como aquele em que o mandatário (Maria) age em nome próprio, adquirindo os direitos e assumindo as obrigações decorrentes dos atos que celebra (art. 1180º, CC).

O mandatário (Maria) é obrigado a transferir para o mandante os direitos adquiridos em execução do mandato (art. 1181º, nº 1, CC).

O mandante (Manuel) deve assumir, através de contrato com ratificação (art. 595º, nº 1, *ex vi* art. 1182º, 1ª parte, CC), as obrigações contraídas pelo mandatário (Maria) em execução do mandato.

O art. 595º, nº 2, CC, deve ser interpretado à luz do caso concreto, assim, deve ler-se "a transmissão só exonera o mandatário havendo declaração expressa do mandante; de contrário, o mandatário responde solidariamente com o mandante".

A ratificação do negócio é matéria crucial dado que o mandante (Manuel) pediu emprestado, conjuntamente com seu pai, €50.000 (tendo celebrado um contrato de mútuo, definido no art. 1142º, CC).

Assim, havendo ratificação, o mandante (Manuel) assume com o pai uma obrigação conjunta (não definida legalmente), respondendo cada um dos codevedores pela respetiva quota-parte de responsabilidade.

Dado que houve uma causa justificativa (acordo entre Manuel e Maria) não é aplicável a figura do enriquecimento sem causa (art. 473º, CC), atento o seu caráter subsidiário (art. 474º, CC).

O acordo estabelecido quanto à partilha das despesas é válido face ao princípio da liberdade contratual, previsto no art. 405º, nº 1, CC.

Pelo que, o contrato deve ser pontualmente cumprido (art. 406º, CC), transferindo-se a propriedade do andar para Manuel e assumindo Maria as despesas que constam do contrato celebrado.

CASO PRÁTICO Nº 2:

Edgar ao dirigir-se para o restaurante onde habitualmente almoçava, encontra estacionada, junto à entrada, a bicicleta do seu filho, bastante vandalizada, que fora furtada.

Coloca-a na mala do seu automóvel e entrega-a no garagista para reparação. O orçamento do conserto é de 500€.

No dia seguinte, o seu amigo Pedro informa que vira a bicicleta, em perfeito estado, junto a um campo de futebol.

Por sua vez, Fausto, dono da bicicleta, que soube do reparo através do garagista, exige a Edgar que a restitua. *Quid iuris*?

PROPOSTA DE RESOLUÇÃO:

Introdução

O *thema decidendi* corresponde ao instituto da gestão de negócios.

A gestão de negócios obriga ao preenchimento dos requisitos vertidos no art. 464º, CC, ou seja: assunção da direção de negócio alheio (o negócio possui um sentido amplo, podendo ser apenas um interesse material), no interesse (interesse real e objetivo de proporcionar uma vantagem ou de evitar um prejuízo ao *dominus*) e por conta do *dominus* (no sentido deste receber os efeitos jurídicos da atuação do gestor), sem para tal estar autorizado [há uma ausência de autorização fundada em contrato (mandato, nos termos do art. 1157º, CC), poderes de representação (de acordo com o art. 268º, nº 1, CC) ou decorrente da lei].

Aquele que interfere no negócio denomina-se gestor, em contraposição ao seu titular, o dono do negócio (*dominus*).

No *caso sub judice*, Edgar assumiu a gestão de negócio alheio *julgado próprio* (art. 472º, nº 1, CC). Decorre da 1ª parte, do preceito, que só será aplicável o instituto da gestão de negócios, se o *dominus* aprovar a gestão. Caso contrário, a solução haverá que ser encontrada à luz do instituto do enriquecimento sem causa (2ª parte).

O enunciado não explicita qual a vontade do *dominus*, pelo que haverá que equacionar as duas hipóteses.

Desenvolvimento e conclusão

Gestão de negócios

Se alguém gerir negócio alheio, convencido de que ele lhe pertence, só será aplicável o instituto da gestão de negócios se houver *aprovação da gestão* (art. 472º, nº 1, 1ª parte, CC).

A aprovação da gestão implica a renúncia ao direito de indemnização pelos danos devidos a culpa do gestor, havendo-os, e vale como reconhecimento, ao gestor, dos direitos conferidos no art. 468º, nº 1, do CC (reembolso das despesas realizadas e indemnização do prejuízo que haja sofrido), segundo o previsto no art. 469º, CC.

Enriquecimento sem causa

O instituto do enriquecimento sem causa obriga ao preenchimento cumulativo dos seguintes requisitos: que haja um enriquecimento, à custa de outrem, sem causa justificativa, não havendo outro meio jurídico de reação contra o enriquecimento (arts. 473º e 474º, CC).

Por *enriquecimento* entende-se a obtenção de uma vantagem de caráter patrimonial, via aumento do ativo ou diminuição do passivo. No caso *sub judice*, houve poupança de despesa (reparação da bicicleta), ou seja, diminuição do passivo.

À custa de outrem significa que o enriquecimento de um (dono do negócio) foi feito à custa do empobrecimento do outro (titular do direito).

Sem causa justificativa indica que houve ausência de um fundamento jurídico para o enriquecimento (art. 473º, nº 2, CC).

Caráter subsidiário, ou seja, a lei não faculta ao empobrecido outro meio de ser indemnizado ou restituído, nega o direito à restituição ou atribuiu outros efeitos ao enriquecimento (art. 474º, CC).

O art. 479º, nº 1, CC, impõe a restituição em espécie como critério de resolução. Não sendo tal possível, deverá ser pago o valor correspondente ao enriquecimento efetivo e atual. Assim, só o enriquecimento efetivo que ainda perdure será objeto de restituição.

A *tese do enriquecimento real* atende apenas à vantagem patrimonial, objetivamente considerada.

A *tese do enriquecimento patrimonial* cuida da diferença entre a situação real e atual do enriquecido e aquela em que estaria não fosse o enriquecimento. Assim, o enriquecimento corresponderá àquilo que se gastaria no garagista a que normalmente recorre o dono do negócio e já não aos 500€.

Conclusão

No contexto da gestão de negócio, havendo aprovação da gestão Fausto deve reembolsar o gestor das despesas realizadas (500€).

Em sede de enriquecimento sem causa, não é líquido que a obrigação de restituir seja de 500€.

CASO PRÁTICO Nº 3:

Durante a ausência de António, hospitalizado, um pinheiro nórdico tombou sobre a garagem da casa, destruindo-a parcialmente e atingindo o automóvel aí estacionado.

Berta, vizinha, constatando a queda da árvore e os estragos, contratou Manuel para retirar o pinheiro e proceder à reparação da garagem da casa, pagando a este 10.000€.

Berta vendeu os troncos da árvore por 2.500€.

E procedeu à ampliação da garagem para permitir o aparcamento de outro carro, despendendo 5.000€.

António, depois de obter alta, não aprovou qualquer dos atos de Berta. *Quid iuris?*

PROPOSTA DE RESOLUÇÃO:

Introdução

O *thema decidendi* corresponde ao instituto da gestão de negócios.

A gestão de negócios obriga ao preenchimento dos requisitos vertidos no art. 464º, CC, ou seja: assunção da direção de negócio alheio (o negócio possui um sentido amplo, podendo ser apenas um interesse material), no interesse (interesse real e objetivo de proporcionar uma vantagem ou de evitar um prejuízo ao *dominus*) e por conta do *dominus* (no sentido deste receber os efeitos jurídicos da atuação do gestor), sem para tal estar autorizado [há uma ausência de autorização fundada em contrato (mandato, nos termos do art. 1157º, CC), poderes de representação (de acordo com o art. 268º, nº 1, CC) ou decorrente da lei].

Aquele que interfere no negócio denomina-se gestor, em contraposição ao seu titular, o dono do negócio (*dominus*).

Enquanto gestor, Berta realizou os seguintes negócios jurídicos:

- Contrato de empreitada (reparação e ampliação da garagem e remoção da árvore), art. 1207º, CC;
- Contrato de compra e venda (dos troncos da árvore), art. 874º, CC.

Desenvolvimento

Perante a rejeição por parte do *dominus* dos negócios feitos pelo gestor, cabe a este a prova da regularidade da sua gestão (art. 466º, nº 2, CC).

Há *gestão regular* se o gestor atuar em conformidade com o interesse **ou** a vontade (neste caso, presumível) do *dominus* (ou seja, gestão não culposa), art. 466º, nº 2, CC, a *contrario* e art. 468º, nº 1, CC.

Considera-se *gestão irregular* (culposa), aquela que é desconforme ao interesse ou à vontade (real ou presumível) do dono do negócio (art. 466º, nº 2, CC).

Quanto ao contrato de empreitada de reparação da garagem e remoção da árvore (art. 1207º, CC), trata-se de um negócio regular, pois Berta pretendeu cuidar da manutenção da casa.

Igualmente regular é o contrato de compra e venda dos troncos da árvore, pois tratou-se de um negócio, presume-se que a preço razoável.

Nestes contratos, o gestor terá os mesmos direitos que lhe seriam atribuídos no caso de a gestão ter sido exercida em conformidade com o interesse e a vontade (real ou presumível) do dono do negócio (art. 468º, nº 1, CC).

Assim, o *dominus* deverá reembolsar Berta pelas despesas feitas no montante de 10.000€, acrescido de juros legais.

O gestor é obrigado a entregar ao *dominus* o valor recebido quanto à venda dos troncos da árvore de 2.500€ (segundo o art. 465º, al. *e*), CC), gozando de direito de retenção (art. 755º, nº 1, al. *d*), CC). A gestão não dá direito a qualquer remuneração, salvo se corresponder ao exercício da atividade profissional do gestor (art. 470º, nº 1, CC), o que não se verifica no presente caso.

Irregular foi o contrato de empreitada de ampliação da garagem (art. 1207º, CC), dado que a gestão de negócios cuida de atos urgentes que importa praticar para evitar a degradação do património do *dominus*. Não se pode concluir que a ampliação da garagem era conforme o interesse ou a vontade (real ou presumível) do dono do negócio (art. 466º, nº 2, CC). Aplicando-se o art. 468º, nº 2, CC, o *dominus* apenas terá de responder por aquilo com que injustificadamente se tenha locupletado à custa do gestor, nos termos do instituto do enriquecimento sem causa.

Conclusão

O *dominus* deverá reembolsar Berta pelas despesas feitas na quantia de 10.000€, acrescido de juros legais. E esta é obrigada a entregar ao *dominus* o valor recebido quanto à venda dos troncos da árvore de 2.500€.

Quanto ao contrato de ampliação da garagem o *dominus* apenas terá de responder por aquilo com que injustificadamente se tenha locupletado à custa do gestor, nos termos do instituto do enriquecimento sem causa.

CASO PRÁTICO Nº 4:

Rui, advogado, intervém sem procuração em determinada diligência judicial a favor do seu mandante, Leonel, transacionando o pagamento em prestações de uma obrigação cível assumida por este.

Ainda, e sem que Leonel o tenha solicitado, recebe o montante de 5.000€, referente a rendas habitacionais. Leonel não concorda com esse recebimento e exige a respetiva devolução. *Quid iuris?*

PROPOSTA DE RESOLUÇÃO:

Introdução

O *thema decidendi* corresponde ao instituto da gestão de negócios.

A gestão de negócios obriga ao preenchimento dos requisitos vertidos no art. 464º, CC, ou seja: assunção da direção de negócio alheio (o negócio possui um sentido amplo, podendo ser apenas um interesse material), no interesse (interesse real e objetivo de proporcionar uma vantagem ou de evitar um prejuízo ao *dominus*) e por conta do *dominus* (no sentido deste receber os efeitos jurídicos da atuação do gestor), sem para tal estar autorizado [há uma ausência de autorização fundada em contrato (mandato, nos termos do art. 1157º, CC), poderes de representação (de acordo com o art. 268º, nº 1, CC) ou decorrente da lei].

Aquele que interfere no negócio denomina-se gestor, em contraposição ao seu titular, o dono do negócio (*dominus*).

Desenvolvimento e conclusão

Quanto à transação do pagamento em prestações de uma obrigação cível

Trata-se de uma gestão representativa, dado que o gestor atua em nome do dono do negócio (art. 471º, 1ª parte, CC), regular caso se demonstre o interesse ou a vontade (real ou presumível) do *dominus* (arts. 466º, nº 2, *a contrario* e 468º, nº 1, CC), obrigando a ratificação (art. 268º, CC).

Quanto ao recebimento de €5.000, referente a rendas habitacionais, contra a vontade do dominus

Insere-se na gestão não representativa, pois o gestor atua em nome próprio (art. 471º, 2ª parte, CC), aplicando-se as disposições do mandato sem representação, obrigando o mandatário a transferir para o mandante os direitos creditórios adquiridos (art. 1181º, nº 1, CC), podendo ainda o mandante substituir-se ao mandatário (nº 2).

Responsabilidade civil

CASO PRÁTICO Nº 1:

Na véspera de natal de 2016, Amásio, quando se dirigia com as compras realizadas para o seu automóvel estacionado no parque do centro comercial foi arrastado por uma rajada de vento, acabando por, com o guarda--chuva, partir o vidro dianteiro de um automóvel aparcado.

O dono do automóvel, Ricardo, pretende ser ressarcido dos prejuízos causados, de cerca de €300.

a) Assiste-lhe razão?

PROPOSTA DE RESOLUÇÃO:

Introdução

O caso em apreço prende-se com o regime da responsabilidade civil.

De acordo com o art. 562º, CC, "Quem estiver obrigado a reparar um dano deve reconstituir a situação que existiria, se não se tivesse verificado o evento que obriga à reparação". O dever de indemnizar compreende não só o prejuízo causado, como os benefícios que o lesado deixou de obter em consequência da lesão (art. 564º, nº 1, CC).

A indemnização é fixada em dinheiro, sempre que a reconstituição natural não seja possível, não repare integralmente os danos ou seja excessivamente onerosa para o devedor (art. 566º, nº 1, CC).

O princípio geral da *responsabilidade por factos ilícitos* encontra-se consagrado no art. 483º, CC: "Aquele que, com dolo ou mera culpa, violar ilicitamente o direito de outrem **ou** qualquer disposição legal destinada a proteger interesses alheios fica obrigado a indemnizar o lesado pelos danos resultantes da violação" (nº 1). Acrescentando-se que "só existe obrigação de indemnizar independentemente de culpa nos casos especificados na lei" (nº 2).

A responsabilidade por facto ilícito pressupõe um juízo de censura ao comportamento do agente (*responsabilidade subjetiva*).

Os requisitos **cumulativos** deste tipo de responsabilidade são: facto voluntário; ilicitude; imputabilidade; dano e nexo causal.

Desenvolvimento

Quanto ao primeiro (facto voluntário) e ao segundo requisitos (ilicitude)

No caso em apreço, falta o requisito *facto voluntário* (controlável ou dominável pela vontade), não um mero facto natural causador dos danos, conforme decorre da lei, "Aquele que, com *dolo* ou *mera culpa*".

Só a vontade humana é capaz de violar direitos alheios **ou** de agir contra disposições ("violar *ilicitamente*").

Quanto ao terceiro requisito (imputabilidade)

É necessário um nexo de *imputabilidade* do facto ao lesante ("Aquele que, com dolo ou mera culpa, violar"), o que ocorre no caso em apreço.

Quanto ao quarto requisito (dano)

Da atuação do agente tem que advir um *dano*, pois sem dano não emerge o problema de responsabilidade civil, o que também ocorreu.

Quanto ao quinto requisito (nexo causal)

Por último, a lei exige que haja um *nexo de causalidade* entre o facto praticado pelo agente e o dano sofrido pelo lesado, de modo a que à luz do direito se possa afirmar que do dano é resultante da violação. O nexo causal verificou-se no caso em análise.

Conclusão

Face ao exposto, resulta que não se encontram preenchidos todos os requisitos exigidos para a verificação de responsabilidade civil por factos ilícitos, nomeadamente, *facto voluntário do agente.*

Ora, sendo os requisitos **cumulativos**, faltando um deles, não é aplicável o regime da responsabilidade por factos ilícitos, pelo que Ricardo não pode exigir a Amásio que este o indemnize pelos danos causados.

b) Pressuponha agora que Amásio partiu intencionalmente o vidro do veículo automóvel, a conclusão seria a mesma da hipótese precedente?

PROPOSTA DE RESOLUÇÃO

Introdução

Neste caso, o requisito *facto voluntário* verificou-se.

Desenvolvimento

Encontram-se preenchidos todos os requisitos **cumulativos** para que exista responsabilidade civil por factos ilícitos (art. 483º, CC), nomeadamente, um *facto voluntário* (controlável pela vontade do homem), uma vez que resulta que Amásio partiu *intencionalmente* (dolosamente) o vidro do veículo automóvel tendo provocado um dano, dano esse que tem um nexo de causalidade com o facto a que deu origem.

Conclusão

Assim, face ao exposto, Amásio está obrigado a indemnizar o dono do automóvel pelos danos causados.

CASO PRÁTICO Nº 2:

Alfredo, dono de um *stand* no Porto, mandou Bernardo, trabalhador da empresa, levantar um conjunto de pneus e lâmpadas a Braga.

Bernardo usou o automóvel de Alfredo e aproveitou para dar boleia a Celestino, seu primo. Acordaram, então, durante o percurso, em visitarem um amigo de Celestino que vivia em Famalicão e almoçarem em conjunto.

Perto do local do encontro, devido a excesso de velocidade, Bernardo despistou-se, tendo resultado do acidente a morte de Dionísio, peão que foi atropelado, e ferimentos em Celestino.

Celestino pretende uma indemnização de 2.000€ por danos patrimoniais e o cônjuge de Dionísio exige uma indemnização de 20.000€ por danos patrimoniais e morais.

a) Diga se e a quem podem pedir indemnização.

PROPOSTA DE RESOLUÇÃO:

Introdução

O caso em apreço prende-se com o regime da responsabilidade civil.

Há que averiguar se está em causa a responsabilidade civil por factos ilícitos ou a responsabilidade pelo risco.

A responsabilidade por factos ilícitos pressupõe a culpa e um juízo de censura do comportamento ilícito do agente (*responsabilidade subjetiva*).

A responsabilidade pelo risco (que só ocorre nos casos previstos na lei, arts. 483º, nº 2 e 499º e ss, CC), prescinde da culpa e desse juízo de valor (*responsabilidade objetiva*).

Desenvolvimento

Relação comitente-comissário

Preliminarmente há que aferir se entre Alfredo e Bernardo existia uma *relação comitente-comissário.*

Conforme expõe o art. 500º, CC, os requisitos da comissão são: *existência de uma relação de comissão* (nº 1, 1ª parte); *sobre o comissário recaia também a obrigação de indemnizar* (nº 1, 2ª parte); e que *o facto danoso seja praticado no exercício das funções do comissário*, ou seja, exista um nexo causal entre o facto danoso e o exercício das funções (nº 2).

No caso em apreço, falta o requisito *facto danoso praticado pelo comissário no exercício das suas funções* (dado que o acidente ocorreu em Famalicão, em visita a um amigo de Celestino). O facto danoso ocorre em desvio das funções do comissário, pois tal deslocação não pertence à atividade adotada para realizar o fim da comissão.

Pelo que não é possível responsabilizar o comitente, atendendo a que o comissário, conforme indicado, não estava no exercício das suas funções.

Condução do veículo por conta de outrem

Analisando, agora, se a solução se encontra prevista no art. 503º, nº 3, 1ª parte, CC, o qual indica que: "Aquele que conduzir o veículo *por conta de outrem* responde pelos danos que causar, salvo se provar que não houve culpa da sua parte" (a presunção de culpa é, neste caso, efetivada, dado que Bernardo despistou-se, devido a excesso de velocidade), constatamos que, de acordo com o nº 3, 2ª parte, se o comissário conduzir o veículo por conta de outrem *fora das suas funções de comissário* (conforme ocorreu), responde nos termos do nº 1. Mas este preceito apenas aceita a *responsabilidade pelo risco* ("Aquele que tiver a direção efetiva de qualquer veículo de circulação terrestre e o utilizar no seu próprio interesse, ainda que por intermédio de comissário, responde pelos danos provenientes dos *riscos* próprios do veículo, mesmo que este não se encontre em circulação"), ora, o comissário agiu culposamente, pelo que é de afastar a aplicação de tal norma.

Responsabilidade civil por factos ilícitos

Assim, a questão terá que ser solucionada no contexto da *responsabilidade civil por factos ilícitos* (arts. 483º e ss., CC).

O princípio geral da responsabilidade por factos ilícitos indica que: "Aquele que, com dolo ou mera culpa, violar ilicitamente o direito de outrem **ou** qualquer disposição legal destinada a proteger interesses alheios fica obrigado a indemnizar o lesado pelos danos resultantes da violação" (art. 483º, nº 1, CC). Acrescentando-se que "só existe obrigação de indemnizar independentemente de culpa nos casos especificados na lei" (nº 2).

A responsabilidade por facto ilícito pressupõe a culpa e um juízo de censura ao comportamento ilícito do agente (*responsabilidade subjetiva*).

Os requisitos **cumulativos** deste tipo de responsabilidade são: facto voluntário; ilicitude; imputabilidade; dano e nexo causal.

Os requisitos legais verificaram-se no caso exposto. Bernardo ao agir por excesso de velocidade, agiu *culposamente*, sendo a culpa apreciada, na falta de outro critério legal, pela diligência de um bom pai de família (atuação do homem médio), em face das circunstâncias de cada caso (art. 487º, nº 2, CC).

Conclusão

De acordo com o art. 562º, CC, "Quem estiver obrigado a reparar um dano deve reconstituir a situação que existiria, se não se tivesse verificado o evento que obriga à reparação".

O dever de indemnizar compreende não só o prejuízo causado (*dano emergente*), como os benefícios que o lesado deixou de obter em consequência da lesão (*lucro cessante*), nos termos do art. 564º, nº 1, CC.

Explica Menezes Leitão, "O dano ou prejuízo emergente corresponde à situação em que alguém em consequência da lesão vê frustrada uma utilidade que já tinha adquirido. O lucro cessante corresponde àquela situação em que é frustrada uma utilidade que o lesado iria adquirir, se não fosse a lesão", *Direito das Obrigações*, Vol. I, Almedina, 2010, p. 346.

A indemnização é fixada *em dinheiro*, sempre que a reconstituição natural não seja possível, não repare integralmente os danos ou seja excessivamente onerosa para o devedor (art. 566º, nº 1, CC).

Quanto à morte de Dionísio exigindo o cônjuge uma indemnização de 20.000€ por danos patrimoniais e morais

Bernardo é responsável pelos danos causados a Dionísio.

A responsabilidade por *danos patrimoniais* é ilimitada, não se aplicando o disposto no art. 508º, CC, relativo aos limites da responsabilidade por risco.

Terão que ser indemnizadas, todas as despesas tidas na tentativa de salvação de Dionísio, assim como as despesas do seu funeral (art. 495º, nºs 1 e 2, CC), e, ainda no âmbito dos danos patrimoniais, serão indemnizados aqueles que podiam exigir alimentos do lesado, neste caso, no cumprimento de uma obrigação civil (nº 3, 1ª parte).

Em relação aos *danos morais*, nos termos do art. 496º, nº 1, CC, serão tomados em conta os danos sofridos na pessoa da vítima (morte), revertendo o montante desse danos a favor do seu cônjuge (nº 2).

O montante da indemnização é fixado equitativamente pelo tribunal, tendo em atenção, em qualquer caso, as circunstâncias referidas no artigo 494º, CC; no caso de morte, podem ser atendidos não só os danos não patrimoniais sofridos pela vítima, como os sofridos pelo cônjuge (art. 496º, nº 4, CC).

Poderia ser atendível o disposto no art. 494º, CC, se colhesse a tese da *mera culpa*, caso em que a indemnização seria fixada, equitativamente, em montante inferior ao que corresponderia aos danos causados, desde que o grau de culpabilidade do agente, a situação económica deste e do lesado e as demais circunstâncias do caso o justificassem.

Alfredo exonera-se pelos danos causados por Bernardo, dado que não se aplica o art. 500º, nº 2, CC.

Quanto aos ferimentos provocados em Celestino, o qual pretende uma indemnização de 2.000€ por danos patrimoniais

Os danos de Celestino não foram causados no exercício das funções de comissário de Bernardo (art. 500º, nº 2, CC). Assim, igualmente se exonera Alfredo, pelos danos causados por Bernardo.

A responsabilidade por *danos patrimoniais* é ilimitada, não se aplicando o disposto no art. 508º, CC, relativo aos limites da responsabilidade por risco, bem como o art. 504º, nº 3, CC, quanto aos beneficiários da responsabilidade.

b) E caso a morte e atropelamento se verificassem em Braga, após o levantamento da mercadoria?

Quanto à morte de Dionísio exigindo o cônjuge uma indemnização de 20.000€ por danos patrimoniais e morais

Ocorre um acidente de viação causado por Bernardo na qualidade de *comissário* de Alfredo. Bernardo deve ser responsabilizado nos termos do art. 503º, nº 3, 1ª parte, CC ("Aquele que conduzir o veículo por conta de outrem responde pelos danos que causar, salvo se provar que não houve culpa da sua parte").

Havendo *responsabilidade do comissário*, haverá igualmente *responsabilidade do comitente*, de acordo com o art. 500º, nº 1, CC ("Aquele que encarrega outrem de qualquer comissão responde, independentemente de culpa, pelos danos que o comissário causar, desde que sobre este recaia também a obrigação de indemnizar").

Alfredo irá responder como *comitente*, solidariamente, com Bernardo (como o *comissário*), e satisfeita a indemnização tem o direito de exigir do comissário o reembolso de tudo quanto haja pago.

Exceto se houver também culpa da sua parte (art. 500º, nº 3, 1ª parte, CC); em tal caso seria aplicável o disposto no nº 2 do artigo 497º, CC (2ª parte). Não concorrem, no entanto, no caso presente, a culpa do comissário e do comitente.

A indemnização fundada em acidente de viação tem os limites máximos previstos no art. 508º, nº 1, CC.

Quanto aos ferimentos provocados em Celestino, o qual pretende uma indemnização de 2.000€ por danos patrimoniais

O transporte gratuito de Celestino não se compreende nas funções da comissão (art. 504º, nº 3, CC), não havendo uma relação direta e necessária entre o dano causado e o exercício de funções de comissário, exigível nos termos do art. 500º, nº 2, CC.

Pelo que, ocorre uma exoneração da responsabilidade do comitente, sendo apenas o comissário responsável pelo facto danoso (de acordo com o art. 503º, nº 1, CC), devendo indemnizar o lesado pelos danos sofridos, nos termos do nº 3, o qual só atende aos danos pessoais.

Pelo que, decaí a pretensão de Celestino.

CASO PRÁTICO Nº 3:

Durante as férias de Pedro e Inês para vigilância da moradia onde habitam, contratam com António, treinador e criador de cães, o destacamento de um cão de raça perigosa para efeito de vigilância da moradia, durante 8 dias.

No dia 15 de julho de 2017, António entrega o cão, o qual ficou solto no logradouro.

Dias depois, a mãe de Inês, que desconhecia que esta estava de férias, faz-lhe uma visita. Ao abrir o portão com as chaves que possuía é, de imediato, atacada pelo cão, que lhe mordeu, gravemente, as pernas.

Em virtude dos ferimentos, esteve internada e foi sujeita a uma intervenção cirúrgica de reconstituição. O acidente causou-lhe sofrimento, angústia e temor.

Quid iuris?

PROPOSTA DE RESOLUÇÃO:

Introdução

O caso em apreço prende-se com o regime da responsabilidade civil.

Há que averiguar se está em causa a responsabilidade civil por factos ilícitos ou a responsabilidade pelo risco.

A responsabilidade por factos ilícitos (ou por culpa) pressupõe culpa e um juízo de censura do comportamento ilícito do agente (*responsabilidade subjetiva*).

A responsabilidade pelo risco (que só ocorre nos casos previstos na lei, arts. 483º, nº 2 e 499º e ss., CC), prescinde da culpa e desse juízo de valor (*responsabilidade objetiva*).

Desenvolvimento

Quanto à relação entre a mãe de Inês e Inês e Pedro

O caso em apreço cuida da responsabilidade civil por factos ilícitos (art. 483º, nº 1, CC), mais concretamente uma *responsabilidade civil por danos causados por animais* (art. 493º, nº 1, CC). Assim, quem tiver assumido o encargo da vigilância de qualquer animal, responde pelos danos que o animal causar, salvo se provar que nenhuma culpa houve da sua parte ou que os danos se teriam igualmente produzido ainda que não houvesse culpa sua.

Quanto à relação entre a mãe de Inês e António

António utiliza o animal no seu próprio interesse, sendo por isso responsável pelo risco (*responsabilidade objetiva*), dado que da utilização do animal resulta um *perigo especial* (trata-se de cão de raça perigosa), nos termos do art. 502º, CC.

Conclusão

De acordo com o art. 562º, CC, "Quem estiver obrigado a reparar um dano deve reconstituir a situação que existiria, se não se tivesse verificado o evento que obriga à reparação". O dever de indemnizar compreende não só o prejuízo causado (*dano emergente*), como os benefícios que o lesado deixou de obter em consequência da lesão (*lucro cessante*), nos termos do art. 564º, nº 1, CC. A indemnização é fixada *em dinheiro*, sempre que a reconstituição natural não seja possível, não repare integralmente os danos ou seja excessivamente onerosa para o devedor (art. 566º, nº 1, CC), conforme ocorre no caso.

Atendendo a que houve violação da integridade física da mãe de Inês (nos termos do art. 493º, nº 1, CC), os danos causados são imputados a Pedro e Inês.

Ainda, Pedro e Inês são responsáveis, na qualidade de comodatários do animal (art. 1129º, CC), uma vez que estes estavam incumbidos de cuidar e utilizar o animal de uma forma prudente, o que não sucedeu, presumindo-se assim a culpa de ambos.

A mãe de Inês em virtude do ataque do animal sofreu *danos não patrimoniais* (sofrimento, angústia e temor), danos que merecem, pois, a tutela do direito e que de acordo com o disposto no art. 496º, CC, nº 1, CC, devem ser indemnizados.

Igualmente António é responsável, nos termos do art. 502º, CC, atendendo a que usa o animal no seu *próprio interesse* (é criador e treinador de cães), havendo um perigo especial na utilização (atendendo a tratar-se de cão de raça perigosa), sendo-lhe aplicáveis por extensão as disposições que regulam a responsabilidade por factos ilícitos (art. 499º, CC).

CASO PRÁTICO Nº 4:

Abel, proprietário de uma quinta, situada no concelho de Gaia, foi alertado pelos vizinhos para o facto de um dos muros de vedação da quinta ameaçar ruir devido a fendas que tinham surgido.

Todavia, e porque nada fez, o muro veio a ruir, tendo destruído parte da plantação de mirtilos do seu vizinho, Eduardo.

Eduardo pretende ser indemnizado por Abel, mas este alega que no mesmo dia e após a ruína do muro, toda a região foi inundada por uma tempestade que prejudicou não só a propriedade de Eduardo, como todas as propriedades circundantes.

Abel considera que a propriedade de Eduardo teria forçosamente sido prejudicada mesmo que o muro não tivesse ruído.

Eduardo vem exigir €10.000, os quais correspondem ao valor que obteria após a colheita e venda dos mirtilos.

Determine o valor da indemnização e identifique os danos tendo em conta que:

1) Eduardo tinha gasto €3.500 com a plantação dos mirtilos e seu tratamento;
2) Teria, ainda, que despender €2.000 na respetiva colheita.

PROPOSTA DE RESOLUÇÃO:

Introdução

O caso em apreço prende-se com o regime da responsabilidade civil.

Há que averiguar se está em causa a *responsabilidade civil por factos ilícitos* ou a *responsabilidade pelo risco.*

Responsabilidade civil por factos ilícitos ou responsabilidade pelo risco

A responsabilidade por factos ilícitos (ou por culpa) pressupõe culpa e um juízo de censura ao comportamento ilícito do agente (*responsabilidade subjetiva*).

A responsabilidade pelo risco (que só ocorre nos casos previstos na lei, arts. 483º, nº 2 e 499º e ss., CC), prescinde da culpa e desse juízo de valor (*responsabilidade objetiva*).

O princípio geral da responsabilidade por factos ilícitos encontra-se consagrado no art. 483º, nº 1, CC, o qual estipula que: "Aquele que, com dolo ou mera culpa, violar ilicitamente o direito de outrem ou qualquer disposição legal destinada a proteger interesses alheios fica obrigado a indemnizar o lesado pelos danos resultantes da violação".

A *culpa* pode ser definida como "o juízo de censura ao agente por ter adotado a conduta que adotou, quando de acordo com o comando legal estaria obrigado a adotar conduta diferente", conclui ALMEIDA COSTA, *Direito das Obrigações*, Almedina, 12ª ed., p. 558.

O conceito de culpa preclude perante a existência de causas de inimputabilidade (art. 488º, nº 1, 1ª parte, CC) e de exclusão de culpa (erro desculpável, medo invencível e desculpabilidade).

A responsabilidade civil delitual ou aquiliana (ou extracontratual) e responsabilidade obrigacional (ou contratual)

A *responsabilidade civil contratual* resulta da violação de um direito de crédito ou obrigação em sentido técnico. Explica ALMEIDA COSTA, "Verificamos (portanto), que o qualitativo corrente não se mostra rigoroso, dado que, além dos contratos, existem outras fontes de tais vínculos, cujo incumprimento ocasiona essa espécie de responsabilidade civil. Podem eles, do mesmo modo, surgir de negócios jurídicos unilaterais e, inclusive, diretamente da lei. Mercê da razão exposta, alguns autores preferem chamar-lhe responsabilidade negocial ou responsabilidade obrigacional", *op. cit.*, p. 539.

A *responsabilidade extracontratual* deriva da violação de deveres ou vínculos jurídicos gerais, isto é, de deveres de conduta impostos a todas as pessoas e que correspondem aos direitos absolutos, ou até da prática de certos atos que, embora lícitos, produzem dano a outrem.

Desenvolvimento

Preliminarmente há que averiguar se existe culpa na atuação de Abel, para aplicação do regime de responsabilidade por factos ilícitos (atendendo a que a responsabilidade pelo risco prescinde desse requisito).

Abel manifestou um comportamento *culposo* (dado que não diligenciou proceder à reparação do muro). No entanto, o regime exige a verificação dos requisitos **cumulativos** previstos no art. 483º, nº 1, CC.

Constata-se que o agente (Abel) teve uma

1) atuação voluntária, por omissão
2) de natureza culposa, sendo esta apreciada segundo o critério do bom *pater familias*
3) e ilícita, dado que não teve um comportamento conforme a lei (art. 1350º, CC)
4) violando o direito de outrem (direito à propriedade de Eduardo)
5) provocando um dano
6) havendo um nexo de causalidade, entre a sua atuação e o resultado (dano)
7) sendo imputável (*grosso modo,* possui a capacidade de entender o alcance e as consequências dos seus atos).

Nos termos do art. 492º, nº 1, CC, o proprietário de obra que ruir (no todo ou em parte) por defeito de conservação, responde pelos danos causados (1ª parte), **salvo se** provar que mesmo com a diligência devida, os danos não seriam evitados, dado que a tempestade prejudicou não só a propriedade de Eduardo, como todas as propriedades circundantes (2ª parte).

O ónus da prova cabe ao lesado (art. 487º, nº 1, 1ª parte, CC), salvo havendo presunção legal de culpa (2ª parte), conforme ocorre no caso em análise, face ao disposto no art. 492º, nº 1, CC.

Nestes termos, *presumindo-se a culpa* do agente, o dano é reparável, segundo o estatuído no art. 562º, CC, pelo que o lesante deve reconstituir a situação que existiria, se não se tivesse verificado o evento que obriga à reparação, provado o nexo causal (art. 563º, CC). Na eventualidade de a reconstituição natural não ser possível, conforme ocorre, deve compensar o lesado através de uma indemnização fixada em dinheiro (art. 566º, nº 1, CC).

Conclusão

Presumindo-se a culpa do agente, o dano é reparável, compreendendo a indemnização pelo dano emergente (*prejuízo causado*) e o lucro cessante (*benefício que o lesado deixou de auferir*), nos termos do art. 564º, nº 1, CC.

Assim, Abel deve indemnizar Eduardo dos danos emergentes (€3.500) e dos lucros cessantes (€10.000), deduzindo-se deste montante a quantia de €2.000, relativa ao custo da colheita (fixando-se o valor dos lucros cessantes em €8.000).

Assim, o dano corresponde a €8.000, acrescido de €3.500 (ou seja, 11.500€).

No entanto, caso a responsabilidade se funde em *mera culpa*, a indemnização pode ser atenuada, atento o disposto no art. 494º, CC.

A responsabilidade em causa é de natureza extraobrigacional, face ao dever de conduta imposto a Abel.

CASO PRÁTICO Nº 5:

No dia 5 de outubro de 2014, pelas 9.00 horas da manhã, Antónia, a arguida conduzia o veículo automóvel ligeiro com a matrícula MI-XX-XX na Avenida dos Combatentes, procedente do Estádio do Dragão em direção à Rua Costa Cabral, e circulava na via direita. Ao aproximar-se do poste de iluminação nº 240D04, verificou que o peão Carlos (a vítima) saía de entre dois autocarros parados na via esquerda da faixa de rodagem, atravessando a via do lado esquerdo para o lado direito, e a arguida, devido à alta velocidade em que conduzia, não conseguiu travar o veículo a tempo e embateu naquele peão, projetando-o para a via esquerda da faixa de rodagem.

Do embate resultou traumatismo craneano mortal para o peão.

Na altura do acidente o tempo era bom, o pavimento estava normal e o trânsito era denso.

O acidente em questão foi devido à infração da arguida das disposições do Código da Estrada, não prestando atenção ao estado da via e não controlando adequadamente a velocidade do seu veículo, pelo que não conseguiu fazer parar o veículo no espaço livre e visível à sua frente e evitar o obstáculo que lhe surgiu em condições normalmente previsíveis, causando o acidente de que resultou a morte direta da vítima.

O ato da arguida foi praticado voluntária e criteriosamente, sabendo plenamente que tal ato não é permitido por lei e que fica sujeita às sanções legais.

A arguida é trabalhadora da função pública, auferindo um vencimento mensal correspondente a 1.500€.

É divorciada e tem um filho ao seu encargo.

Na ocorrência do acidente, a vítima tinha 41 anos de idade.

A mãe da vítima pagou a quantia de €1.200 para as despesas funerárias e obtenção dos documentos necessários, incluindo certidão de óbito, certidão de casamento e assento de nascimento.

Até agora não pagou, ao Hospital da Trindade, as despesas médicas no valor de 1.500€.

A vítima era operário do estaleiro de construção, auferindo um salário mensal de 800€.

No dia em que ocorreu o acidente, o veículo automóvel que a arguida conduzia, de matrícula MI-XX-XX, estava coberto com seguro de responsabilidade civil junto da Companhia de Seguros Nacional, através da apólice nº X.

Quem responde e com que fundamento pelos danos causados neste acidente?

PROPOSTA DE RESOLUÇÃO:

Introdução

O caso em apreço prende-se com o regime da responsabilidade civil.

A arguida infringiu culposamente disposições do Código da Estrada, pelo que será demandada no regime de *responsabilidade por factos ilícitos,* contanto que todos os requisitos estejam preenchidos.

O princípio geral da responsabilidade por factos ilícitos encontra-se consagrado no art. 483º, nº 1, CC, o qual estipula que: "Aquele que, com dolo ou mera culpa, violar ilicitamente o direito de outrem ou *qualquer disposição legal* destinada a proteger interesses alheios fica obrigado a indemnizar o lesado pelos danos resultantes da violação". O regime exige a verificação cumulativa de todos os requisitos previstos, assim, constata-se que a arguida teve uma

1) atuação voluntária, por ação
2) de natureza culposa, sendo esta apreciada segundo o critério do bom *pater familias*
3) e ilícita (dado que não teve um comportamento conforme a lei, neste caso, Código da Estrada)
4) violando o direito de outrem (morte direta da vítima)
5) provocando um dano
6) havendo um nexo de causalidade, entre a sua atuação e o resultado (dano)
7) sendo imputável (*grosso modo*, possui a capacidade de entender o alcance e as consequências dos seus atos).

Desenvolvimento

É ao lesado que cabe provar a culpa da autora da lesão (art. 487º, nº 1, 1ª parte, CC), salvo havendo presunção legal (2ª parte).

Alcance da indemnização:

À arguida incumbe o pagamento do dano da morte, de acordo com o art. 562º, CC, "Quem estiver obrigado a reparar um dano deve reconstituir a situação que existiria, se não se tivesse verificado o evento que obriga à reparação". A indemnização é fixada em dinheiro, sempre que a reconstituição natural não seja possível, não repare integralmente os danos ou seja excessivamente onerosa para o devedor (art. 566º, nº 1, CC), conforme ocorre no caso.

E ainda das despesas em virtude da morte: funerárias e hospitalares, nos termos do art. 495º, nºs 1 e 2, CC (€1.200+€1.500). Quanto ao dano moral (art. 496º, nº 1, CC) este é pago aos sucessores legais (nº 2).

Não ocorrerá uma limitação da indemnização dado não se tratar de caso de *mera culpa* (art. 494º, CC), sendo de desconsiderar a circunstância da arguida ser divorciada e ter um filho a cargo.

Conclusão

A solução exposta corresponde à *responsabilidade subjetiva*.

Se ocorresse *responsabilidade objetiva*, haveria que equacionar que apesar do dever de reparação a cargo da arguida, a vítima concorreu para a produção do dano [Carlos (a vítima) saía de entre dois autocarros parados na via esquerda da faixa de rodagem], pelo que a indemnização seria reduzida (art. 570º, nº 1, *ex vi* art. 505º, CC).

Explica Antunes Varela, a propósito destas causas de exclusão, que "a verificação de qualquer das circunstâncias apontadas quebra o nexo de causalidade entre os riscos próprios do veículo e o dano. Qualquer dessas causas exclui assim a responsabilidade objetiva do detentor do veículo, porque o dano deixa de ser um efeito adequado do risco do veículo", *Direito das Obrigações*, Almedina, p. 675.

Fruto deste entendimento prevaleceu a tese de que o art. 505º "excluía a possibilidade de concorrerem culpa (do lesado ou de terceiro) com risco do veículo, isto é, que a verificação e um ato culposo do lesado ou de terceiro, independentemente da medida da sua contribuição causal para o prejuízo, excluía a responsabilidade prevista no nº 1 do art. 503º", Ana Prata, *Código Civil Anotado*, Almedina, p. 666.

Entretanto, surgiram posições jurisprudenciais que concedem a concorrência de culpa com o risco, em particular o Ac. do STJ, de 4 de outubro de 2007: "O texto do art. 505º do CC deve ser interpretado no sentido de que nele se acolhe a regra do concurso da culpa do lesado com o risco próprio do veículo, ou seja, que a responsabilidade objetiva do detentor do veículo só é excluída quando o acidente for devido unicamente ao próprio lesado ou a terceiro, ou quando resulte exclusivamente de causa de força maior estranha ao funcionamento do veículo" [Proc. nº 07B1710. Disponível *in* http://www.dgsi.pt]

CASO PRÁTICO Nº 6:

António propôs uma ação contra o seu empregador, peticionando uma indemnização de 75.000€, a título de danos patrimoniais e morais, acrescida de juros de mora à taxa de 4% desde a citação até integral pagamento. Alegou que durante a sua prestação laboral, o empregador não lhe assegurou ou proporcionou as condições de saúde e de salubridade a que estava obrigado por força do contrato de trabalho, pelo que, a longa exposição direta às poeiras lhe custou uma pneumoconiose por silicatos que se manifestou desde 2007.

Dirigiu-se, então, ao empregador, o qual preencheu o requerimento de proteção na doença profissional e o remeteu para o Centro Nacional de Doenças Profissionais, em junho de 2009.

A doença profissional só veio a ser identificada a 16 de março de 2012.

Contestou o empregador indicando que sendo o prazo previsto no art. 498º, CC, de 3 anos, o trabalhador teria de avançar com a competente ação, no limite, até junho de 2012, sob pena de prescrição.

Quid iuris?

[Adaptação do Acórdão RC, CJ, nº 287, Ano XLIII, Tomo III/2018, pp. 75 e ss.]

SÚMULA DO ACÓRDÃO COM INDICAÇÃO DE LEGISLAÇÃO ATUAL:

O art. 483º, CC, estabelece o princípio geral da responsabilidade civil, "fundada em facto que seja objetivamente controlável ou dominável pelo agente, isto é, uma conduta humana, que tanto pode consistir num facto positivo, uma ação, como num negativo (omissão ou abstenção), violadora do direito de outrem ou de qualquer disposição legal que vise proteger interesses alheios – comportamento ilícito.

Para que desse facto surja a consequente responsabilidade se torna, à partida, que o agente possa ser censurado pelo direito, em razão precisamente de não ter agido como podia e devia de outro modo; isto é que tenha agido com culpa.

A ilicitude visa a conduta objetivamente considerada, enquanto negação de valores tutelados pelo direito. A culpa olhando sobretudo para o lado subjetivo do facto jurídico.

A responsabilidade traduz-se na obrigação de indemnizar, de reparar os danos sofridos pelo lesado, não só os prejuízos causados, como os benefícios que o lesado deixou de obter em consequência da lesão.

O prejuízo surge, pois, como um elemento novo a acrescer ao facto ilícito e à culpa, sem o qual o agente não se constituiria na obrigação de indemnizar.

Os danos podem ter um conteúdo económico (danos patrimoniais) abrangendo os danos emergentes, efetiva diminuição do património do lesado, o prejuízo causado nos seus bens, e o lucro cessante (...)".

A responsabilidade civil pode verificar-se no âmbito de um contrato, gerado pelo incumprimento de uma das partes e, como um dos pressupostos de indemnizar, a lei prevê, para além do dolo, a culpa, como um dos requisitos, a qual se presume em sede contratual.

Ao contrário do que acontece na responsabilidade extracontratual onde cabe ao lesado a culpa do lesante - art. 487º, nº 1, CC.

No âmbito da responsabilidade contratual exige-se para que haja que haja direito à indemnização: (*i*) o facto voluntário (ação ou omissão); (*ii*) violação cometida na relação obrigacional e dentro dos deveres compreendidos na relação de prestação; (*iii*) relação entre o facto voluntário e a violação de um dever compreendido na relação de prestação.

A responsabilidade extracontratual ou aquiliana resulta da prática de factos ilícitos culposos violadores de direitos ou interesses alheios juridicamente protegidos, causadores de prejuízos a outrem; como resulta dos seus próprios termos, esta responsabilidade gera-se fora do círculo de uma relação obrigacional entre as partes".

O empregador ao não assegurar ou proporcionar as condições de saúde e de salubridade a que estava obrigado por força do contrato de trabalho viola o art. 127º, nº 1, als. g), *h*) e *i*), CT/2009, o art. 18º, LAT e o art. 15º, da Lei n.º 102/2009, de 10 de setembro, pelo que está em causa uma responsabilidade contratual. Trata-se de uma doença profissional contraída no âmbito/execução de um contrato de trabalho. Nos termos do art. 29º, LAT, "a avaliação, graduação e reparação das doenças profissionais diagnosticadas a partir da entrada em vigor do presente diploma é da exclusiva responsabilidade do Centro Nacional de Proteção contra os Riscos Profissionais". Pelo que, só após a comunicação da decisão do CNPRP sobre a decisão de existência ou não de doença profissional (e respetivo grau de incapacidade fixado e pensão atribuída) pode o trabalhador instaurar a ação judicial (art. 155º, CPT).

Pelo que, a responsabilidade é contratual e o prazo de prescrição corresponde a 20 anos (art. 309º, CC).

Cumprimento. Lugar da prestação. Prazo da prestação. Prova do cumprimento

CASO PRÁTICO:

Bernardo encomendou 10 toneladas de tomate a Acácio, a serem entregues na sede de Bernardo, por 1.000€, a pagar no ato da entrega.

Acácio ressalvou que só efetuava a encomenda daí a uma semana, tendo Bernardo anuído.

Logo a seguir, Acácio telefonou a Carlos encomendando-lhe 10 toneladas de tomate, a entregar a Bernardo, na sua sede.

Carlos pagar-se-ia pelos 950€ estipulados recebendo o dinheiro de Bernardo e transferindo o restante para a conta de Acácio.

No dia seguinte, Carlos foi entregar o tomate, mas Bernardo não quis recebê-lo nem pagá-lo, argumentando que ainda não era o dia acordado para a entrega, que está à espera do tomate encomendado a Acácio e que, mesmo que o recebesse de Carlos, só pagaria a Acácio.

Acácio exige a Bernardo que receba e pague. *Quid juris*?

Se Bernardo pagar o tomate fornecido por Carlos, poderá exigir algum papel que sirva de prova da entrega?

PROPOSTA DE RESOLUÇÃO:

Introdução

O caso em análise reporta-se ao cumprimento das obrigações. Nos termos do art. 762º, nº 1, CC, o devedor cumpre a obrigação quando realiza a prestação a que está vinculado.

O conceito obrigação é frequentemente usado como correspondendo ao *lado passivo* de qualquer relação jurídica. Caracterizando-se pela circunstância de determinada pessoa se encontrar adstrita a realizar uma específica conduta, positiva ou negativa, no interesse de outra, determinada (ou determinável), nos termos do art. 397º, CC.

A prestação não necessita de ter valor pecuniário, mas deve corresponder a um interesse legítimo do credor, ou seja, digno de proteção legal (art. 398º, nº 2, CC).

Desenvolvimento e conclusão

Quanto a quem pode fazer a prestação

Trata-se de prestação feita por terceiro (Carlos), no âmbito de uma obri-gação fungível, não interessado no cumprimento (art. 767º, nº 1, CC).

É ilícita a recusa do credor (Bernardo), pois há ordem nesse sentido do devedor (Acácio) e sub-rogação do terceiro (Carlos), nos termos do art. 768º, nº 2, 1ª parte, CC, e não se acordou expressamente que a entrega seria feita pelo devedor (art. 767º, nº 2, 1ª parte, CC), nem a substituição o prejudica (2ª parte).

Quanto ao prazo da prestação

A obrigação em causa tem prazo certo (daí a uma semana), nos termos do art. 777º, nº 2, CC, pelo que Bernardo pode recusar pagar a encomenda, pois Carlos não cumpriu o prazo.

Quanto ao lugar da prestação

A prestação deve ser cumprida no lugar onde a coisa se encontrava ao tempo da conclusão do negócio (art. 773º, CC), afastando-se a norma supletiva do art. 772º, nº 1, CC, dado existir disposição especial da lei.

Quanto à prova do cumprimento

Se Bernardo pagar o valor da encomenda a Carlos, poderá exigir documento de quitação (art. 787º, nº 1, CC), e recusar a prestação enquanto a quitação não for dada, assim como exigir a quitação depois do cumprimento (nº 2).

Falta de cumprimento. Impossibilidade do cumprimento. Responsabilidade do devedor

CASO PRÁTICO Nº 1:

Um famoso grupo de *rock*, acordou com a sociedade Música e Sons, Lda., a realização de um concerto comemorativo dos 20 anos de carreira.

A lotação esgotou com um mês de antecedência. A sociedade Música e Sons, Lda. contratou os músicos da orquestra, um encenador, e uma empresa de marketing para divulgação do evento e, com uma estação de televisão, a emissão de anúncios do concerto.

Três dias antes da realização do concerto os elementos do grupo foram agredidos por um grupo de fãs, que se encontravam enfurecidos pela má prestação do grupo, num outro concerto.

O vocalista foi internado num hospital e ficou impossibilitado de atuar no concerto organizado pela sociedade Música e Sons, Lda..

a) Quid iuris?

PROPOSTA DE RESOLUÇÃO:

Introdução

O caso em análise cuida a impossibilidade do cumprimento não imputável ao devedor (arts. 790º a 797º, CC).

Desenvolvimento e conclusão

A impossibilidade do cumprimento não imputável ao devedor em causa possui *natureza subjetiva* (art. 791º, CC), atendendo a que concerne à pessoa do devedor, não podendo este substituir-se por terceiro (face à infungibilidade da prestação), absoluta (pois a agressão impediu totalmente o devedor de cumprir a obrigação) e superveniente (se originária, seria aplicável o dispostos no art. 401º, nº 3, CC).

Esta impossibilidade extingue a obrigação (art. 791º, CC).

Dado tratar-se de um contrato bilateral (o qual gera obrigações recíprocas), fica a sociedade Música e Sons, Lda. desobrigada da contraprestação e tem direito à restituição do que, eventualmente, pagou (art. 795º, nº 1, CC).

O grupo de *rock* pode exigir uma indemnização, à luz da responsabilidade civil por factos ilícitos, relativamente aos agressores (art. 483º, CC).

Supondo agora que o grupo acede em atuar no mesmo dia, num outro evento, comunicando à sociedade Música e Sons, Lda. que não cumprirão o contrato que haviam celebrado.

b) Tem a sociedade direito a ser indemnizada?

PROPOSTA DE RESOLUÇÃO:

Introdução

O caso em análise cuida da falta de cumprimento imputável ao devedor (arts. 798º e ss, CC). Mais concretamente, de impossibilidade culposa (art. 801º, CC).

Desenvolvimento e conclusão

O devedor (grupo de *rock*) que falta culposamente ao cumprimento da obrigação torna-se responsável pelo prejuízo que causa ao credor (art. 798º, CC).

Ainda, tornando-se impossível a prestação por causa imputável ao devedor, este é responsável como se faltasse *culposamente* ao cumprimento da obrigação (art. 801º, nº 1, CC).

Tendo a obrigação por fonte um contrato bilateral, pode o credor (sociedade Música e Sons, Lda.), independentemente do direito à indemnização (art. 564º, nº 1, CC), resolver o contrato e, se já tiver realizado a sua prestação, exigir a restituição dela por inteiro (art. 801º, nº 2, CC).

Existe uma presunção de culpa do grupo (art. 799º, nº 1, CC), apreciada nos termos da responsabilidade civil (nº 2 e art. 487º, CC).

CASO PRÁTICO Nº 2:

António vendeu a Bento um quadro por 40.000€, depositado no cofre de um familiar, ficando acordado que o bem seria entregue e o preço pago no dia 20 de maio pelas 15 horas.

a) Após indicar os princípios que regem o contrato, indique o prazo e lugar da prestação, e o momento do pagamento do preço.

PROPOSTA DE RESOLUÇÃO:

Introdução

Os princípios que regem o contrato são:

- o *princípio da liberdade contratual*, consagrando que as partes são livres de celebrar os contratos que quiserem de acordo com a sua vontade e de fixar livremente o conteúdo dos mesmos (art. 405º, CC);
- o *princípio da boa-fé*, que exige que as partes se comportem com lisura não só na fase pré-contratual, como durante a formação e o cumprimento do contrato;
- o *princípio da pontualidade*, que indica que os contratos devem ser cumpridos dentro do prazo, no lugar e modo devidos (art. 406º, CC);
- o *princípio da integralidade*, que obriga ao cumprimento integral do contrato.

No caso em apreço as partes celebraram um contrato de compra e venda (art. 874º, CC), que sendo bilateral obriga ambas as partes, isto é, ambos são simultaneamente credores e devedores. O vendedor é devedor da coisa vendida e credor do preço da mesma. Enquanto o comprador é devedor do preço e por sua vez credor da coisa comprada.

Desenvolvimento e conclusão

Quanto ao prazo da prestação

Trata-se de uma obrigação a termo (o preço seria pago no dia 20 de maio), de acordo com o art. 777º, nº 2, CC.

Quanto ao momento do pagamento do preço

Dado tratar-se de contrato de compra e venda, o preço deve ser pago no momento da entrega da coisa vendida, de acordo com o art. 885º, nº 1, CC, na falta de estipulação das partes (nº 2).

Quanto ao lugar da prestação

Tratando-se de coisa móvel determinada, a obrigação deve ser cumprida no local onde a coisa se encontrava quando se concluiu o negócio (art. 773º, nº 1, CC).

Assim, o lugar da prestação e o momento do pagamento do preço terão lugar, com base nesta última norma, no local onde a coisa se encontrava quando se concluiu o negócio.

b) Admitindo que António não se deslocou ao local devido (casa de um familiar), tendo o quadro vindo a ser furtado no dia seguinte por descuido seu, quais as consequências que daí resultariam?

PROPOSTA DE RESOLUÇÃO:

No dia e hora acordados para o cumprimento da obrigação, António não se deslocou ao local devido, sendo a entrega do quadro uma obrigação sua.

Portanto, António atuou com culpa (inconsciente) ao não comparecer.

Por força do previsto nos arts. 798º e 804º, nº 1, CC, António fica obrigado a reparar os danos causados a Bento.

Assim, António ao atuar com culpa entrou em mora (do devedor), porque não tinha ocorrido ainda o desinteresse por parte do credor na prestação (só com o desinteresse do credor a mora se converte em incumprimento definitivo).

Se o credor, em consequência da mora, perder o interesse na prestação, considera-se como não cumprida a obrigação (art. 808º, nº 1, CC). A perda de interesse é apreciada objetivamente (nº 2).

Sendo uma obrigação a termo, o devedor constitui-se em mora sem interpelação (art. 805º, nº 2, al. *a*), CC).

Durante a mora do devedor o quadro foi furtado. Assim o devedor moroso suporta o risco de perda da coisa que deveria entregar, mesmo que tal não lhe seja imputável (art. 807º, nº 1, CC).

c) Admita agora que o quadro, segurado em 20.000€, foi vandalizado 2 dias após a celebração do contrato por facto não imputável ao vendedor. Quais as consequências?

PROPOSTA DE RESOLUÇÃO:

Verifica-se aqui uma impossibilidade superveniente da prestação, não imputável ao devedor (impossibilidade *não culposa*) e porque houve transferência de domínio do objeto da pessoa do devedor para a pessoa do credor, aquando do contrato de compra e venda, então a deterioração (vandalização) da coisa corre por conta do adquirente (art. 796º, nº 1, CC), portanto, Bento ficava obrigado a pagar o preço do quadro embora não lhe tivesse sido entregue por António.

Por outro lado, se por algum motivo, entrou no património do devedor do quadro, algo que o veio a substituir – que veio substituir o valor do quadro em virtude de ter acionado um seguro – o credor continua obrigado a pagar o preço, mas pode reclamar o *commodum* de representação (art. 794º, CC) ou seja, aquilo que no património do devedor substitui o objeto da prestação.

CASO PRÁTICO Nº 3:

Abel, alfaiate, foi contratado para confecionar uma toga para Bernardo. Devido a excesso de trabalho, informou-o que realizava o trabalho quando pudesse. Volvidos dois meses, Bernardo exige a obra encomendada.

a) Refira se assiste razão a Bernardo e indique o lugar de cumprimento da prestação.

PROPOSTA DE RESOLUÇÃO:

Introdução

O caso em análise cuida do prazo (art. 777º e ss., CC) e do lugar de cumprimento da prestação (arts. 772º e ss., CC).

Desenvolvimento e conclusão

Quanto ao prazo da prestação

Abel informou Bernardo que realizava o trabalho quando pudesse, assim sendo, se estiver estipulado que o devedor (Abel) cumprirá quando puder (cláusula *cum potuerit*), a prestação só é exigível por parte do credor (Bernardo) tendo Abel a possibilidade de cumprir, logo que possa (art. 778º, nº 1, CC).

O prazo tem-se por estabelecido a favor do devedor (art. 779º, CC), ou seja, o credor não pode exigir o cumprimento antes do vencimento do prazo, pelo que não assiste razão a Bernardo (art. 805º, nº 2, al. *a), a contrario*, CC).

Quanto ao lugar de cumprimento da prestação

Atendendo a que não houve estipulação quanto ao lugar da prestação, esta deve ser efetuada no lugar do domicílio do devedor, tal é indicado, supletivamente, no art. 772º, nº 1, CC.

No entanto, a norma supletiva é afastada no caso de entrega de coisa móvel determinada (como ocorre no caso, dado o objeto ser uma toga), devendo a prestação ser cumprida no lugar onde a coisa se encontrava ao tempo da conclusão do negócio (art. 773º, nº 1, CC).

b) Abel não diligencia em apresentar a conta relativa ao trabalho efetuado, apesar de tal lhe ser pedido por Bernardo. Preocupado com a eventualidade de se encontrar em mora, este pretende cumprir a sua obrigação. Aconselhe-o.

PROPOSTA DE RESOLUÇÃO:

Introdução

O caso em análise cuida da mora do credor (art. 813º, CC) e das causas de extinção das obrigações além do cumprimento (arts. 837º e ss., CC).

Desenvolvimento e conclusão

Bernardo não se encontra em mora (art. 804º, nº 1, CC), dado que sendo a obrigação pura teria que ser interpelado para cumprir (art. 805º, nº 1, CC), o que não ocorreu.

Pelo contrário, é Abel (credor) quem não apresenta a conta relativa ao trabalho efetuado, pelo que é este quem incorre em mora, pois não pratica os atos necessários ao cumprimento da obrigação (art. 813º, 2ª parte, CC).

Durante a mora, a dívida deixa de vencer juros, legais ou convencionados (art. 814º, nº 2, CC).

Pretendendo Bernardo cumprir a sua obrigação pode recorrer à figura da consignação em depósito, como causa de extinção da sua obrigação (art. 841º, nº 1, al. *b*), CC).

Feita a consignação, fica o consignatário obrigado a entregar ao credor a coisa consignada e o credor com o direito de exigir a sua entrega (art. 844º, CC).

Atendendo a que não foi apresentada a conta pelo trabalho prestado, Bernardo tem que estimar um valor certo, para que a consignação seja aceite pelo credor ou declarada válida por decisão judicial, para que esta o libere, como se tivesse sido prestada ao credor na data do depósito (art. 846º, CC).

Suponha, agora, que Bernardo tinha sido informado telefonicamente que a toga estava pronta, e que quando se dirige ao estabelecimento de Abel, fica a saber que devido a incêndio ocorrido durante a noite, toda a mercadoria se perdeu e que o valor do seguro não cobre todos os danos.

c) Como pode reagir Bernardo perante este não cumprimento?

PROPOSTA DE RESOLUÇÃO:

Introdução

Cuida-se, nesta hipótese, da impossibilidade objetiva (art. 790º e ss., CC).

Desenvolvimento e conclusão

Abel pretende cumprir mas a prestação torna-se impossível por causa que lhe não é imputável, pois o incêndio destruiu a mercadoria (art. 790º, nº 1, CC). A impossibilidade é, por conseguinte, objetiva, superveniente e absoluta.

No entanto, a mercadoria encontrava-se segurada, pelo que Abel recebe o valor do seguro que incidiu sobre a coisa (art. 794º, 1ª parte, CC); nestes termos, Bernardo através do *commodum* de representação pode exigir o valor do seguro ou substituir-se ao devedor na titularidade do direito que este tiver adquirido contra a seguradora (2ª parte), presumindo que já tinha pago o valor do bem.

CASO PRÁTICO Nº 4

Lúcia comprou a uma amiga de infância, Jacinta, um valioso par de brincos, por 5.000€, pagando, de imediato, o respetivo valor.

Jacinta, no entanto, não lhe entregou o par, pois este encontrava-se no cofre de um Banco.

Combinaram a entrega volvidos 2 dias.

Após levantar do cofre o par de brincos, Jacinta foi vítima de tentativa de assalto, por esticão.

Apesar de recuperados, os brincos ficaram bastante danificados.

Jacinta recebeu, da companhia de seguros, 2.500€ em virtude da deterioração do par.

Que direitos assistem às partes?

PROPOSTA DE RESOLUÇÃO:

Introdução

O caso em análise reporta-se ao cumprimento das obrigações. Nos termos do art. 762º, nº 1, CC, o devedor cumpre a obrigação quando realiza a prestação a que está vinculado.

O conceito obrigação é frequentemente usado como correspondendo ao lado passivo de qualquer relação jurídica. Caracterizando-se pela circunstância de determinada pessoa se encontrar adstrita a realizar uma específica conduta, positiva ou negativa, no interesse de outra, determinada (ou determinável), nos termos do art. 397º, CC.

A prestação não necessita de ter valor pecuniário, mas deve corresponder a um interesse legítimo do credor, ou seja, digno de proteção legal (art. 398º, nº 2, CC).

Desenvolvimento e conclusão

O contrato de compra e venda (art. 874º, CC), caracterizado como um contrato real *quoad effectum* (art. 408º, nº 1, CC).

Nos contratos reais *quoad effectum* a deterioração da coisa por causa não imputável ao alienante corre por conta do adquirente (art. 796º. nº 1, CC).

Trata-se de uma impossibilidade objetiva (art. 790º, CC).

Tornando-se a prestação parcialmente impossível, o devedor exonera-se mediante a prestação do que for possível, devendo, neste caso, a contraprestação ser reduzida proporcionalmente (art. 793º, nº 1, CC).

Assim, havendo interesse no negócio, o valor tem que ser reduzido para 2.500€, valor recebido em virtude do seguro do bem.

Não havendo interesse no negócio, este pode ser resolvido (art. 793º, nº 2, CC), sendo devolvido o valor de 5.000€ e sendo aplicável o *commodum* de representação, no valor de 2.500€ (art. 794º, CC), dado que a prestação se tornou totalmente impossível.

Havendo convenção, a obrigação é cumprida no lugar acordado pelas partes (art. 772º, nº 1, *a contrario,* CC), no âmbito do princípio da autonomia privada.

CASO PRÁTICO Nº 5

Em 10 de março de 2017, Ivo adquiriu a Constantino uma tonelada de tomate cereja, a ser entregue em quatro vezes na empresa do adquirente, pagando este, igualmente, conforme recebia a encomenda.

Aquando da segunda entrega, por erro, foi transferida uma diferente qualidade de tomate, a qual foi rejeitada por Ivo, dado que só a qualidade especificamente encomendada lhe interessava.

Por altura da última entrega, uma praga dizimou a produção que se encontrava segurada, impedindo Constantino de proceder à entrega. Constantino propõe cumprir o acordado, mas apenas quando pudesse, facto que Ivo aceitou. Um mês depois, Ivo, ressentindo-se da demora da entrega, indica a Constantino que pretende cancelar o negócio por perda de interesse na sua manutenção, pretensão que não é, de todo, acolhida pelo vendedor.

a) Aprecie, fundamentadamente, o lugar e prazo das prestações.

PROPOSTA DE RESOLUÇÃO:

Introdução

O caso em análise reporta-se ao cumprimento das obrigações. Nos termos do art. 762º, nº 1, CC, o devedor cumpre a obrigação quando realiza a prestação a que está vinculado.

O conceito obrigação é frequentemente usado como correspondendo ao lado passivo de qualquer relação jurídica. Caracterizando-se pela circunstância de determinada pessoa se encontrar adstrita a realizar uma específica conduta, positiva ou negativa, no interesse de outra, determinada (ou determinável), nos termos do art. 397º, CC.

A prestação não necessita de ter valor pecuniário, mas deve corresponder a um interesse legítimo do credor, ou seja, digno de proteção legal (art. 398º, nº 2, CC).

Desenvolvimento e conclusão

Quanto ao lugar das prestações, admite-se a convenção: "A ser entregue em quatro vezes na empresa do adquirente", em nome da autonomia privada (art. 772º, CC).

Quanto ao prazo das prestações, trata-se de uma obrigação a termo, pelo que é desnecessária a interpelação para o cumprimento (art. 805º, nº 2, al. *a*), CC).

b) Indique se a rejeição da segunda entrega possui fundamento legal.

Trata-se de uma impossibilidade do cumprimento imputável ao devedor (art. 798º, CC), atendendo ao cumprimento defeituoso.

Questão resolúvel nos termos da responsabilidade civil, com presunção de culpa (art. 799º, CC).

c) Emita um parecer sobre a pretensão de Ivo e a reação de Constantino.

PROPOSTA DE RESOLUÇÃO:

Quanto à praga

Trata-se de uma impossibilidade do cumprimento não imputável ao devedor, ou seja, objetiva (arts. 790º e ss, CC).

Quanto à cláusula quando pudesse

Trata-se de uma cláusula *cum potuerit* válida (art. 778º, CC), pelo que, não há mora do devedor, pois a prestação só se torna exigível tendo este a possibilidade de cumprir (nº 1, 1ª parte).

O prazo é estabelecido a favor do devedor (art. 779º, CC), não sendo aplicáveis as circunstâncias indicadas no art. 780º, CC.

d) Pressupondo agora que as partes nada tinham convencionado quanto ao lugar da entrega, o valor da compra tinha sido antecipada e integralmente pago e o armazém tinha sido assaltado na véspera do levantamento da mercadoria, como poderia Ivo reagir?

Quanto ao lugar das prestações

Não há convenção, logo a obrigação (face ao seu objeto) é cumprida no lugar onde a coisa se encontrava (art. 773º, nº 1, CC).

Trata-se de uma impossibilidade de cumprimento e mora não imputáveis ao devedor, em particular, uma impossibilidade objetiva (art. 790º, CC), pelo que, o risco corre por conta do adquirente (art. 796º, CC)

Haverá lugar, eventualmente, ao *commodum* de representação relativamente ao seguro (art. 794º, CC).

Cumprimento das obrigações. Venda a prestações. Venda de coisa defeituosa

CASO PRÁTICO:

Alves, mediador imobiliário, vendeu a Berto um apartamento. O imóvel foi alienado pelo preço de 400 000€, dos quais 100 000€ foram de imediato saldados, tendo o comprador ficado obrigado a pagar o restante em prestações mensais de 10 000€. O contrato de compra e venda foi celebrado com reserva de propriedade. O comprador passou a residir no apartamento no dia imediato ao da respetiva aquisição.

a) Berto não pagou a terceira prestação do preço. *Quid iuris?*

PROPOSTA DE RESOLUÇÃO:

Introdução

O caso cuida da venda a prestações, em particular da falta de pagamento de uma prestação (art. 934º, CC).

Desenvolvimento e conclusão

Conforme explicam PIRES DE LIMA e ANTUNES VARELA, "Uma das circunstâncias incluídas na previsão legal é a de ter havido reserva de propriedade (cfr. art. 409º). Compreende-se a exigência. Se houver transferência da propriedade, deixa de ser possível, em qualquer caso, a resolução do contrato por falta de pagamento do preço. É o que se preceitua no art. 886º. O caso especial deste artigo 934º teria uma solução aparentemente também especial, quando tudo se integra na solução geral daquele artigo 886º.

Torna-se ainda necessário, para que o vendedor não possa resolver o negócio, com base na falta de pagamento de uma só prestação, que a coisa tenha sido entregue ao comprador. Se o não for, são aplicáveis as regras gerais sobre mora e não cumprimento das obrigações.

Por último, é preciso que se trate duma só prestação e esta não exceda a oitava parte do preço", *Código Civil Anotado*, vol. II, Coimbra Editora, 1986, p. 233.

Assim, de acordo com o art. 934º, CC, vendida a coisa a prestações, com reserva de propriedade, e feita a sua entrega ao comprador, a falta de pagamento de uma só prestação (e que não exceda a oitava parte do preço, conforme ocorreu) não dá lugar à resolução do contrato, nem sequer importa a perda do benefício do prazo (previsto no art. 781º, CC) relativamente às prestações seguintes.

De assinalar que segundo entendimento de Pires de Lima e Antunes Varela a expressão *sem embargo de convenção em contrário* possui o sentido de "não obstante convenção em contrário", loc. cit..

Pelo que, no caso em apreço, o devedor apenas incorre em mora.

Se o credor, em consequência da mora, perder o interesse que tinha na prestação ou esta não for realizada dentro do prazo que razoavelmente for fixado, considera-se existir incumprimento definitivo (art. 808º, nº 1, CC).

b) Berto não pagou as terceira, quarta, quinta, sexta, sétima e oitava prestações do preço. *Quid iuris*?

PROPOSTA DE RESOLUÇÃO:

Desenvolvimento e conclusão

Para Pires de Lima e Antunes Varela "Havendo falta em relação a mais do que uma prestação, seja qual for o valor global delas são de aplicar igualmente as regras sobre resolução contidas no nº 2 do art. 801º e no artigo 808º", por se considerar que "a falta reiterada do comprador (faltoso reincidente qualificado) já não justifica o tratamento especial do art. 934º", loc. cit..

No mesmo sentido, Jorge Morais Carvalho, "O vendedor pode resolver o contrato se, tendo sido estipulada a reserva de propriedade e a coisa entregue, o comprador tiver faltado ao pagamento de duas ou mais prestações (independentemente do valor) ou de uma prestação que exceda a oitava parte do preço. A falta de pagamento de duas ou mais prestações não permite a resolução do contrato se não estiver em falta, num determinado momento, mais do que uma prestação. Entende parte da doutrina e jurisprudência que a simples mora não permite, em princípio (raro será o caso em que, na venda a prestações, se aplique o art. 801º, nº 2) que o vendedor resolva o contrato, sendo necessária a sua conversão em não cumprimento definitivo, nos termos do art. 808º, *Código Civil Anotado*, AA.VV., Coordenação de Ana Prata, Almedina, 2017, pp. 1149 e 1150.

No sentido que de as duas ou mais prestações em falta devem exceder 1/8, v. Ac. STJ, de 05.02.91, Proc. nº 079916[1].

Entendendo-se que o incumprimento de duas ou mais prestações (que excedam 1/8) já está sujeito à regra especial do art. 934º, CC, permite-se ao credor (vendedor) resolver o contrato, demonstrando perda do interesse na prestação (art. 808º, nº 1, CC), independentemente do direito à indemnização, e exigir a restituição do que prestou (apartamento) por inteiro (art. 801º, nº 2, CC).

Quanto às prestações já realizadas por Berto, será de aplicar o disposto no art. 434º, nº 1, CC, quanto à retroatividade da resolução, pelo que este

[1] *I – No contrato de compra e venda de coisa sob reserva de propriedade são características fundamentais a entrega da coisa e o pagamento rateado do preço.*
II – A facilitação do meio de pagamento tem a contrapartida da resolução do contrato no caso de não pagamento de qualquer das prestações desde que esta exceda 1/8 do preço total – artigo 934 do Código Civil – ou se houver falta de pagamento de duas ou mais prestações que, no conjunto, excedam o referido 1/8, embora, cada uma, de per si não ultrapasse tal proporção.
III – Encontrando-nos no domínio das obrigações pecuniárias, em princípio não se verifica a impossibilidade do cumprimento, relevando apenas o incumprimento definitivo (artigo 808 nº 1 do Código Civil).
IV – O artigo 934º do Código Civil contem uma disposição de caráter imperativo, o que nos conduz a que releve, apenas e exclusivamente, o incumprimento de prestação que exceda a oitava parte do preço.
V – Constituindo, por isso, um elemento constitutivo do direito invocado de resolução do contrato, impende sobre o autor o ónus da prova e a correspondente alegação no articulado inicial (artigo 342 nº 1 do Código Civil).
VI – O Decreto-Lei nº 54/75, de 12 de Fevereiro, criou um procedimento cautelar tendo em vista a ação de resolução do contrato, mas não estabelece um regime especial de resolução do contrato.
Disponível em : http://www.dgsi.pt/jstj.nsf/954f0ce6ad9dd8b980256b5f003fa814/812f4b5d441a1d2b802568fc00399ecc?OpenDocument

terá direito a receber o que prestou, sem prejuízo, naturalmente, do dever de indemnizar o credor (Alves) pelo prejuízo sofrido, nos termos do art. 801º, nº 2, CC.

c) Berto não pagou as duas últimas prestações do preço, pois invoca defeitos que detetara ao fim de ano e meio de residir na casa e que atempadamente denunciara. *Quid iuris?*

PROPOSTA DE RESOLUÇÃO:

Introdução

O caso reporta-se a venda de coisas defeituosas (art. 913º, CC), ou seja, a coisa vendida sofre de vício que a desvaloriza ou impede a realização do fim a que é destinada, ou não tem as qualidades asseguradas pelo vendedor ou necessárias para a realização daquele fim.

Desenvolvimento e conclusão

A denúncia do vício ou a falta de qualidade da coisa pode ser efetuada pelo comprador, exceto se este houver usado de dolo, o que não ocorreu (art. 916º, nº 1, CC).

A denúncia é feita até um ano depois de conhecido o defeito e dentro de cinco anos após a entrega da coisa, dado tratar-se de um imóvel (nº 3).

No caso de defeito superveniente, conforme exposto, são aplicáveis as regras relativas ao não cumprimento das obrigações (art. 918º, CC).

"Mesmo estando o cumprimento das prestações sujeito a prazos diferentes, a *exceptio* poderá sempre ser invocada pelo contraente cuja prestação deva ser efetuada depois da do outro, apenas não podendo ser oposta pelo contraente que devia cumprir primeiro", explicam PIRES DE LIMA e ANTUNES VARELA, *Código Civil Anotado*, vol. I, Coimbra Editora, 1984, 4ª ed., p. 405.

As regras especiais constantes do art. 913º e ss., CC, não afastam as regras gerais relativas à perturbação do cumprimento no sinalagma contratual, tendo aplicação o art. 428º, nº 1, CC.

Assim, Berto podia recusar o pagamento das duas últimas prestações, exigindo a reparação da coisa.

Causas extintivas das obrigações

CASO PRÁTICO Nº 1:

Zacarias, representante de uma conhecida marca de navios vendeu a um grupo de amigos (Abel, Bento, Carlos, Daniel e Eduardo) um veleiro, adquirido em conjunto, para partilha sucessiva de todos.

Estes ficaram devedores de 500 mil €, em consequência de contrato de compra e venda celebrado em 11 de maio de 2017.

Em 27 de junho de 2017, Zacarias falece e Abel é o seu único herdeiro.

Abel acertou com Eduardo a renúncia à solidariedade.

Entretanto, Carlos entrega a Abel, para liquidação da sua quota-parte um bem.

A 10 de agosto de 2017, Bento é interpelado por Abel para pagamento da totalidade da dívida.

a) Quanto terá Bento que pagar?

PROPOSTA DE RESOLUÇÃO:

Introdução

No que concerne à responsabilidade quanto ao sujeito, trata-se de uma obrigação plural.

Sendo Zacarias um comerciante, a dívida assume natureza comercial, pelo que o respetivo regime legal é o da solidariedade (art. 513º, CC). Neste caso, *solidariedade passiva*, dado tratarem-se de codevedores.

Tal solidariedade traduz-se na responsabilidade de cada um dos codevedores pela prestação integral perante o credor e esta a todos libera (art. 512º, nº 1, 1ª parte, CC), tendo, posteriormente, direito de regresso contra cada um dos codevedores, na parte que a estes compete (art. 524º, CC).

Desenvolvimento e conclusão

Falecendo Zacarias e sendo Abel o seu único herdeiro, a dívida de Abel extingue-se por *confusão*, pois na mesma pessoa se reúnem as qualidades de credor **e** devedor da mesma obrigação, ocorrendo a extinção do crédito **e** da dívida (art. 868º, CC).

Os restantes codevedores continuam devedores solidários, agora perante Abel.

Há que exonerar na prestação a quota de Abel, de 100 mil € (art. 869º, nº 1, CC), a qual será deduzida proporcionalmente entre os restantes obrigados.

A entrega de um bem pertencente a Carlos a Abel, para liquidação da sua quota-parte corresponde à figura de *dação em cumprimento* (art. 837º, CC), pois se tratou de prestação de coisa diversa.

Desta forma, Abel é credor de 300 mil € (deduzida a sua quota parte de 100 mil €, por confusão; e estando paga a prestação de Carlos de 100 mil €, por dação em cumprimento).

A renúncia à solidariedade relativamente a Eduardo é um meio pessoal de defesa (art. 527º, CC), que não prejudica o direito do credor face aos restantes.

Assim, Abel é credor solidário de 200 mil € (quanto a Bento e Daniel) e credor conjunto de 100 mil € (quanto a Eduardo).

Pelo que, Bento é obrigado a pagar o valor dos 200 mil € integralmente (art. 512º, nº 1, 1ª parte, CC), detendo o direito de regresso sobre os demais obrigados (art. 524º, CC).

Quanto aos restantes 100 mil €, apenas é devedor na respetiva proporção.

b) Suponha agora que Eduardo tinha emprestado a Abel, em setembro de 2017, o montante de 100 mil €.

A causa extintiva da obrigação é a *compensação* (art. 847º, nº 1, CC), atendendo a que ambos são reciprocamente credores e devedores e o crédito é judicialmente exigível (al. *a*)) e há fungibilidade das obrigações, ou seja, as duas obrigações possuem por objeto coisas fungíveis da mesma espécie e qualidade (al. *b*)).

A compensação apenas abrange a dívida do declarante (art. 851º, nº 1, CC).

c) E se Abel tivesse perdoado a dívida de Eduardo?

A causa extintiva da obrigação é a *remissão* (art. 863º, CC), a qual aproveita sempre ao devedor a quem respeita.

Quanto aos restantes codevedores, o credor (Abel) pode *reservar o seu direito*, por inteiro, contra os outros devedores, conservando aqueles, por inteiro também, o direito de regresso contra o devedor exonerado (Eduardo), nos termos dos arts. 864º, nº 2 e 524º, CC.

Ou Abel pode *não reservar o seu direito, por inteiro*, permitindo que os restantes devedores aproveitem a remissão da quota de Eduardo (100 mil €), respondendo solidariamente apenas por 300 mil €, nos termos do art. 864º, nº 1, CC.

CASO PRÁTICO Nº 2:

Abel foi interpelado por Celso, para proceder ao pagamento de 20.000€, referente a um carregamento de bebidas espirituosas, que havia sido encomendado por aquele a Celso, juntamente com Ilídio.

Abel, porém, diz que nada tem a pagar, uma vez que, quanto à sua parte, a dívida deve considerar-se saldada em virtude de uma outra dívida antiga de 10.000€ que Celso passou a ter para com ele depois de uma grande noite de póquer.

Quanto aos restantes 10.000€, Abel afirma que essa parte tem de ser paga por Ilídio.

Ilídio, por seu lado, afirma que Celso lhe havia perdoado a sua parte da dívida como prenda de natal em 2016. *Quid iuris*?

PROPOSTA DE RESOLUÇÃO:

Introdução

O caso cuida das causas de extinção das obrigações para além do cumprimento (art. 837º e ss., CC).

Desenvolvimento e conclusão

Entre Abel e Celso

A causa de extinção das obrigações poderia ocorrer por *compensação* (art. 847º, nº 1, CC)

No entanto, a figura não preenche, no caso em análise, os requisitos legais, dado tratar-se de uma dívida de jogo, logo, não judicialmente exigível (arts. 847º, nº 1, al. *a*) e 1245º, CC), pelo que é incompensável.

Entre Celso e Ilídio

Ilídio afirma que Celso lhe perdoou a dívida, pelo que a causa de extinção das obrigações seria a *remissão* (art. 863º, nº 1, CC), a qual obriga à aceitação do devedor, de forma expressa ou tácita (arts. 217º e 218º, CC).

Tratando-se de uma obrigação solidária, caso Celso *não reserve o seu direito por inteiro*, a remissão concedida a um devedor (Ilídio) libera o outro (Abel) na parte do devedor exonerado (art. 864º, nº 1, CC).

CASO PRÁTICO Nº 3

Gisele e Hugo, amigos há muito, contraíram junto de Inês, amiga de Gisele, um empréstimo de 5.000€ para iniciarem um negócio. Foi estabelecido o regime de solidariedade.

Mais tarde, Inês vem a perdoar a Gisele a parte em débito, em reconhecimento pelo apoio que recebeu aquando da doença de um familiar.

a) Indique a causa de extinção da obrigação e a posição de Hugo.

PROPOSTA DE RESOLUÇÃO:

Introdução

O caso cuida das causas de extinção das obrigações para além do cumprimento (art. 837º e ss., CC).

No caso concreto, trata-se de uma remissão abdicativa (art. 863º, nº 1, CC).

Desenvolvimento e conclusão

Quanto à posição de Hugo, dado que o regime é solidário, a remissão concedida a um (Gisele) não libera o outro (Hugo), mas apenas a parte do devedor exonerado (art. 864º, nº 1, CC).

Assim, Hugo responde por 2.500€.

No caso de o credor reservar o seu direito por inteiro contra Hugo (5.000€), pode este exigir o direito de regresso contra Gisele, na sua quota-parte de responsabilidade (nº 2).

b) Pressupondo, agora, que Inês falecia, deixando como única herdeira Gisele, indique a posição de Hugo.

O regime aplicável é o da confusão (art. 868º, CC).

Quanto à posição de Hugo, dado que o regime é solidário, Hugo apenas responde na parte que lhe diz respeito (art. 869º, nº 1, CC).

Impugnação pauliana

CASO PRÁTICO Nº 1:

Cláudia, a atravessar graves dificuldades financeiras, vende um prédio rústico a Sónia por 100 mil €, para "fazer dinheiro para as suas necessidades pessoais".

Sónia desconhecia as dificuldades de Cláudia.

O Novo Banco intentou uma impugnação pauliana contra Sónia, exigindo-lhe o pagamento do seu crédito de 100 mil € ou a entrega do prédio rústico, dado que Cláudia não possui outros bens. *Quid juris?*

PROPOSTA DE RESOLUÇÃO:

Introdução

A garantia geral dos credores é o património do devedor (art. 601º, CC), ou seja, é o património do devedor que assegura a satisfação das suas obrigações, podendo os credores executar esse património (art. 817º, CC).

Cláudia vende o seu prédio rústico a Sónia para fazer dinheiro para as suas necessidades pessoais.

Os credores podem *executar os bens de terceiro* (isto é, pertencentes a quem não é devedor) quando sejam objeto de ato praticado em prejuízo do credor que este haja procedentemente impugnado (art. 818º, 2º parte, CC).

Desenvolvimento

No caso, o credor impugna essa venda, trata-se de uma *impugnação pauliana* (prevista nos arts. 610º a 618º, CC).

A impugnação pauliana confere ao credor o poder de reagir contra os atos praticados pelo devedor, que diminuam o ativo ou aumentem o passivo do património deste.

"Tanto pode tratar-se de operações que impliquem redução do ativo como um aumento do passivo. Logo, mostram-se impugnáveis as alienações propriamente ditas, as renúncias a garantias ou a outros direitos que advierem ao devedor, a assunção de dívidas, etc., e esses atos dispositivos podem ser realizados a título gratuito ou a título oneroso", ALMEIDA COSTA, *Direito das Obrigações*, p. 858.

São requisitos cumulativos da impugnação pauliana:

- Ato lesivo da garantia patrimonial (*eventus damni*);
  O art. 610º, CC, contempla todos os créditos que envolvam diminuição da garantia patrimonial.
- Resultar uma impossibilidade, para o credor, de obter a satisfação integral do crédito, ou agravamento dessa impossibilidade (art. 610º, al. *b)*, CC);
- Anterioridade do crédito, ou, se posterior, tiver sido realizado dolosamente (art. 610º, al. *a)*, CC);
  O crédito do Novo Banco é anterior ao ato impugnado (art. 610º, al. *a)*, 1ª parte, CC). Se fosse posterior, a impugnação poderia proceder dentro do circunstancialismo do art. 613º, CC.
- O ato que envolva diminuição da garantia não seja de natureza pessoal, o ato impugnado é uma compra e venda, logo não detém tal natureza (art. 610º, CC);
- Como se trata de ato oneroso, é necessário que haja má-fé, quer do devedor, quer do terceiro (art. 612º, nº 1, 1ª parte, CC); se tivesse natureza gratuita, dispensar-se-ia a má-fé (2ª parte).

A má-fé consiste na consciência do prejuízo que o ato causa ao credor (nº 2).

A má-fé de Cláudia é evidente. Ao contrário de Sónia que agiu de boa-fé.

Conclusão

Pressupondo preenchido o requisito da má-fé, o tribunal decretaria a impugnação pauliana.

Dado que todos os requisitos são cumulativos, faltando o preenchimento de um deles (má-fé do terceiro adquirente), a impugnação é improcedente.

A procedência da impugnação pauliana não anula o ato.

O bem permanece no património do adquirente, não regressando ao do alienante; mas o credor pode executá-lo no património do adquirente, ou seja, o efeito da impugnação é o de o ato se tornar ineficaz em relação ao credor impugnante (arts. 616º, nºs 1 e 2 e 818º, CC).

"A restituição dos bens alienados ao património do devedor, para colmatar a brecha aberta na garantia patrimonial do credor impugnante, significa naturalmente:

1º que o impugnante pode executar os bens alienados como se eles não tivessem saído do património do devedor, mas sem a concorrência dos demais credores deste, uma vez que a procedência da pauliana só ao impugnante aproveita;

2º que, executando os bens alienados, como se eles tivessem retornado ao património do devedor e não se mantivessem na titularidade do adquirente, o impugnante pode executá-los, na medida do necessário para satisfação do seu crédito, sem sofrer a competição dos credores do adquirente", explica ANTUNES VARELA, *Direito das Obrigações*, p. 459.

CASO PRÁTICO Nº 2

André é, desde 2014, credor de Maria e de Nuno, em 100.000€, tendo a dívida, de origem comercial, vencimento em dezembro de 2018.

André, contudo, está preocupado com a situação económica de Maria e de Nuno, que se agravou substancialmente a partir de 2015, deixando estes de poder satisfazer as suas obrigações.

André teve conhecimento que o único bem imóvel que identificava como sendo de Maria, era afinal propriedade de Paulo (compadre de Maria), que o comprou em março de 2016.

André pretende reagir perante tal venda.

Maria, porém, indica-lhe que nada lhe deve, já que a dívida se extinguira quando Nuno, gravemente perturbado pela sua situação financeira, foi mortalmente atropelado, tendo deixado como único herdeiro André.

Quid iuris?

TÓPICOS DE RESOLUÇÃO:

Introdução

Quanto aos meios de conservação da garantia patrimonial, o tema cuida a impugnação pauliana (art. 610º, CC).

Requisitos da figura (arts. 610º e 612º, CC):

a) Prática de ato lesivo da garantia patrimonial (*eventus damni*, nos termos do art. 610º, CC), de natureza não pessoal;

b) Anterioridade do crédito, ou, se posterior, tiver sido realizado dolosamente com o fim de impedir a satisfação do direito do futuro credor (art. 610º, al. *a*), CC).
O ato oneroso só está sujeito à impugnação pauliana se o devedor e o terceiro tiverem agido de má-fé; se o ato for gratuito, a impugnação procede, ainda que um e outro agissem de boa-fé (art. 612º, CC);

c) Resultar do ato a impossibilidade ou agravamento dessa impossibilidade de obter a satisfação integral do crédito (art. 610º, al. *b*), CC).
Exige-se a prova da má fé dos devedores e do terceiro, dado ser um ato oneroso (art. 612º, nº 1, CC).

Desenvolvimento e conclusão

Julgada procedente a ação, o credor tem direito à restituição dos bens na medida do seu interesse, podendo executá-los no património do obrigado à restituição e praticar os atos de conservação da garantia patrimonial autorizados por lei (art. 616º, nº 1, CC).

Julgada procedente a impugnação, sendo o ato oneroso, o adquirente tem somente o direito de exigir do devedor aquilo com que este se enriqueceu (art. 617º, nº 1, CC).

Os direitos que terceiro adquira contra o devedor não prejudicam a satisfação dos direitos do credor sobre os bens que são objeto da restituição (nº 2).

QUANTO À EXTINÇÃO DA OBRIGAÇÃO:

Trata-se do regime da confusão (art. 868º, CC).

Sendo o regime dos devedores solidário (art. 513º, CC), a obrigação extingue o débito de Nuno (devedor solidário e credor), mas não a parte da dívida de Maria (art. 869º, nº 1, CC).

Garantias especiais das obrigações

CASO PRÁTICO Nº 1:

Abel, particular, vendeu um automóvel, em segunda mão, a Bernardo, a liquidar em 12 prestações mensais.

Celso foi constituído *fiador e principal pagador* de Bernardo e, entre ambos, foi acordado um juro moratório de 7%.

Bernardo não liquidou qualquer prestação e Abel não entregou o automóvel.

Abel, no entanto, exige a Celso a totalidade do pagamento, o qual recusa.

a) *Quid juris?*

PROPOSTA DE RESOLUÇÃO:

Introdução

O caso em apreço analisa as *garantias especiais das obrigações*.

"Dizem-se garantias especiais os meios destinados a reforçar, em benefício de determinado credor, a garantia comum dos credores, dada a todos eles, em pé de igualdade, pelo património do obrigado.

Algumas delas, como a fiança e o aval, e a garantia autónoma são prestadas por terceiro, que reforça com o seu património a expectativa do crédito oferecida pelo património do devedor", conclui ANTUNES VARELA, *Direito das Obrigações*, vol. II, p. 471.

Dentro das garantias pessoais, a *fiança* é uma garantia especial, permitindo ao credor a satisfação do seu crédito através de ambos os patrimónios, o do fiador e o do afiançado (principal devedor).

Celso constituiu-se fiador de Bernardo, ou seja, garante a satisfação do direito de crédito, ficando pessoalmente obrigado perante o credor (art. 627º, nº 1, CC).

Desenvolvimento e conclusão

Celso obrigou-se como principal pagador, ou seja, renunciou ao benefício da (prévia) excussão (arts. 638º, nº 1, e 640º, nº 1, al. *a*), CC), pelo que Abel poderia exigir o pagamento da totalidade da dívida a Bernardo ou a Celso, indiferentemente e por qualquer ordem, não necessitando de *excutir* o património de Bernardo para executar o património de Celso.

Abel não cumpriu a sua prestação (não entregou o automóvel), pelo que Bernardo terá contra Abel, a exceção de não cumprimento do contrato, atendendo a que se trata de contrato bilateral, assim cada um dos contraentes tem a faculdade de recusar a sua prestação enquanto o outro não efetuar a que lhe cabe ou não oferecer o seu cumprimento simultâneo (art. 428º, nº 1, CC). A exceção de não cumprimento do contrato não pode ser afastada mediante a prestação de garantias (nº 2).

Pelo que Celso pode opor a Abel esse meio de defesa pessoal, dado que não é incompatível com a obrigação do fiador (art. 637º, nº 1, CC), pelo que a sua recusa de cumprimento é fundada.

Quanto à taxa de juro, ainda que se trate de obrigação civil, a taxa convencionada não é usurária, dado que não existe garantia real, e a taxa legal supletiva para as obrigações civis é de 4%, de acordo com a Portaria nº 291/2003, de 08 de abril (art. 559º, CC).

Assim, nos termos do art. 1146º, nº 1, CC, não é havido como usurário o contrato em que sejam estipulados juros anuais que excedam os juros legais em 3%.

No caso não se excederam tais juros (4%+3% = 7%).

Suponha que o automóvel já havia sido entregue e que Celso cumpre, nada dizendo a Bernardo, que, por sua vez, transfere igual quantia para a conta bancária de Abel. Celso intenta uma ação contra Abel e Bernardo pedindo a restituição do que pagou, acrescido de juros de 7% a contar do momento em que pagou.

b) Quid juris?

PROPOSTA DE RESOLUÇÃO:

Introdução

Celso (fiador), tendo cumprido, fica legalmente sub-rogado nos direitos do credor (Abel) sobre Bernardo (art. 644º, CC).

Tal decorre, igualmente, das regras gerais da sub-rogação. Assim, o terceiro (fiador) que cumpre a obrigação fica sub-rogado nos direitos do credor quando tiver garantido o cumprimento (arts. 592º, nº 1, 1ª parte e 593º, CC).

Desenvolvimento e conclusão

Relação de Celso e Bernardo

O fiador (Celso) que cumpre a obrigação deve avisar do cumprimento (art. 645º, nº 1, CC), sob pena de perder o seu direito contra Bernardo (afiançado), no caso deste, por erro, efetuar de novo a prestação (art. 645º, nº 1, CC).

Ora, Celso não informou Bernardo desse cumprimento.

Pelo que lhe resta repetir do credor (Abel) a prestação indevidamente feita (nº 2).

Caso Celso não tivesse perdido o seu direito contra Bernardo, seria sub-rogado, pelo pagamento, nos direitos de Abel sobre Bernardo, nomeadamente, quanto à mesma taxa de juro (art. 644º, CC).

Relação de Celso e Abel

Celso não pode exigir de Abel juros à taxa de 7%, pois não está sub-rogado no crédito de Abel, apenas pode exigir a devolução do que indevidamente pagou (art. 645º, nº 2, CC).

CASO PRÁTICO Nº 2:

Suponha que para garantia de uma dívida de Isaura a Jaime, no valor de 50.000€, foi constituído fiador Alberto (um amigo de longa data), que se assumiu como *principal pagador* por um montante de 60.000€. Posteriormente, Cláudio, assume-se também garante de Isaura, perante o mesmo débito, oferecendo um T0, avaliado em 30.000€.

Isaura e Jaime concordaram no pagamento da dívida em 8 prestações, de montante igual. Na data de vencimento da primeira, Isaura não procedeu ao pagamento. Jaime pretende executar de imediato o património de Alberto e de Cláudio.

Foi proferida sentença transitada em julgado contra Alberto e Cláudio, condenando-os. *Quid iuris?*

PROPOSTA DE RESOLUÇÃO:

Introdução

O caso em apreço analisa as *garantias especiais das obrigações.*

"Dizem-se garantias especiais os meios destinados a reforçar, em benefício de determinado credor, a garantia comum dos credores, dada a todos eles, em pé de igualdade, pelo património do obrigado.

Algumas delas, como a fiança e o aval, e a garantia autónoma são prestadas por terceiro, que reforça com o seu património a expectativa do crédito oferecida pelo património do devedor", conclui ANTUNES VARELA, *Direito das Obrigações*, p. 471.

Dentro das garantias pessoais, a *fiança* é uma garantia especial, permitindo ao credor a satisfação do seu crédito através de ambos os patrimónios, o do fiador e o do afiançado (principal devedor).

Alberto constitui-se fiador de Isaura, ou seja, garante a satisfação do direito de crédito, ficando pessoalmente obrigado perante o credor (art. 627º, nº 1, CC).

Posteriormente, Cláudio, assume-se também garante real de Isaura, perante o mesmo débito, na modalidade de autor da hipoteca.

A *hipoteca* é um direito acessório da obrigação (futura ou condicional) a que serve de garantia (real), conferindo ao credor o direito de ser pago pelo valor de certos bens imóveis, ou equiparados (art. 688º, nº 1, al. *f*),

CC), pertencentes ao devedor ou a terceiro, *com preferência sobre os demais credores que não gozem de privilégio especial ou de prioridade de registo* (art. 686º, CC), desde que registada (art. 687º, CC).

Além do direito de preferência, o credor hipotecário goza do direito de sequela, característico dos direitos reais.

Desenvolvimento e conclusão

O *princípio da acessoriedade* presente na fiança manifesta-se na dependência existente entre o direito de garantia e o crédito que visa garantir, relativamente ao qual é acessório. Assim, a fiança não é válida se o não for a obrigação principal (arts. 632º, nº 1, CC).

A fiança deve ser expressamente declarada pela forma exigida para a obrigação principal, ou seja, não há liberdade da forma (art. 628º, nº 1, CC).

A fiança não pode exceder a dívida principal (art. 631º, nº 1, CC), pelo que deve ser reduzida para €50.000 (nº 2).

Isaura incorre em mora perdendo o benefício do prazo, pelo que o credor pode reagir, exigindo o pagamento de todas as prestações (art. 781º, CC).

Assim, o fiador (Alberto) é obrigado a cobrir as consequências legais e contratuais da mora do devedor (art. 634º, CC).

Alberto prescindiu do benefício da prévia excussão, pois assumiu-se *principal pagador* (arts. 638º, nº 1, e 640º, al. *a*), 2ª parte, CC).

Alberto perde também a possibilidade exigir a execução prévia da garantia hipotecária prestada por Cláudio, dado que esta é posterior à constituição da fiança (art. 639º, nº 1, CC).

Jaime pode demandar só Alberto ou juntamente com Isaura (art. 641º, nº 1, 1ª parte, CC).

Alberto se for demandado só, pode chamar Isaura à demanda (2ª parte).

O caso julgado (favorável a Isaura) entre credor (Jaime) e devedor (Isaura) não é oponível ao fiador (Alberto), mas este pode invocá-lo em seu benefício (art. 635º, nº 1, CC).

O caso julgado (favorável a Alberto) entre credor (Jaime) e fiador (Alberto) aproveita ao devedor (Isaura), desde que respeite à obrigação principal (art. 635º, nº 2, CC). O disposto neste preceito não se aplica a Cláudio.

O fiador (Alberto) que cumprir a obrigação tem direito de regresso contra o devedor (Isaura), por efeito da sub-rogação (art. 644º, CC).

CASO PRÁTICO Nº 3:

Carla e José para garantia de uma dívida bancária de Fernando constituem-se seus garantes pessoais, por um montante de 10.000€.

Fernando, apesar de ter assumido um plano de pagamento prestacional, não o cumpre.

O Banco demanda Carla e José e estes contestam, invocando que Fernando tem património suficiente para cumprir a obrigação e, ainda, que a dívida já se encontra prescrita.

Quid iuris?

PROPOSTA DE RESOLUÇÃO:

Introdução

O caso em apreço analisa as *garantias especiais das obrigações.*

"Dizem-se garantias especiais os meios destinados a reforçar, em benefício de determinado credor, a garantia comum dos credores, dada a todos eles, em pé de igualdade, pelo património do obrigado.

Algumas delas, como a fiança e o aval, e a garantia autónoma são prestadas por terceiro, que reforça com o seu património a expectativa do crédito oferecida pelo património do devedor", conclui ANTUNES VARELA, *Direito das Obrigações*, p. 471.

Dentro das garantias pessoais, a fiança é uma garantia especial, permitindo ao credor a satisfação do seu crédito através de ambos os patrimónios, o do fiador e o do afiançado (principal devedor).

Carla e José constituem-se fiadores de Fernando por um montante de 10.000€, ou seja, garantem a satisfação do direito de crédito, ficando pessoalmente obrigados perante o credor (art. 627º, nº 1, CC).

Desenvolvimento

A fiança deve ser expressamente declarada pela forma exigida para a obrigação principal, ou seja, não há liberdade da forma (art. 628º, nº 1, CC).

Fernando incorre em mora perdendo o benefício do prazo, pelo que o credor (Banco) pode reagir, exigindo o pagamento de todas as prestações (art. 781º, CC).

Assim, os fiadores (Carla e José) são obrigados a cobrir as consequências legais e contratuais da mora do devedor (art. 634º, CC).

Estes invocam que Fernando tem património suficiente para cumprir a obrigação. Assim, beneficiam da prévia excussão do património do devedor, sendo-lhes lícito recusar o cumprimento enquanto o credor não tiver excutido todos os bens do devedor sem obter a satisfação do seu crédito (art. 638º, nº 1, CC).

E, ainda, alegam os fiadores que a dívida já se encontra prescrita. Nos termos do art. 637º, nº 1, CC, é-lhes lícito opor ao credor os meios de defesa próprios do devedor (neste caso, prescrição, art. 301º, CC, a qual aproveita a todos os que dela possam tirar benefício), desde que não sejam incompatíveis com a obrigação do fiador.

Conclusão

Os fiadores, demandados sós, podem chamar à demanda o devedor principal (afiançado) para com eles se defender (art. 641º, nº 1, 2ª parte, CC), bem como invocar o benefício da prévia excussão (art. 638º, nº 1, CC) e a prescrição (art. 637º, nº 1, CC).

CASO PRÁTICO Nº 4

Em maio de 2017, Ernesto comprou a Francisco, um automóvel, em regime de prestações. Francisco não procede ao pagamento de qualquer prestação pecuniária.

Conjuntamente, Gonçalo constituiu-se fiador de Ernesto, sem benefício da excussão.

Gonçalo constata, entretanto, que o contrato de compra e venda celebrado padece de nulidade.

Francisco exige a Gonçalo o pagamento integral da dívida.

a) Quais os meios de defesa que assistem a Gonçalo, o qual invoca que igualmente o contrato de fiança padece de nulidade?

PROPOSTA DE RESOLUÇÃO:

Introdução

O caso em apreço analisa as garantias especiais das obrigações.

Dentro das garantias pessoais, a fiança é uma garantia especial, permitindo ao credor a satisfação do seu crédito através de ambos os patrimónios, o do fiador e o do afiançado (principal devedor), nos termos do art. 627º, nº 1, CC.

Desenvolvimento e conclusão

A fiança tem o conteúdo da obrigação principal e cobre as consequências legais e contratuais da mora ou culpa do devedor (art. 634º, CC).

Ao fiador é lícito recusar o cumprimento enquanto o credor não tiver excutido todos os bens do devedor sem obter a satisfação do seu crédito (art. 638º, nº 1, CC).

Além dos meios de defesa que lhe são próprios, o fiador tem o direito de opor ao credor aqueles que competem ao devedor, salvo se forem incompatíveis com a obrigação do fiador (art. 637º, nº 1, CC).

Assim:

– quanto aos meios de defesa pessoais do fiador: o contrato de fiança padece de nulidade;

– quanto aos meios de defesa pessoais do devedor: o contrato de compra e venda celebrado padece de nulidade.

b) Na eventualidade de Gonçalo liquidar a totalidade da dívida, quais os direitos e deveres que lhe cabem relativamente ao afiançado e ao credor?

PROPOSTA DE RESOLUÇÃO:

Nas relações entre o devedor (afiançado) e o fiador:

- Direito à sub-rogação (art. 644º, CC).
- Dever de aviso do cumprimento ao devedor (art. 645º, nº 1, CC)

Nas relações entre o credor e o fiador

- A fiança tem o conteúdo da obrigação principal e cobre as consequências legais e contratuais da mora ou culpa do devedor (art. 634º, CC).
- O fiador não pode exercer o benefício da excussão, se dele tiver abdicado, conforme ocorreu (art. 640º, nº 1, al. *a)*, CC).

CASO PRÁTICO Nº 5

Para garantia de uma dívida de Anabela, empresária, a João, no valor de 80.000€, foi constituído fiador Costa, por um montante de 60.000€.

Anteriormente, Francisco, assumiu-se também garante de Anabela, perante o mesmo débito, oferecendo um automóvel, avaliado em 30.000€.

Entretanto, Francisco pretende vender o automóvel, opondo-se Anabela à venda, invocando a violação da convenção de inalienabilidade dos bens hipotecados.

Anabela e João concordaram num plano prestacional de 8 vezes, de montante igual.

Na data de vencimento da primeira, Anabela não procedeu ao pagamento.

João pretende executar de imediato o património de Costa.

Anabela deve ainda aos trabalhadores uma compensação por despedimento coletivo e uma quantia avultada a título de IRC.

A empresa apenas detém maquinaria e instrumentos de trabalho.

a) Aprecie a posição dos garantes e da garantida.

PROPOSTA DE RESOLUÇÃO:

O caso cuida do estabelecimento de uma garantia especial, de natureza pessoal, sob a forma de fiança, definida no art. 627º, nº 1, CC.

A obrigação do fiador é acessória da que recai sobre o principal devedor (nº 2).

Quanto ao âmbito da fiança: este é válido, atendendo a que a fiança não pode exceder a dívida principal nem ser contraída em condições mais onerosas, mas pode ser contraída por quantidade menor ou em menos onerosas condições (art. 631º, nº 1, 2ª parte, CC).

Houve, ainda, o estabelecimento de uma garantia especial, de natureza real, sob a forma de hipoteca, definida no art. 686º, CC.

O objeto da hipoteca é válido (art. 688º, nº 1, al. *f*), CC), apesar de não garantir a totalidade da obrigação.

Trata-se de uma hipoteca voluntária (art. 712º, CC) constituída por um terceiro (Francisco), de acordo com o disposto no art. 717º, CC.

É nula a convenção de inalienabilidade dos bens hipotecados (art. 695º, CC).

Perante a pretensão de João quanto à execução imediata do património do fiador, dispõe o art. 639º, CC, que havendo garantia real constituída por terceiro (Francisco) anterior à fiança, pode o fiador (Costa) exigir a execução prévia do bem, hipotecado (art. 639º, nº 1, CC).

Dado que a hipoteca não cobre a totalidade da dívida, o credor apenas pode exigir ao fiador o remanescente.

b) Analise a posição dos credores e proceda à respetiva graduação.

PROPOSTA DE RESOLUÇÃO:

Entende-se por privilégio creditório a faculdade, conferida por lei, a certos credores de serem pagos com preferência sobre os demais, em atenção à causa do crédito, independentemente do registo (art. 733º, CC).

Em causa, apenas existe um privilégio mobiliário especial (maquinaria e instrumentos de trabalho), art. 735º, nº 2, 2ª parte, CC.

Os trabalhadores são credores privilegiados sobre os bens móveis (art. 333º, nº 1, al. *a*), CT).

O Estado é credor face ao IRC (art. 736º, CC).

Graduação

Primeiramente, são prioritários os privilégios por despesas de justiça – custas processuais (art. 746º, CC).

Posteriormente, os trabalhadores (art. 333º, nº 2, al. *a*), CT).

Depois, o crédito por impostos (art. 747º, nº 1, al. *a*), CC).

Nos termos do art. 750º, CC, no caso de conflito entre o privilégio mobiliário especial e um direito de terceiro [por ex., credor preferente (hipotecário)] prevalece o que mais cedo se houver adquirido (art. 750º, CC).

CASO PRÁTICO Nº 6:

Acácio deve a Constança 40.000€. Para garantia da dívida, fracionada em 20 prestações, de valor igual, Acácio ofereceu o prédio onde reside, propriedade de sua mãe. Posteriormente, e dada a desvalorização do prédio, Constança exige que a mulher e o cunhado de Acácio (que acabaram de receber uma herança) se constituam fiadores deste.

Acácio não liquida uma única prestação.

Constança pretende acionar o mecanismo da fiança.

Aprecie a pretensão de Constança, bem como a posição dos garantes.

PROPOSTA DE RESOLUÇÃO:

Introdução

Acácio constitui-se garante real de Constança (ofereceu o prédio onde reside), pertença de um terceiro (sua mãe).

A *hipoteca* é um direito acessório da obrigação (futura ou condicional) a que serve de garantia (real), conferindo ao credor o direito de ser pago pelo valor de certos bens imóveis, ou equiparados (art. 688º, nº 1, al. *f*), CC), pertencentes ao devedor ou a terceiro, *com preferência sobre os demais credores que não gozem de privilégio especial ou de prioridade de registo* (art. 686º, CC), desde que registada (art. 687º, CC).

A mulher e o cunhado de Acácio constituem-se fiadores de Acácio, ou seja, garantem a satisfação do direito de crédito, ficando pessoalmente obrigados perante o credor (art. 627º, nº 1, CC).

Dentro das garantias pessoais, a *fiança* é uma garantia especial, permitindo ao credor a satisfação do seu crédito através de ambos os patrimónios, o do fiador e o do afiançado (principal devedor).

Desenvolvimento e conclusão

Acácio incorre em mora perdendo o benefício do prazo, pelo que o credor pode reagir, exigindo o pagamento de todas as prestações (art. 781º, CC).

Assim, os fiadores (mulher e o cunhado de Acácio) são obrigados a cobrir as consequências legais e contratuais da mora do devedor (art. 634º, CC).

A mulher e o cunhado de Acácio possuem o *benefício da prévia excussão* sendo-lhes lícito recusar o cumprimento enquanto o credor não tiver excutido todos os bens do devedor sem obter a satisfação do seu crédito (art. 638º, nº 1, CC).

A mulher e o cunhado de Acácio podem também exigir *a execução prévia da garantia* prestada pela mãe de Acácio, pois trata-se de uma garantia real (hipoteca), anterior à constituição da fiança (art. 639º, nº 1, CC).

Constança pode demandar só os fiadores ou Acácio e os fiadores (art. 641º, nº 1, 1ª parte, CC).

Se forem demandados sós, os fiadores podem chamar Acácio à demanda (2ª parte).

No caso, a obrigação dos fiadores é conjunta, pelo que podem invocar o benefício da divisão (art. 649º, nº 2, CC).

Os fiadores que cumpram a obrigação têm direito de regresso contra o devedor, por efeito da sub-rogação (art. 644º, CC).

CASO PRÁTICO Nº 7 (EXAMES DE ADMISSÃO OSAE 2012/2013):

Manuel Almeida, solteiro, maior, residente em Vila Nova de Gaia, pretende contrair um empréstimo bancário para aquisição de uma habitação própria, onde passará a residir com caráter de permanência. Após uma aturada busca de mercado, encontrou um apartamento do seu agrado, no Porto, pelo preço de 150.000€. Também já escolheu o banco onde se vai financiar e a favor do qual constituirá hipoteca sobre o referido apartamento.

a) Diga em que consiste a garantia hipotecária, distinguindo-a do penhor. (2 v)

PROPOSTA DE RESOLUÇÃO:

Introdução

Além da garantia geral das obrigações (arts. 601º e ss. do CC), existem as *garantias reais*, as quais incidem sobre o património de uma pessoa.

Desenvolvimento e conclusão

As diferenças entre a garantia hipotecária e a pignoratícia são as seguintes:

Quanto à hipoteca

A hipoteca é um direito acessório da obrigação (futura ou condicional) a que serve de garantia (real), conferindo ao credor o direito de ser pago pelo valor de certos bens imóveis, ou equiparados (art. 688º, nº 1, al. *f*), CC), pertencentes ao devedor ou a terceiro, *com preferência sobre os demais credores que não gozem de privilégio especial ou de prioridade de registo* (art. 686º, CC), desde que registada (art. 687º, CC).

Além do direito de preferência, o credor hipotecário goza do direito de sequela, característico dos direitos reais.

A hipoteca possui como objeto os bens indicados nos arts. 688º, 689º e 691º, CC.

Quanto ao penhor

O penhor constitui uma garantia real que concede ao credor o *direito de preferência* sobre os demais credores, pelo *valor da coisa móvel ou pelo valor de créditos ou do direito empenhado*, pertencentes ao devedor ou a terceiro (art. 666º, nº 1, CC).

Ambas as garantias beneficiam:

- da proibição do pacto comissório
  Segundo o qual é nula a convenção pela qual o credor fará sua a coisa onerada no caso de o devedor não cumprir (arts. 694º e 678º, CC), quer quanto aos pactos comissórios reais (pelos quais a coisa se transfere para o credor pelo não cumprimento da obrigação garantida), quer quanto aos pactos comissórios obrigacionais (que permitem ao credor o direito de crédito quanto às transmissões).
  A nulidade do pacto comissório não implica a nulidade de todo o negócio, aplicando-se o regime do art. 292º, CC, sobre redução dos negócios jurídicos.
- da inalienabilidade dos bens oferecidos em garantia
  É nula a convenção que proíba o dono de alienar ou onerar os bens hipotecados ou empenhados (arts. 695º, 1ª parte e 678º, CC), pois é de recear uma atitude usurária por parte do credor.
- da indivisibilidade ou solidariedade dos bens oferecidos em garantia
  Salvo convenção em contrário, a hipoteca e o penhor são indivisíveis, subsistindo por inteiro, até integral satisfação do crédito, sobre cada uma das coisas oneradas e sobre cada uma das partes que as constituam, ainda que a coisa ou o crédito seja dividido ou este se encontre parcialmente satisfeito (arts. 696º e 678º, CC).

b) Dois dias antes da data agendada para a outorga dos contratos de compra e venda e de mútuo com constituição de hipoteca, o Manuel foi convocado para uma reunião inadiável da sua empresa, que se realizará fora do país, exatamente no mesmo dia e hora previstos para a celebração dos aludidos contratos. O Manuel não pode faltar à referida reunião, mas também não pretende adiar a compra do apartamento. Que pode ele fazer para ultrapassar este problema? (1 v)

PROPOSTA DE RESOLUÇÃO:

Desenvolvimento e conclusão

Manuel pode, através de procuração, a formalizar por instrumento público notarial ou documento particular autenticado, conceder poderes a um terceiro para que este, em seu nome e representação, outorgue os referidos contratos (arts.258º e ss. e 1157º e ss. do CC).

c) Imagine que Manuel Almeida vive com a sua mãe. Por tal motivo, o que ele pretende é adquirir o apartamento, ficando constituído a favor de sua mãe o direito de usufruto sobre o mesmo. Partindo do princípio que o financiamento bancário seria igualmente possível, diga se, no que diz respeito à constituição da hipoteca, e na perspetiva do banco, haveria alguma cautela adicional a ter? E se em vez do direito de usufruto, estivéssemos perante o direito de habitação? (2 v)

PROPOSTA DE RESOLUÇÃO:

Desenvolvimento e conclusão

A hipoteca pode ser constituída não só sobre o direito de propriedade (art. 688º, nº 1, al. *a*), CC), mas também sobre outros direitos reais, ditos menores (art. 688º, nº 1, al. *e*), CC).

Neste caso, para que o credor hipotecário ficasse cabalmente assegurado, a hipoteca deveria incidir sobre, por um lado, a raiz ou nua propriedade da fração (a constituir pelo Manuel Almeida), bem como sobre o direito de usufruto (art. 1439º, do CC) de que a sua mãe fosse titular, o que exigiria a intervenção desta, nessa qualidade, no respetivo contrato de constituição de hipoteca (art. 1444º, nº 1, *in fine*, CC).

Já no que diz respeito a um hipotético direito de habitação, a oneração não seria possível (art. 1488º, CC). Donde, nesta última hipótese, a ser constituída apenas hipoteca sobre a raiz ou nua propriedade do imóvel, o credor hipotecário ficaria com uma posição mais fragilizada.

CASO PRÁTICO Nº 8:

Abel, a passar um momento de dificuldade financeira decide empenhar o anel de curso da sua mulher. Para o efeito, contacta a empresa "Confiança", a qual, após avaliação, lhe entrega o valor de 500€. Foi acordado verbalmente que na semana seguinte, Abel entregaria o anel e volvidos 60 dias, a quantia em dívida, acrescida de juros. Abel incumpre as obrigações assumidas, pelo que o credor pignoratício pretende que lhe seja adjudicada a coisa empenhada. *Quid iuris*?

PROPOSTA DE RESOLUÇÃO:

Introdução

O *penhor* é uma garantia especial, de natureza real, conferindo ao credor direito à satisfação do seu crédito (bem como dos juros), com preferência sobre os demais pelo valor de certa coisa móvel, pertencentes ao devedor ou a terceiro (art. 666º, nº 1, CC).

Desenvolvimento

Abel empenha um anel, trata-se de penhor de coisa (art. 669º, CC), na forma de contrato de penhor, o qual obriga à entrega da mesma ou de documento comprovativo do desapossamento (nº 1).

Só tem legitimidade para dar bens em penhor quem os puder alienar (art. 667º, nº 1, CC).

O bem pertence a um terceiro (mulher de Abel), ora face ao regime de bens do casamento, mesmo tratando-se do regime de comunhão geral, o anel é um bem próprio da mulher (art. 1733º, nº 1, al. *f*), CC), pelo que Abel não o poderia onerar (art. 1682º, nº 3, al. *b*), CC). A oneração de bens próprios do outro cônjuge considera-se oneração de coisa alheia (arts. 1687º, nº 4 e 2127º, CC).

Ainda, o penhor só produz os efeitos mediante entrega da coisa empenhada ou de documento que confira a exclusiva disponibilidade dela ao credor (art. 669º, nº 1, CC), o que não se verificou, pelo que o negócio é inválido, sob a forma de nulidade (art. 220º, CC).

Conclusão

Sendo o negócio inválido, não pode o credor pignoratício usar a seu favor, e em relação à coisa empenhada das ações de defesa da posse (art. 670º, al. *a*), CC), apenas poderia usar da figura do enriquecimento sem causa contra Abel, de natureza subsidiária, na impossibilidade de recurso ao regime de responsabilidade civil (art. 473º, CC).

Caso o penhor fosse válido, poderia o credor, vencida a obrigação e não sendo esta cumprida, fazer-se pagar pelo produto da venda executiva da coisa empenhada (art. 675º, nº 1, CC).

CASO PRÁTICO Nº 9:

Em 1 de fevereiro de 2016, Acácio emprestou gratuitamente a João 100.000€ (mútuo gratuito). Ficou acordado que o reembolso seria processado em prestações anuais e que a primeira seria efetuada em 1 de fevereiro de 2017. Para garantia do reembolso, João prestou uma garantia real.

Em meados de 2016, um incêndio fortuito destrói praticamente o imóvel hipotecado – o bem deixou de ter valor de mercado e por isso não serve de garantia para João. Nessa altura, chegam ao conhecimento de Acácio rumores sobre uma possível insolvência de João. *Quid iuris*?

PROPOSTA DE RESOLUÇÃO:

Introdução

A hipoteca é um direito acessório da obrigação (futura ou condicional) a que serve de garantia, conferindo ao credor o direito de ser pago pelo valor de certos bens imóveis, ou equiparados (art. 688º, nº 1, al. *f*), CC), pertencentes ao devedor ou a terceiro, *com preferência sobre os demais credores que não gozem de privilégio especial ou de prioridade de registo* (art. 686º, CC), desde que registada (art. 687º, CC).

Desenvolvimento

São hipotecáveis os prédios urbanos (art. 688º, nº 1, al. *a*), CC), definidos no art. 204º, nº 2, CC.

Trata-se de uma hipoteca voluntária, pois nasce de um contrato (art. 712º, CC).

Quanto à forma da hipoteca, o ato de constituição ou modificação da hipoteca voluntária, quando recaia sobre bens imóveis, deve constar de escritura pública, de testamento ou de documento particular autenticado (art. 714º, CC) e sujeito a registo (art. 687º, CC).

No que concerne à legitimidade para prestação da garantia, só a possui quem puder alienar os respetivos bens (art. 715º, CC).

A perda da garantia foi devida a razões fortuitas e não a culpa do devedor ou do credor, pelo que é de aplicar:

- a substituição ou o reforço da hipoteca (art. 701º, nº 1, 1ª parte, CC), ou
- o cumprimento imediato da obrigação, caso o devedor não possa substituir ou reforçar a garantia (2ª parte), apesar das prestações ainda não estarem vencidas (ou seja, será devido na íntegra os 100.000€).

Conclusão

Os rumores sobre a possível insolvência de João não se enquadram no regime do art. 780º, CC, relativo à perda do benefício do prazo, embora possam conduzir à aplicação do art. 619º, CC (arresto).

O art. 780º, nº 1, 1ª parte, CC, obriga à efetiva insolvência do devedor (mesmo não judicialmente decretada). E a 2ª parte, à perda de garantia imputável ao devedor, hipóteses que não ocorrem no presente caso.

Assim, caso João não viesse a pagar a primeira prestação, poderia Acácio, primeiramente, impor a substituição ou o reforço da hipoteca (art. 701º, nº 1, 1ª parte, CC), sob pena de exigir, por interpelação, o cumprimento imediato dessa prestação e das vincendas (2ª parte e art. 781º, CC), acrescidas de juros de mora desde esse momento.

CASO PRÁTICO Nº 10

Em 10 de abril de 2017, Acácio emprestou ao empresário Xavier 100.000€.

As partes acordaram num plano prestacional de doze prestações anuais, vencendo-se a primeira em 10 de maio de 2017.

Para garantia do pagamento, Xavier prestou uma garantia hipotecária, tendo por objeto o estabelecimento industrial onde labora, com sujeição ao pacto comissório.

A prestação de tal garantia foi realizada por documento particular e sem sujeição a registo.

Em maio de 2018, um incêndio fortuito destrói o imóvel hipotecado e, como tal, Acácio entende não estar devidamente garantizado.

Entretanto, surgem rumores sobre uma possível insolvência de Xavier.

Sabendo Acácio que Xavier detém outros bens e tendo justo receio de perder a garantia patrimonial do seu crédito, pretende assegurar-se devida e urgentemente.

Quid iuris?

PROPOSTA DE RESOLUÇÃO:

Introdução

Acácio e Xavier celebraram um contrato de mútuo (art. 1142º, CC), em regime prestacional.

Xavier apresentou uma garantia especial das obrigações, sob a forma de hipoteca, definida no art. 686º, CC.

Desenvolvimento e conclusão

O objeto da hipoteca, neste caso, é um prédio urbano (art. 688º, nº 1, al. *a*), CC).

A hipoteca, em causa, é de natureza voluntária (art. 712º, CC).

O contrato de hipoteca impõe o pacto comissório, pelo qual o credor (Acácio) fará seu o estabelecimento industrial no caso de o devedor (Xavier) não cumprir.

Tal pacto comissório é nulo (art. 694º, CC).

A prestação de tal garantia foi realizada por documento particular e sem sujeição a registo.

A hipoteca voluntária deve constar de escritura pública ou de documento particular autenticado (art. 714º, CC) e sujeita a registo (art. 687º, CC).

Pelo que, o contrato de hipoteca padece do vício da nulidade (arts. 219º, parte final e 220º, CC).

Em maio de 2018, um incêndio fortuito destrói o imóvel hipotecado e, como tal, Acácio entende não estar devidamente garantizado.

Como a perda da garantia foi devida a razões fortuitas (um incêndio) e não por causa imputável ao credor, Acácio perante o perecimento da coisa hipotecada pode, nos termos do art. 701º, nº 1, 1ª parte, CC, pedir a substituição ou o reforço da hipoteca.

Tal não ocorrendo, Acácio pode exigir o imediato cumprimento da obrigação (2º parte).

Os rumores sobre uma possível insolvência de Xavier não conduzem à perda do benefício do prazo (art. 780º, nº 1, CC). A perda do benefício de prazo só ocorre, alternativamente, se o devedor se tornar insolvente, mesmo não judicialmente declarado ou se por causa imputável ao devedor (o que não ocorreu, pressupondo tratar-se de um incêndio fortuito) não forem prestadas as garantias de reforço ou de substituição.

Sabendo Acácio que Xavier detém outros bens e tendo justo receio de perder a garantia patrimonial do seu crédito, pretende assegurar-se devida e urgentemente.

A medida de garantia patrimonial aplicável seria o arresto, desde que os requisitos do art. 606º, CC, se encontrem preenchidos.

Privilégios creditórios

CASO PRÁTICO Nº 1:

Ana, trabalhadora, procede a uma ação de reclamação de créditos contra o seu empregador, o qual é titular do estabelecimento onde a trabalhadora presta trabalho. Sobre tal imóvel, recai uma hipoteca. O empregador não procedeu ao pagamento de parte das custas processuais.

Após indicar a qualidade de credora de Ana, gradue o respetivo crédito.

PROPOSTA DE RESOLUÇÃO:

Introdução

Entende-se por privilégio creditório a faculdade, conferida por lei, a certos credores de serem pagos *com preferência* sobre os demais, em atenção à causa do crédito, independentemente do registo (art. 733º, CC).

Desenvolvimento e conclusão

Os privilégios podem ser mobiliários e imobiliários (art. 735º, nº 1, CC).

Os privilégios mobiliários são gerais, se abrangem o valor de todos os bens móveis existentes no património do devedor à data da penhora ou de ato equivalente (nº 2, 1ª parte).

São especiais se compreendem só o valor de determinados bens móveis (nº 2, 2ª parte).

Os privilégios imobiliários, estabelecidos na lei civil, são sempre especiais (nº 3).

Nos termos do art. 333º, nº 1, al. *b*), CT, Ana possui um privilégio imobiliário especial (aplicável pois trabalha no imóvel). Tal confere-lhe a qualidade de credora privilegiada. [Este preceito revogou tacitamente a ordem de graduação dos créditos prevista no art. 747º, CC].

Dá-se sempre prioridade absoluta aos privilégios por despesas de justiça, quer sejam mobiliários, quer *imobiliários*, estes têm preferência não só sobre os demais privilégios, como sobre as outras garantias, mesmo anteriores, que onerem os mesmos bens, e valem contra os terceiros adquirentes (art. 746º, CC).

O privilégio imobiliário é oponível a terceiros que adquiram o prédio ou um direito real sobre ele e prefere à hipoteca, ainda que esta garantia seja (registada e) anterior (art. 751º, CC).

Graduação dos créditos imobiliários

Dá-se sempre prioridade absoluta aos privilégios imobiliários por despesas de justiça, estes têm preferência não só sobre os demais privilégios, como sobre as outras garantias, mesmo anteriores, que onerem os mesmos bens, e valem contra os terceiros adquirentes (art. 746º, CC).

Depois, gradua-se o privilégio imobiliário especial da trabalhadora (art. 333º, nº 2, al. *b*), CT).

E, por último, a hipoteca (art. 751º, CC).

CASO PRÁTICO Nº 2:

Eduardo deve a Manuel uma indemnização por acidente de trabalho, dado que não procedeu ao seguro obrigatório.

O trabalhador vem reagir judicialmente, ficando a saber que Eduardo é devedor à Segurança Social por quotizações em atraso.

Pressupondo que o empregador possui vários bens móveis e uma moradia onde vive, indique a qualidade de credor de Manuel e gradue os respetivos créditos.

PROPOSTA DE RESOLUÇÃO:

Introdução

Entende-se por privilégio creditório a faculdade, conferida por lei, a certos credores de serem pagos *com preferência* sobre os demais, em atenção à causa do crédito, independentemente do registo (art. 733º, CC).

Desenvolvimento e conclusão

Os privilégios podem ser mobiliários e imobiliários (art. 735º, nº 1, CC).

Os privilégios mobiliários são gerais, se abrangem o valor de todos os bens móveis existentes no património do devedor à data da penhora ou de ato equivalente (nº 2, 1ª parte).

São especiais se compreendem só o valor de determinados bens móveis (nº 2, 2ª parte).

Os privilégios imobiliários, estabelecidos na lei civil, são sempre especiais (nº 3).

O empregador possui vários bens móveis e uma moradia onde vive. Assim, quanto aos:

Créditos com privilégio mobiliário

Manuel possui um crédito proveniente do direito à reparação por acidente de trabalho e de doenças profissionais (art. 78º, da Lei nº 98/2009, de 04.09. que aprovou o regime de reparação de acidentes de trabalho e de doenças profissionais, o qual indica que "Os créditos provenientes do direito à reparação estabelecida na presente lei são inalienáveis, impenhoráveis e irrenunciáveis e gozam das garantias consignadas no Código do Trabalho").

Assim, detém um privilégio mobiliário geral (art. 333º, nº 1, al. *a*), CT).

Créditos com privilégio imobiliário

Manuel detém um crédito proveniente do direito à reparação por acidente de trabalho e de doenças profissionais relativamente ao *bem imóvel do empregador no qual presta a sua atividade* (art. 333º, nº 1, al. *b*), CT *ex vi* art. 78º, da Lei nº 98/2009, de 04.09. que aprovou o regime de reparação de acidentes de trabalho e de doenças profissionais), hipótese que não ocorre no caso em apreço, dado que o único bem imóvel existente é a *moradia* onde vive o empregador.

Quanto à graduação dos privilégios mobiliários

Dá-se sempre prioridade absoluta aos privilégios mobiliários por despesas de justiça, estes têm preferência não só sobre os demais privilégios, como sobre as outras garantias, mesmo anteriores, que onerem os mesmos bens, e valem contra os terceiros adquirentes (art. 746º, CC).

Posteriormente, gradua-se o crédito proveniente do direito à reparação por acidente de trabalho e de doenças profissionais (art. 78º, da Lei nº 98/2009, de 04.09. que aprovou o regime de reparação de acidentes de trabalho e de doenças profissionais), dado que este crédito é graduado antes de crédito referido no art. 747º, nº 1, CC (art. 333º, nº 2, al. *a*), CT).

Na mesma posição, gradua-se o crédito da segurança social por contribuições, quotizações e respetivos juros de mora (art. 204º, nº 1, da Lei nº 110/2009, de 16.09, que aprovou o Código dos Regimes Contributivos do Sistema Previdencial de Segurança Social, o qual dispõe que "Os créditos da segurança social por contribuições, quotizações e respetivos juros de mora gozam de privilégio mobiliário geral, graduando-se nos termos referidos na alínea *a*) do nº 1 do artigo 747º do Código Civil").

Havendo créditos igualmente privilegiados, dar-se-á rateio entre eles, na proporção dos respetivos montantes (art. 745º, nº 2, CC).

Quanto à graduação do privilégio imobiliário

Dá-se sempre prioridade absoluta aos privilégios imobiliários por despesas de justiça, estes têm preferência não só sobre os demais privilégios, como sobre as outras garantias, mesmo anteriores, que onerem os mesmos bens, e valem contra os terceiros adquirentes (art. 746º, CC).

Posteriormente, o crédito da segurança social por contribuições, quotizações e respetivos juros de mora sobre os bens imóveis existentes no património do contribuinte à data da instauração do processo executivo, nos termos do art. 205º, Lei nº 110/2009, de 16.09., o qual dispõe: "Os créditos da segurança social por contribuições, quotizações e respetivos juros de mora gozam de privilégio imobiliário sobre os bens imóveis existentes no património do contribuinte à data da instauração do processo executivo, graduando-se logo após os créditos referidos no artigo 748º do Código Civil".

ÍNDICE

CAPÍTULO I – A RELAÇÃO OBRIGACIONAL 5
1. Noção de relação obrigacional 5
2. Conteúdo da relação obrigacional 5
   2.1. Direito subjetivo *v.* dever jurídico 5
      2.1.1. Deveres principais de prestação 6
      2.1.2. Deveres secundários (ou meramente acessórios) sem prestação autónoma 6
      2.1.3. Deveres secundários com prestação autónoma 6
      2.1.4. Deveres laterais 7
   2.2. Direitos potestativos *v.* sujeições 8
3. Ónus jurídicos 8
4. Expectativas jurídicas 8

CAPÍTULO II – ESTRUTURA DA OBRIGAÇÃO 11
1. Sujeitos 11
   1.1. Pessoas singulares 11
   1.2. Pessoas coletivas 18
2. O objeto 18
   2.1. Objeto imediato 18
   2.2. Objeto mediato 20
3. Vínculo 22
4. Facto jurídico 22
5. Garantia 24

CAPÍTULO III – CLASSIFICAÇÃO DAS OBRIGAÇÕES 27
1. O conceito obrigação 27
2. Classificação das obrigações 28

2.1. Quanto ao vínculo 28
2.2. Quanto ao sujeito 29
2.2.1. Obrigações de sujeito indeterminado ou determinado 29
2.2.2. Obrigações plurais ou singulares 29
2.3. Quanto ao objeto 31
3. Classificação das prestações 33

CAPÍTULO IV – FONTES DAS OBRIGAÇÕES 35
1. Contrato 35
1.1. Classificação do contrato 35
1.2. Direitos obrigacionais e direitos reais 37
1.3. Contrato-promessa 40
1.3.1. Forma do contrato-promessa 41
1.3.2. Efeitos do contrato-promessa 42
1.3.3. Não cumprimento do contrato-promessa 42
1.3.4. Sinal e antecipação do cumprimento 44
1.4. Pacto de preferência 45
1.4.1. Requisitos de forma e de substância 46
1.4.2. Exercício do direito de preferência 46
1.4.3. Preferência legal 46
1.4.4. Eficácia real do pacto de preferência 47
1.4.5. Violação do direito de preferência 47
1.5. Contrato a favor de terceiro 48
1.6. Contrato para pessoa a nomear 50
1.7. Cessão da posição contratual (ou cessão do contrato ou assunção de contrato) 51
2. Negócios unilaterais 53
3. Gestão de negócios 53
3.1. Aprovação e ratificação da gestão 55
3.2. Gestão representativa ou não representativa 55
3.3. Gestão culposa ou não culposa 56
3.4. Gestão de negócio alheio julgado próprio 57
4. Enriquecimento sem causa 57
4.1. Requisitos positivos 58
4.2. Requisitos negativos 59
4.3. Obrigação derivada do enriquecimento sem causa 61
4.4. Agravamento da obrigação do enriquecido 62
4.5. Obrigação de restituir no caso de alienação gratuita 62
4.6. Prescrição 63

5. Responsabilidade civil 63
5.1. Classificações da responsabilidade civil 63
5.2. Responsabilidade civil por culpa 64
5.2.1. Prova da culpa 68
5.2.2. Causas de exclusão de ilicitude 68
5.2.3. Ofensa ao crédito ou ao bom nome 71
5.2.4. Conselhos, recomendações ou informações 71
5.2.5. Danos causados por incapazes 71
5.2.6. Danos causados por edifícios ou outras obras 71
5.2.7. Danos causados por coisas, animais ou atividades 72
5.2.8. Indemnização a terceiros em caso de lesão ou morte de animal 73
5.2.9. Indemnização a terceiros em caso de morte ou lesão corporal 74
5.2.10. Regime de responsabilidade 74
5.2.11. Concurso de responsabilidade contratual e extracontratual 75
5.2.12. Prescrição 75
5.2.13. Concurso de responsabilidade contratual e extracontratual 75
5.3. Responsabilidade pelo risco 76
5.3.1. Responsabilidade do comitente 76
5.3.2. Responsabilidade do Estado e demais pessoas coletivas 77
5.3.3. Danos causados por animais 78
5.3.4. Acidentes causados por veículos 79
5.3.5. Exclusão da responsabilidade 82
5.3.6. Colisão de veículos 85
5.3.7. Responsabilidade solidária 88
5.3.8. Limites da responsabilidade 88
5.3.9. Energia elétrica ou gás 89

CAPÍTULO V – CUMPRIMENTO E NÃO CUMPRIMENTO DAS OBRIGAÇÕES 91
1. O regime jurídico do cumprimento das obrigações 91
1.1. Noção de cumprimento 91
1.2. Princípios do cumprimento 91
1.3. Requisitos do cumprimento 92
1.4. Quem pode realizar a prestação 93
1.5. A quem pode ser feita a prestação 95
1.6. Lugar da prestação 95
1.7. Prazo da prestação 95
1.8. Perda de benefício do prazo 96
1.9. Prova do cumprimento 97
1.10. Direito à restituição do título ou à menção do cumprimento 97

2. O regime jurídico do incumprimento 98
2.1. Modalidades do não cumprimento quanto à causa 98
2.1.1. Impossibilidade do cumprimento e mora não imputáveis ao devedor (arts. 790º a 797º, CC) 98
2.1.2. Impossibilidade temporária 99
2.1.3. Impossibilidade parcial 99
2.1.4. *Commodum* da representação (ou comodo representativo ou de sub-rogação) 99
2.1.5. Contratos bilaterais 100
2.1.6. Risco 100
2.1.7. Falta de cumprimento e mora imputáveis ao devedor 101
2.2. Modalidades do não cumprimento quanto ao efeito 101
2.2.1. Impossibilidade culposa 101
2.2.2. Impossibilidade parcial 103
2.2.3. *Commodum* de representação 104
2.4. Mora do devedor 104
2.5. Conversão da mora em incumprimento definitivo 105
2.6. Mora do credor 106
2.7. Cumprimento defeituoso 106

CAPÍTULO VI – CAUSAS DE EXTINÇÃO DAS OBRIGAÇÕES 109
1. Dação em cumprimento 109
2. Consignação em depósito 110
3. Compensação 112
3.1. Pressupostos da compensação 113
3.2. Causas de exclusão da compensação 114
4. Novação 114
4.1. Requisitos da novação 115
4.2. Efeitos da extinção da antiga obrigação 116
5. Remissão 117
6. Confusão 119
6.1. A confusão nas obrigações solidárias 119
6.2. A confusão nas obrigações indivisíveis 119
6.3. Eficácia em relação a terceiros 120
7. Prescrição 120

CAPÍTULO VII – GARANTIA GERAL DAS OBRIGAÇÕES 121
1. Princípio geral 121
2. Concurso de credores 122
3. Meios conservatórios de garantia patrimonial 123

3.1. Declaração de nulidade 123
3.2. Sub-rogação do credor ao devedor 123
4. Impugnação pauliana 126
4.1. Requisitos da impugnação pauliana 126
4.2. Efeitos da impugnação pauliana em relação ao credor 127
4.3. Efeitos da pauliana em relação ao devedor e ao terceiro adquirente 128
5. Arresto 129
5.1. Requisitos do arresto 129
5.2. Limitações ao arresto 130
5.3. Efeitos 130

CAPÍTULO IX – GARANTIAS ESPECIAIS DAS OBRIGAÇÕES 131
1. Prestação de caução 131
2. Fiança 132
2.1. Proximidade com o aval 132
2.2. Características 132
2.2.1. Natureza acessória (art. 627º, nº 2, CC) 132
2.2.2. Manifestações da acessoriedade 133
2.2.3. Natureza subsidiária 134
2.2.4. Relações entre o credor e o fiador 134
2.2.5. Relações entre o devedor e o fiador 135
2.2.6. Meios de defesa oponíveis ao credor pelo fiador 136
2.2.7. Caso julgado 137
2.2.8. Prescrição 137
2.2.9. Pluralidade de fiadores 138
2.2.10. Extinção da fiança 138
3. Consignação de rendimentos 139
3.1. Espécies 140
3.2. Prazo 140
3.3. Modalidades 140
3.4. Extinção 140
4. Penhor 140
4.1. Características 141
4.2. Legitimidade 142
4.3. Penhor de coisas 143
4.4. Direitos do credor pignoratício 143
4.5. Deveres do credor pignoratício 144
4.6. Execução do penhor 144
4.7. Venda antecipada 144
4.8. Cessão da garantia 145

4.9. Extinção do penhor 145
4.10. Princípios gerais do penhor 146
4.11. Penhor de direitos 148
4.12. Forma e publicidade 148
4.13. Cobrança de créditos empenhados 149
5. Hipoteca 150
5.1. Noção 150
5.2. Objeto 151
5.3. Princípios gerais 152
5.4. Substituição ou reforço da hipoteca 153
5.5. Seguro 154
5.6. Espécies de hipotecas 154
5.7. Hipotecas legais 154
5.7.1. Credores com hipoteca legal 154
5.7.2. Substituição da hipoteca 155
5.7.3. Objeto 156
5.8. Hipotecas judiciais 156
5.9. Hipotecas voluntárias 156
5.10. Registo da hipoteca 157
5.11. Redução da hipoteca 157
5.12. Transmissão dos bens hipotecados 158
5.13. Transmissão da hipoteca 159
5.14. Extinção da hipoteca 160
5.15. Renúncia à hipoteca 161
6. Privilégios creditórios 162
6.1. Espécies 162
6.2. Privilégios mobiliários gerais 163
6.3. Privilégios mobiliários especiais 165
6.4. Privilégios imobiliários 166
6.5. Graduação dos créditos 167
6.7. Concurso entre privilégio e direitos de terceiros 170
6.8. Extinção 171
7. Direito de retenção 172
7.1. Forma 173
7.2. Requisitos da figura 173
7.3. Requisitos da coisa 173
7.4. Caso especiais 173
7.5. Exclusão do direito de retenção 174
7.6. Inexigibilidade e iliquidez do crédito 175
7.7. Retenção de coisas móveis 175

7.8. Retenção de coisas imóveis 175
7.9. Transmissão 175
7.10. Extinção 176

BIBLIOGRAFIA 177

ANEXO – CASOS PRÁTICOS RESOLVIDOS

Classificação das obrigações 181
Contrato para pessoa a nomear 185
Contratos reais *quoad effectum* 187
Promessa pública 189
Contrato-promessa 191
Direito de preferência 205
Gestão de negócios 215
Responsabilidade civil 225
Cumprimento. Lugar da prestação. Prazo da prestação. Prova do cumprimento 245
Falta de cumprimento. Impossibilidade do cumprimento. Responsabilidade do devedor 247
Cumprimento das obrigações. Venda a prestações. Venda de coisa defeituosa 261
Causas extintivas das obrigações 265
Impugnação pauliana 271
Garantias especiais das obrigações 277
Privilégios creditórios 299